Begegnungen – Entgegnungen

Beihefte zur Ökumenischen Rundschau Nr. 102

Begegnungen – Entgegnungen

Beiträge zur modernen Gottesfrage, kontextuellen Theologie und Ökumene

Festgabe für Ulrike Link-Wieczorek
zum 60. Geburtstag

Herausgegeben von Johanna Rahner und Andrea Strübind

EVANGELISCHE VERLAGSANSTALT
Leipzig

Bibliographische Information der Deutschen Nationalbibliothek
Die Deutsche Nationalbibliothek verzeichnet diese Publikation in der Deutschen Nationalbibliographie; detaillierte bibliographische Daten sind im Internet über http://dnb.dnb.de abrufbar.

Printed in Germany · H 7938

Das Buch wurde auf alterungsbeständigem Papier gedruckt.

Cover: Kai-Michael Gustmann, Leipzig
Coverbild: © Frank Rohde – Fotolia.com
Satz: Janine Irtenkauf, Tübingen
Druck und Binden: Hubert & Co., Göttingen

ISBN 978-3-374-04179-4
www.eva-leipzig.de

Einleitung zur Festgabe von Ulrike Link-Wieczorek

Theologie und Lebenswirklichkeit im 21. Jahrhundert haben im Urteil vieler Mitlebender wenig miteinander zu tun. Das stellt die Theologie vor neue Herausforderungen. Wie lässt sich heute von Gott reden angesichts von Alltagsatheismus und spiritueller Sinnsuche? Welche traditionellen Antworten bedürfen in pluralen Gesellschaften mit ihrer Vielfalt an Deutungsangeboten und konkurrierender Deutungsmächte einer grundlegenden Revision? Wie sieht die Frage nach Gott im Rest der Welt aus? Welche Wirkungen hat die christliche Multikulturalität auf die Rede von Gott? Welche Rolle spielt dabei die konfessionelle Binnendifferenzierung für die Ökumene? Die bevorzugten Themenfelder der Forschung von Ulrike Link-Wieczorek, der diese Festgabe gewidmet ist, stehen für eine solche Theologie mit konstitutivem Lebensweltbezug; sie bilden auch das Leitmotiv der Beiträge mit Blick auf die moderne Gottesfrage, auf kontextuelle Theologien und die Ökumene.

Ulrike Link-Wieczorek hat sich als systematische Theologin in ihrem breiten und perspektivenreichen Oeuvre vor allem der kontextuellen Theologie Asiens und Afrikas sowie neuen Entwürfen zur Christologie gewidmet. Aufgrund der dezidiert ökumenischen Ausrichtung ihres Theologietreibens und ihres langjährigen Engagements in der Weltökumene (u.a.in der Kommission für Glauben und Kirchenverfassung des ÖRK) öffnete sie sich ausgewählten neuen theologischen Ansätzen, wie der »Theologie der Gabe«. Für die Jubilarin, die im Februar ihren 60. Geburtstag feiern konnte, ist es dabei selbstverständlich und verpflichtend zugleich, interdisziplinär, interkulturell und interkonfessionell zu arbeiten. Sie hat durch ihre aktive Mitarbeit im Deutschen Ökumenischen Studienausschuss (DÖSTA), dessen neueste Studie »Die Gottesfrage heute« sie federführend begleitet hat, aber besonders auch durch die Initiierung des Interkonfessionellen Theologischen Arbeitskreises (ITA) deutliche Impulse für die gemeinsame theologische Arbeit in ökumenischer Zusammensetzung geleistet, die weit über den Horizont der durch kirchenpolitische Positionen geprägten Gremienökumene hinausweisen. Für die beiden Herausgeberinnen steht sie daher für eine Theologie, die auf den anderen hört, das Fremde wertschätzt und dabei auf der Suche ist nach dem Gemeinsamen. Unsere Kollegin und Freundin ist stets bereit, im (ökumenischen) Gespräch auch mehr als *eine* Meile mitzugehen (Mt 5,41). Wie wäre eine solche Theologie zu bezeichnen, die lieber Fragen offen hält, als Gewissheiten repliziert, die dem Unkonventionellen Raum gewährt und ausgetretene Pfade der Argumentation meidet? Es ist eine *gastfreundliche* Theologie. Sie lädt den Andersdenkenden, die Andersglaubende, den Fragenden, aber auch den Positionellen ein, zu verweilen, einzukehren und bereichert und gesegnet zu gehen. Dafür möchten wir mit dieser Festgabe Ulrike Link-Wieczorek von Herzen danken.

Inhalt

»Die Sprache, in der Gott das Leben geschaffen hat« – Biologie und Freiheit

Heinrich Bedford-Strohm

I Einleitung

»Today we are learning the language in which God created life« – dieser Satz stammt nicht etwa aus dem Munde eines Theologen. Er fiel am 25. Juni 2000 bei einer historischen Pressekonferenz in Washington. Am nächsten Tag zierte er die Headlines aller wichtigen Zeitungen in der Welt. Was war geschehen, dass das Wort ›Gott‹ einen so prominenten Stellenwert in der Öffentlichkeit eingeräumt bekam? Derjenige, der diesen Satz sagte, war der damalige amerikanische Präsident Bill Clinton. Clinton sagte diesen Satz, als er zusammen mit Francis Collins, dem Leiter des Human Genom-Projekts und seinem privatwirtschaftlichen Wettbewerber Craig Venter von der Firma Celeron Genomics in der Pressekonferenz im Weißen Haus die nahezu vollständige Entschlüsselung des menschlichen Genoms der Öffentlichkeit bekannt gab. Die Pressekonferenz beendete ein in der Wissenschaft nahezu beispielloses Wettrennen um die Entzifferung des menschlichen Genoms. Das von vielen Regierungen der Welt finanzierte Human Genom-Projekt (HUGO) hatte sich als ehrgeiziges Ziel gesetzt gehabt, die Entzifferung des Genoms bis zum Jahr 2005 zu schaffen. Mit Hilfe der größten Computer Parks der Welt und der durch Celeron Genomics zusätzlich entfachten Dynamik unterschritt man den Zeitplan um fünf Jahre.

Was in Washington bekannt gegeben wurde, kann als Spitzenleistung der genetischen Biologie bezeichnet werden. Die Tatsache, dass dabei plötzlich das Wort ›Gott‹ ins Spiel kam, zeigt, dass bei der Feier dieser Spitzenleistungen ganz offensichtlich eine Ahnung davon erhalten geblieben war, wie wenig die naturwissenschaftlichen Formeln, die Sprachcodes des menschlichen Genoms, die die FAZ am nächsten Tag in mehreren Seiten Sonderbeilage wortwörtlich abdruckte, ausreichen, um dieses Phänomen zu beschreiben, was wir »Leben« nennen. »Today we are learning the language in which God created life« – sagte Clinton, und fuhr fort: »We are gaining ever more awe for the complexity, the beauty, the wonder of God's most divine and sacred gift.«[1] Das Staunen über die Komplexität des Lebens, der die Wissenschaftler auf die Spur gekommen waren, war der Tenor dieser Sätze.

Dass das Wort »Gott« hier keineswegs als Konkurrenzwort zur Naturwissenschaft ins Spiel kam, zeigt auch die Tatsache, dass der Leiter des HUGO-Projektes, Francis Collins, wenige Jahre später ein Buch veröffentlichte, in dem er sich explizit mit dem Verhältnis von Glaube und Naturwissenschaft auseinandersetzte. Der Titel des Buches nimmt jenes Zitat des amerikanischen Präsidenten auf: »The Language of God«. Und Collins verrät in seinem Eingangskapitel, dass die Worte des Präsidenten sehr sorgfältig gewählt waren und seine, des Naturwissenschaftlers, volle Zustimmung fanden. Collins hatte in den Tagen vor der Pressekonferenz intensiv mit dem Redenschreiber Clintons zusammengearbeitet und die Aufnahme dieser Sätze nachdrücklich unterstützt. [2] Einer der absoluten Spitzenwissenschaftler weltweit, hatte im Moment des Triumphes der Versuchung widerstanden, seine Wissenschaft zur einzig maßgebenden Perspektive zu erklären und damit zu totalisieren. Gerade darin erwies er sich als echter Spitzenwissenschaftler.

Mit dieser Wertung sind wir schon voll im Thema. Ich will im Folgenden auf die Frage der Freiheit des Willens aus der Sicht der Hirnforschung eingehen und dann zu zeigen versuchen, warum Glaube und Naturwissenschaften nicht gegeneinander ausgespielt werden dürfen. In einem nächsten Schritt werde ich erläutern, was aus der Sicht reformatorischer Theologie unter »Freiheit« zu verstehen ist und dann anhand von Überlegungen zu den ethischen Dimensionen der Biotechnologie die Konsequenzen deutlich zu machen versuchen. Am Ende werde ich die alles zusammenfassende These vertreten, dass die Sprache, in der Gott das Leben geschaffen hat, die Sprache der Freiheit ist.

1 Francis Collins, The language of God New York et al. 2006, 2f.
2 Vgl. Collins, 2f.

II Freier Wille aus der Sicht der Hirnforschung

Vor wenigen Tagen fand in Berlin die erste Tagung des »Deutschen Ethikrats« statt, der den früheren »Nationalen Ethikrat« ablöst. Das Thema war »Der steuerbare Mensch? Über Einblicke und Eingriffe in unser Gehirn«. Der Leipziger Neurowissenschaftler John-Dylan Haynes stellte eine Studie vor, die zeigen konnte, dass 7 Sekunden, bevor der Proband sich zwischen einem rechten und einem linken Knopf in der Versuchsanordnung entschied, seine Entscheidung »mit einer gewissen Wahrscheinlichkeit« vorhergesagt werden konnte.[3]
Aus solchen Experimenten ist immer wieder geschlossen worden, dass der freie Wille des Menschen eine Illusion sei und in Wirklichkeit chemische Prozesse des Gehirns das steuerten, was wir dann subjektiv als unsere eigene Entscheidung wahrnähmen.[4] In der Forschung ist vor allem das Libet-Experiment bekannt geworden, bei dem, ähnlich wie bei Haynes, schon einen Sekundenbruchteil vor der bewussten Einleitung der Bewegung im Gehirn ein Potential messbar war, das für sich allein genommen hinreichte, die Handlung auszulösen.[5] Haynes hat in seinem Berliner Vortrag ausdrücklich darauf hingewiesen, dass der freie Wille des Menschen mit solchen Experimenten nicht begraben werden könne. Bisher sei es nicht möglich, zu unterscheiden zwischen dem bloßen Nachdenken über eine Absicht und dem Entschluss zur Tat.
Die Folgerung aus solchen Experimenten, der Mensch könne nur scheinbar selbst eine Entscheidung treffen und sei in Wirklichkeit determiniert durch naturwissenschaftlich bestimmbare Konstanten[6], ist zu Recht auf breiten Widerspruch gestoßen. Im Hinblick auf das Libet-Experiment ist schon die Versuchsanordnung im Hinblick auf ihre Aussagekraft in Zweifel gezogen worden. Der Münchner Philosoph Godehard Brüntrup etwa hat darauf hingewiesen, dass »in jedes Experiment schon in den Versuchsaufbau hinterfragbare Voraussetzungen eingehen und dass es wissenschaftlich naiv wäre, experimentelle Ergebnisse als

3 Vgl. http://www.ethikrat.org/der_files/JT_2009-05-28_Praesentation_Haynes.pdf. Vgl. dazu auch: Chun Siong Soon, Marcel Brass, Hans-Jochen Heinze, John-Dylan Haynes, Unconscious determinants of free decisions in the human brain, in: Nature Neuroscience 11 2008, 543-545.

4 Dazu Daniel Wegner, The Illusion of Coscious Will, Cambridge 2002.

5 Vgl Godehard Brüntrup, Selbstbestimmung und Gehirn. Eine Rede über Freiheit an die Gebildeten unter ihren Leugnern, in: Glaube und Denken 21 (2008), 33-55 (34). Zum Libet-Experiment vgl. Benjamin Libet, Mind Time, Frankfurt a.M. 2005.

6 Vgl. etwa Gerhard Roth, Aus Sicht des Gehirns. Suhrkamp 2003, 180.

unhinterfragbare Fakten anzusehen.«[7] Viel wichtiger – so Brüntrup – ist aber die *Interpretation* eines solchen Experiments. Entscheidungen – so der Tenor seiner Kritik – können nicht auf die zeitlichen Prozesse beim Auslösen der Handlung reduziert werden. Entscheidungen reifen und basieren auf einer inneren Spannung, die sich langsam aufbaut. Die Tatsache, dass beim Auslösen der Handlung auch unbewusste Prozesse eine Rolle spielen, kann keineswegs als Indiz dafür gesehen werden, dass es Entscheidungen gar nicht wirklich gebe.[8]

Solche Überlegungen zeigen, wie fragwürdig der Erklärungswert der angesprochenen Experimente ist. Jürgen Habermas hat aus seiner Diskussion des Libet-Experiments den Schluss gezogen, dass eine Verabsolutierung von natürlichen Kausalitäten genauso falsch wäre wie ihr Ignorieren: »Der Reduktionismus, der alle mentalen Vorgänge deterministisch auf die wechselseitigen kausalen Einwirkungen zwischen Gehirn und Umwelt zurückführt und den ›Raum der Gründe‹ oder, wie wir auch sagen können: der Ebene von Kultur und Gesellschaft, die Kraft zur Intervention bestreitet, scheint nicht weniger dogmatisch zu verfahren als der Idealismus, der in allen Naturprozessen auch die begründende Kraft des Geistes am Werk sieht.«[9]

Letztlich steht hinter diesem Reduktionismus eine Tendenz den berechtigten methodischen Dualismus der Erklärungsperspektiven von Teilnehmern und Beobachtern zu einem ontologischen Dualismus von Geist und Natur zu machen.[10] Alle diese Experimente gehen davon aus, dass sich die Innenwelt des Subjekts durch externe Beobachtungsmittel jedenfalls annäherungsweise beschreiben lässt. Robert Gernhardt hat die dahinter stehende philosophische Grundentscheidung einmal süffisant in folgende Verse gegossen:

> *»Die Innen- und die Außenwelt, die warn mal eine Einheit.*
> *Das sah ein Philosoph, der drang erregt auf Klar- und Reinheit.*
> *Die Innenwelt, dadurch erschreckt, versteckt sich in dem Subjekt.*
> *Als dies die Außenwelt entdeckte, verkroch sie sich in dem Objekte.*
> *Der Philosoph sah dies erfreut: indem er diesen Zwiespalt schuf,*
> *erwarb er sich für alle Zeit, den Daseinszweck und den Beruf.«*[11]

7 Brüntrup, 36.

8 Vgl. ebd. 38.

9 Jürgen Habermas, Zwischen Naturalismus und Religion. Philosophische Aufsätze, Frankfurt a.M. 2005, 170.

10 Vgl. ebd. 166.

11 Zitiert bei Ulrich Beuttler, Leib und Seele und Gehirn und Geist. Geschichte und Systematik möglicher Verhältnisbestimmungen, in: Glaube und Denken [21]2008, 9-32 (9).

Der Theologe will nun den Philosophen keineswegs die Arbeit wegnehmen, und noch weniger sie ihres Daseinszweckes und Berufes berauben. Da aber Arbeit im Team bekanntlich die besten Ergebnisse bringt, mag es erlaubt sein, dass nun auch einige theologische Überlegungen angestellt werden, die die Trennung von Innen- und Außenperspektive und die Totalisierung von einer der beiden überwinden helfen.

III Naturwissenschaft und christlicher Glaube

Der amerikanische Theologe H. Richard Niebuhr, Bruder des berühmten Sozialethikers Reinhold Niebuhr, hat das Verhältnis von Glauben und Wissenschaft mit Kategorien umschrieben, die direkt zu den Versen Robert Gernhardts sprechen. In seinem 1942 veröffentlichten Buch »The Meaning of Revelation« unterscheidet er zwischen internal und external history. Internal history ist die erlebte innere Geschichte, das, was man als die Story eines Lebens bezeichnen könnte. External history dagegen ist die aus der Distanz beobachtete Geschichte, die deswegen von außen auf das Geschehene schaut.
Über einen Blinden, der wieder sehen kann, sagt Niebuhr, können zwei Geschichten geschrieben werden: Eine *naturwissenschaftliche* Beschreibung wird sich mit der Frage befassen, was mit seinem optischen Nerv passierte oder welche chemischen Prozesse sich in seiner Netzhaut abspielten, als er blind war. Und sie würde dann fortfahren und beschreiben, welche Technik der Augenchirurg anwandte, um in diese Prozesse einzugreifen, welche Medikamente er vielleicht benutzte und wie sie funktionieren. Sie würde dann schildern, durch welche medizinischen Genesungsphasen der Patient hindurchging und wie sein Auge nun wieder funktioniert.
Eine *autobiographische* Geschichte würde diese Dinge vielleicht kaum erwähnen, sondern schildern was in einem Menschen vorgeht, der sein Leben in Dunkelheit verbracht hat und der nun Bäume, Vögel, den Himmel, und den Sonnenuntergang sehen kann, die Gesichter von Kindern und die Augen eines Freundes. Sie wäre eine Geschichte von Trauer, vielleicht von Verzweiflung, in die nun in einem ganz wörtlichen Sinne Licht kommt, sie würde handeln von Glück und Freude und von tiefer Dankbarkeit, vielleicht auch von einem Gefühl von Geborgenheit.
Welche dieser beiden Geschichten – fragt Niebuhr – kann ein Gleichnis sein für das, was wir Offenbarung nennen? Die Antwort ist klar: wenn

wir von Offenbarung sprechen, beziehen wir uns auf *unsere* Geschichte, als Geschichte, die wir von innen erfahren haben.[12] Das Beispiel zeigt: es wäre unsinnig, beide Perspektiven in ein Konkurrenzverhältnis zueinander zu bringen und eine von beiden zu totalisieren. Die kritische Außenperspektive der external history muss den Glauben – etwa durch die historisch-kritische Erforschung der Bibel – immer wieder in Frage stellen. Und die internal history des Glaubens muss immer wieder Verzerrungen in der Beschreibung durch die external history korrigieren.

Wie wenig eine Totalisierung einer der Perspektiven der Wirklichkeit gerecht wird, will ich an einem anderen Beispiel illustrieren: Gesetzt den Fall, ich hätte heute meine Frau mitgebracht und würde sie Ihnen vorstellen, so könnte ich sagen: »Darf ich Ihnen meine Frau vorstellen? 68% Wasser- und Aschenbestandteile, 20% Kohlenstoff und Spurenelemente, 6% Sauerstoff, 2% Stickstoff, Materialwert 19,80€« Diese Vorstellung würde bei Ihnen Heiterkeit erregen oder auch die kopfschüttelnde Frage, ob wir nicht dringend einmal einen Eheberater aufsuchen sollten. Sie würde auf solche Reaktionen stoßen, obwohl alle meine Aussagen wahr gewesen wären. Niemand kann bestreiten, dass meine Frau in etwa aus diesen chemischen Bestandteilen besteht. Und doch würden wir eine traurige Verarmung meiner Perspektive diagnostizieren müssen. Solch Ärmliches kommt heraus, wenn wir die Naturwissenschaft totalisieren, wie es in jüngster Zeit durch Bestseller wie Richard Dawkins' ›Der Gotteswahn‹ in Mode gekommen ist.

Die Aufgabe der Naturwissenschaft – so hat auch der schon erwähnte Genforscher Francis Collins betont – ist es, die Natur zu erforschen. Die Rede von Gott entzieht sich der Forschung mit den Instrumenten und mit der Sprache der Naturwissenschaft. Sie muss mit dem Herz, mit dem Kopf und mit der Seele erforscht werden, und der Kopf muss einen Weg finden, um die beiden anderen zu integrieren. Die Naturwissenschaften sind machtlos gegenüber der Frage: Warum entstand das Universum? Was ist der Sinn der menschlichen Existenz? Oder: Was kommt nach dem Tod?[13]

Diese Fragen sind nicht durch chemische Formeln zu beantworten, sondern ihre Beantwortung liegt in einem Horizont, den die christliche Tradition mit den Stichworten »Glaube, Liebe, Hoffnung« zusammenfasst. Die Kolonisierung der Wissenschaft durch den Glauben zeigt sich, wenn Kreationisten die absurde These vertreten, die biblische Beschreibung der Erschaffung der Welt in sieben Tagen müsse an die Stelle der

[12] Vgl. H. Richard Niebuhr, The Meaning of Revelation, New York/London 1941.
[13] Vgl. Collins, The language of God, 6.

Darwinschen Evolutionslehre treten. Die Kolonisierung des Glaubens durch die Wissenschaft zeigt sich, wenn die neuen militanten Atheisten die nicht weniger absurde These vertreten, wahr könne nur sein, was sich mit unseren naturwissenschaftlichen Methoden messen und beschreiben lassen könne. Die das vertreten, so hat Wolfgang Huber zu Recht festgestellt, »überschreiten damit die Grenzen der Wissenschaft. Sie werden dadurch zu dem, was sie verachten, zu Vertretern eines Glaubens, ja zu dessen Priester und Propheten.«[14]

Jürgen Habermas hat die Vergeblichkeit des Versuchs betont »die auf Geistiges und Physisches zugeschnittenen Sprachspiele aufeinander zu reduzieren.« Und er hat hinzugefügt: »Offenbar muss sich die Beobachterperspektive, auf die uns das empiristische Sprachspiel *beschränkt*, mit der eines Teilnehmers an kommunikativen und gesellschaftlichen Praktiken verschränken, um vergesellschaftlichten Subjekten wie uns den kognitiven Zugang zur Welt zu öffnen. Wir sind Beobachter und Kommunikationsteilnehmer in einer Person.«[15]

Ganz offensichtlich müssen die unterschiedlichen Perspektiven auf die eine Sache in ihrem jeweils eigenen Recht anerkannt werden. Lebenskunst heißt dann, zu wissen, wann welche der Perspektiven gefragt ist. Ein Mensch, dessen Kreislauf zusammenbricht, braucht zunächst einen Arzt, der weiß, welche Spritze er zu geben hat, um den Kreislauf wieder zu stabilisieren. Um seine Angst, die diesen Prozess ausgelöst hat, zu überwinden, braucht er dann aber auch andere Menschen, die ihm Trost spenden, Liebe und Zuwendung geben und so helfen können, dass sein Zukunftsvertrauen wieder neu wachsen kann.

Wir können als Zwischenergebnis festhalten: Ganz offensichtlich werden wir der Komplexität der Wirklichkeit nicht gerecht, wenn wir »die Sprache, in der Gott das Leben geschaffen hat«, auf Biologie reduzieren. Das gilt natürlich auch für die Frage, was wir eigentlich meinen, wenn wir den Begriff »Freiheit« gebrauchen. Nur wenn wir den Begriff der Freiheit auf die Biologie reduzieren, können wir die Leidenschaft entwickeln, mit Experimenten wie dem Libet-Experiment klären zu wollen, ob es so etwas wie Freiheit überhaupt gibt.

Es hat seine guten Gründe, dass uns, wenn wir von »Freiheitsbewegungen« sprechen und von der »Befreiung aus Knechtschaft und Unterdrückung«, die Frage, ob die von uns als bewusste erfahrene Entscheidung zu den entsprechenden Handlungen zuerst da war oder den messbaren

[14] Wolfgang Huber. Der christliche Glaube. Eine evangelische Orientierung, Gütersloh 2008, 35.

[15] Habermas, 173.

Hirnströmen der zeitliche Vorrang zugesprochen werden muss, nicht interessiert. Was wir meinen, wenn wir von Freiheit sprechen, ist die Überwindung von Leid, die Erschließung von Lebensmöglichkeiten oder die Realisierung unseres Strebens nach Glück.
Das aber bedeutet letztlich: Freiheit ist ein Beziehungsbegriff. Freiheit ermächtigt zum Leben. Und ich füge aus der Perspektive theologischen Wirklichkeitsverständnisses hinzu: Freiheit ist geschenkte Freiheit.
Diese Perspektive will ich im Folgenden anhand der berühmten Freiheitsschrift Martin Luthers erläutern.

IV Das christliche Freiheitsverständnis aus reformatorischer Sicht

Man kann die Freiheitsschrift Luthers als die Summe seiner Theologie bezeichnen. Das ist deswegen wichtig, weil damit gleichzeitig gesagt ist, dass das, was er in seiner Auseinandersetzung mit Erasmus über den freien Willen sagt, in keinster Weise im Widerspruch zu dieser Freiheitsschrift steht. Im Gegenteil: dass Luther gegenüber Erasmus darauf beharrt, dass der Menschen in Fragen des Heils keinen freien Willen habe, hat rein gar nichts zu tun mit einem Menschenbild, das den Menschen als Marionette Gottes sähe. Ganz im Gegenteil: es ist die letzte denkerische Konsequenz einer Sicht des Menschen, die – und das ist zutiefst menschenfreundlich – den Geschenkcharakter des Lebens ins Zentrum stellt. Was wir sind und was wir haben, ist reine Gnade und gerade nicht unserer eigenen Wirkmächtigkeit geschuldet. Und genau deswegen begegnen wir dem Mitmenschen so, wie wir es selbst erfahren haben: mit Liebe und Barmherzigkeit.
Aber fangen wir am Beginn an: Nichts macht dieses spezifische reformatorische Profil des Freiheitsverständnisses deutlicher als die zu Recht immer wieder zitierten beiden Sätze, die Martin Luther an den Anfang seiner Schrift *Von der Freiheit eines Christenmenschen* gestellt hat. »Ein Christenmensch ist ein freier Herr über alle Dinge und niemandem untertan. Ein Christenmensch ist ein dienstbarer Knecht aller Dinge und jedermann untertan.«
Das, was auf den ersten Blick so paradox klingt, hat in Wirklichkeit eine bestechende innere Logik. Wer Freiheit als geschenkte Freiheit versteht, der versteht, dass Freiheit gerade das Beieinander von Unabhängigkeit und Verpflichtung bedeutet. »Ein Christenmensch ist ein freier Herr über alle Dinge und niemandem untertan« – das heißt tatsächlich, dass kein Mensch einem anderen Menschen bedingungslose Loyalität schuldet. Wo das an Gott ausgerichtete Gewissen das nahelegt, da darf der

Christenmensch die wunderbare Erfahrung der inneren Freiheit machen, die diesem Gewissen folgt, anstatt sich gegen die innere Stimme einer äußeren Autorität zu unterwerfen.
Das, was das Gewissen bindet, sagt der zweite Satz: »Ein Christenmensch ist ein dienstbarer Knecht aller Dinge und jedermann untertan.« Wer aus der Kraft der von Gott geschenkten Freiheit lebt, der kann gar nicht anders als dem Nächsten zu dienen. Die Dynamik der Freiheit bekommt dadurch ihren besonderen Charakter, dass sie sich als die Dynamik der Liebe entpuppt. So wie zwei Liebende eben keine philosophischen Spekulationen darüber anstellen, ob sie sich aus freiem Willen füreinander entscheiden, sondern sich zueinander hingezogen fühlen, so entwickelt die Gottesbeziehung des Christenmenschen eine innere Dynamik hin zur Beziehung mit dem Mitmenschen.
Weil Freiheit und Mitmenschlichkeit hier als wechselseitige Interpretamente verstanden werden, deswegen kann der Kern des christlichen Freiheitsverständnisses am besten mit dem Stichwort der *kommunikativen Freiheit* beschrieben werden.[16] Die Frage, an der der christliche Freiheitsbegriff interessiert ist, ist also nicht zuerst die vielleicht für den Philosophen zunächst im Vordergrund stehende Frage nach der Möglichkeit, allein dem autonomen Subjekt zurechenbare Entscheidungen treffen zu können, wie sie beim Libet-Experiment im Zentrum steht. In der insbesondere von paulinischen Impulsen gespeisten reformatorischen Perspektive ist Freiheit vielmehr ein *Beziehungsbegriff*. Damit kommt »ein Verständnis von Freiheit in Blick, das nicht nur auf einzelne Entscheidungen und Handlungen ausgerichtet ist, sondern das die gesamte Lebensführung, die Grundentscheidungen und Grundausrichtungen des ganzen Lebens auf eine Bestimmung hin umfasst.«[17]
Freiheit heißt Gründung in der Erfahrung des eigenen Geliebt- und Angenommenseins und das daraus erwachsende Engagement für den Anderen. »Sieh« – so sagt Luther in der Freiheitsschrift, »so fließt aus dem

16 Dazu näher: Heinrich Bedford-Strohm, Gemeinschaft aus kommunikativer Freiheit. Sozialer Zusammenhalt in der modernen Gesellschaft. Ein theologischer Beitrag, Gütersloh 1999. Vgl. dazu Huber 1996, 114, sowie Hubers und Moltmanns Beiträge zur Tagung der Gesellschaft für Evangelische Theologie vom 13.-15. März 1989 in Rothenburg o.d.T., inbes. Huber 1990, 57-65, und Moltmann 1990, 26f. Auch Trutz Rendtorff bezieht sich, wenn auch mit insgesamt anderen Akzenten, affirmativ auf die kommunikative Dimension der Freiheit (Rendtorff, 1990, 95 und 153, und Rendtorff, 1991, 47-52).

17 Ulrich Eibach, Neurobiologie und christliches Verständnis von Freiheit und Unfreiheit des Menschen. Überlegungen zur theologischen Relevanz einer aktuellen Diskussion, in: Glaube und Denken [21]2008, 57-98 (92).

Glauben die Liebe und die Lust zu Gott und aus der Liebe ein freies, williges, fröhliches Leben, dem Nächsten umsonst zu dienen. Denn so wie unser Nächster Not leidet und unseres Überflusses bedarf, so haben ja auch wir Not gelitten und seiner Gnade bedurft. Darum sollen wir so, wie uns Gott durch Christus umsonst geholfen hat, durch den Leib und seine Werke nichts anderes tun als dem Nächsten helfen.«

Es ist deutlich geworden, dass das christliche Freiheitsverständnis sich jenseits einer Perspektive bewegt, die über die Frage spekuliert, ob chemisch-biologische Prozesse oder vom Subjekt als bewusst empfundene Entscheidungen den zeitlichen Vorrang haben. Es stellt vielmehr die Frage ins Zentrum, wie eigentlich die Empathie und Zugewandtheit entstehen können, auf denen persönliche und gesellschaftliche Befreiungsprozesse beruhen. Solche kommunikative Freiheit impliziert daher Weltzugewandtheit und das damit verbundene Engagement in Politik und Gesellschaft.

Über Biologie und Freiheit nachzudenken, heißt deswegen auch, den Blick auf die bahnbrechenden neuen Entwicklungen in den Biowissenschaften zu richten und sie auf ihre Menschendienlichkeit hin zu hinterfragen. Wer wirklich die Sprache, in der Gott das Leben geschaffen hat, erforschen und erlernen will, der hat mit der Entzifferung des menschlichen Genoms den entscheidenden Schritt noch gar nicht getan. Zu dieser Sprache gehören die ethischen Orientierungen menschlichen Handelns ganz genauso wie die chemischen Bestandteile und Prozesse, die die leibliche Basis dafür bilden.

Ich will deswegen wenigstens mit einigen Schlaglichtern das Feld ausleuchten, das sich aus der Reflexion des Spannungsfeldes zwischen Biologie und christlich verstandener Freiheit ergibt.

V Biotechnologie und christliche Freiheit

Worin liegen die Gefährdungen der Freiheit, die mit den neuen Biotechnologien verbunden sind? Dass etwas Grundsätzliches ins Wanken kommt, wenn die Unverfügbarkeit menschlichen Lebens verloren geht, ist von vielen Kommentatoren angemerkt worden. Die nicht mehr auszuschließende Möglichkeit, mit den Mitteln synthetischer Biologie Menschen so zu bauen, wie andere sie entworfen haben, kann ganz sicher als Gefährdung der Freiheit verstanden werden. Dass sie so funktionieren, wie sie im Sinne ihrer Schöpfer funktionieren sollen, ist mit der Freiheit unverträglich. Das gilt auch für die Moral. Christian Illies hat im Hinblick auf mögliche biologisch optimierte moralische Supermenschen festgestellt: »Insofern sie tatsächlich als Moralmaschinen zu sehen sind, ist ihre Freiheit, aus guten Gründen das Gute zu tun, nicht größer als unsere Freiheit, einen verspeisten Apfel zu verdauen.«[18]

Gefährdung der Freiheit liegt aber auch vor, wenn die unsere Gesellschaft immer mehr prägende Ökonomisierung nun bis in die Entstehung menschlichen Lebens vordringt. Möglicherweise stecken die größten Gefahren der Nutzung der neuen Biotechnologien nicht in dem, was manche als Frankenstein-Horrorvisionen an die Wand malen. Gefährlicher ist die schleichende Kommerzialisierung des Lebens, die Verbindung von Biotechnologie mit der modernen Konsumkultur. Wer heute in den Supermarkt geht, um Kaffee zu kaufen, wird sich die Kaffeesorte aus dem Regal nehmen, die ihm am besten schmeckt. Und dagegen ist auch überhaupt nichts einzuwenden. Dass wir unter den verschiedenen Möglichkeiten diejenige wählen können, die uns am besten gefällt, kann, jedenfalls wenn daraus kein hemmungsloser Konsumismus wird, durchaus als Errungenschaft gesehen werden. Etwas entscheidend Neues kommt aber ins Spiel, wenn sich diese Möglichkeit der Auswahl nun erstmals auch auf die Entstehung des Lebens erstreckt. Genau dieses entscheidend Neue kommt durch die neuen Biotechnologien ins Spiel.

Dass es sich dabei keineswegs nur um eine Sorge im Hinblick auf die Zukunft handelt, sondern um tägliche Realität, kann jeder schnell erkennen, der sich im Internet umsieht. Wer auf die Internetseiten internationaler Fortpflanzungskliniken schaut, stößt auf das Ausmaß dieser schon heute international zu beobachtenden Kommerzialisierung. Mit einem gegen entsprechende Gebühr zu erwerbenden Passwort besteht etwa die Möglichkeit, Eizellen für eine künstliche Befruchtung auszuwählen und zu erwerben. Dazu wird ein genaues Profil der Spenderin gegeben, das Haar- und Augenfarbe ebenso enthält wie Zahnqualität, sexuelle Ausrichtung, Bräunungsfähigkeit, Körperfigur, psychische Grundstruktur oder Intelligenzquotienten. Für den Erwerb einer Eizelle müssen zwischen 3.500 und 12.000 Dollar hingelegt werden. Für eine Leihmutterschaft, also das Austragen des eigenen Kindes durch eine andere Frau, entstehen Kosten von 45.000 bis 50.000 Dollar, darin sind neben den medizinischen Kosten die Rechtsanwalts- und Psychotherapiekosten der Leihmutter ebenso eingeschlossen wie ihre Schwangerschaftskleidung. Wenn es zu keiner erfolgreichen Schwangerschaft kommt, bleiben Kosten von 15.000 bis 16.000 Dollar.

Man muss sich natürlich angesichts des Unbehagens, das sich aufgrund einer solchen Ökonomisierung von Leben einstellt, klarmachen, dass die

[18] Illies, 325.

meisten Menschen, die diese Angebote nutzen, eine Leidensgeschichte ersehnter und dann doch versagter Elternschaft hinter sich haben. Aber auch wenn man der Versuchung vorschneller Diskreditierung oder gar Dämonisierung der neuen Möglichkeiten der Fortpflanzungstechnik widersteht, wird man um die Frage nicht umhin kommen, ob ein solcher Umgang mit menschlichem Leben oder seinen Bestandteilen als Ware eigentlich noch einer Sozialkultur entspricht, in deren Zentrum die Würde des Menschen steht. Der Kern des Würdebegriffs im Sinne Kants liegt ja genau in der Sperre gegenüber Verzweckung, Instrumentalisierung, Ökonomisierung.

Es hat seine guten Gründe, dass das deutsche Embryonenschutzgesetz von 1990 Eizellenspende und Leihmutterschaft verbietet und auch sonst gegenüber der Verzweckung menschlichen Lebens eine klare Sperre einbaut.

Es ist deswegen nicht überraschend, dass in Deutschland eine Technik besonders umstritten ist, die im Schnittfeld von moderner Reproduktionstechnik und genetischer Diagnostik liegt. Präimplantationsdiagnostik (PID) oder englisch: Preimplantation Genetic Diagnosis (PGD) ermöglicht die Untersuchung eines in-vitro befruchteten Embryos vor der Einpflanzung auf genetische Schäden. Besonders von Paaren, die aufgrund ihrer genetischen Familiengeschichte für ihr Kind schwere Behinderungen befürchten oder schon ein schwer behindertes Kind zur Welt gebracht haben, wird der Wunsch nach dieser Diagnostik geäußert. Bei der PID wird dem Embryo im Achtzellstadium eine Zelle entnommen und auf genetische Schäden untersucht. Werden keine genetischen Schäden gefunden, wird der Embryo eingepflanzt. Bei diagnostizierter genetischer Schädigung wird auf Einpflanzung verzichtet.

Neben der Frage nach dem Schutz beginnenden menschlichen Lebens wird die Frage nach der ethischen Legitimität der Selektion menschlichen Lebens kontrovers diskutiert. Ist die PID der erste Schritt auf dem Weg zum »Designer-Baby«? Müssen sich Eltern bei zunehmender Anwendung der PID und der schon jetzt gebräuchlichen Pränataldiagnostik im Mutterleib zukünftig dafür rechtfertigen, dass sie ein behindertes Kind annehmen und bejahen? Oder ist solche Selektion durch genetische Diagnostik legitim, weil in der embryonalen Frühphase nur von einer bedingten Schutzwürdigkeit des Embryos ausgegangen werden kann, die gegen den Wunsch der Eltern nach einem gesunden Kind abgewogen werden muss?

Unabhängig davon, wie man die Schutzwürdigkeit menschlichen Lebens in der Frühphase beurteilt, kommt der PID deswegen eine grundsätzlichere Bedeutung zu, weil die Frage des Umgangs mit dieser Diagnosemöglichkeit über die schwierigen Abwägungsprozesse in konkreten Entscheidungssituationen hinaus auch mit der möglichen öffentlichen Legitimation von Prozessen der Selektion menschlichen Lebens nach bestimmten Kriterien verbunden ist. Dass menschliches Leben nicht als Zweck an sich gesehen wird, sondern sein Recht zu leben von den Glücks- oder Nutzenerwägungen anderer abhängig gemacht wird, sollte in seiner grundsätzlichen Bedeutung nicht unterschätzt werden, so sehr man sich vor moralischen Urteilen über die Betroffenen hüten muss. Bei der Entscheidung über die PID handelt es sich um mehr als um eine medizinische Klugheitsentscheidung. Es geht dabei – so begrenzt der Anwendungsbereich dieser Technik auch ist – auch um die Zukunft unserer Sozialkultur. Die in Deutschland gefundene Lösung, die Zulassung der PID an eng begrenzte und von Ethikkommissionen überwachte Kriterien zu binden, ist zwar kein Freibrief für Selektion, birgt aber die Gefahr der Aufweichung entsprechender Sperren. Hinter den damit verbundenen Entscheidungen verbergen sich grundsätzliche Fragen: Sehen wir die immer größer werdenden technologischen Möglichkeiten, die Entstehung des Lebens unseren eigenen Zielen zu unterwerfen, als Freiheitsgewinn? Oder sehen wir diese Möglichkeiten als Gefährdung der Freiheit?

Die Antwort auf diese Frage – und damit schließt sich der Bogen zu dem ersten Teil meiner Ausführungen – hängt davon ab, was wir unter Freiheit verstehen. Wenn wir Freiheit vorrangig als individuelle Freiheit, also als Steigerung unserer eigenen Optionen und Lebensmöglichkeiten verstehen, dann kann die Option, Lebensumstände zu vermeiden, die jedenfalls auf den ersten Blick unangenehme Seiten beinhalten, nur als Freiheitsgewinn verstanden werden. Wenn wir aber Freiheit als »kommunikative Freiheit« verstehen, also als Ermöglichung von Beziehung zum anderen, als Türöffner für eine Sozialkultur, die sich an der Menschenwürde orientiert, dann muss die Selektion menschlichen Lebens, je nach Grad der Behinderung, als zutiefst fragwürdig erscheinen.

Es liegt auf der Hand, dass eine Religion, in deren Gottesverständnis in geradezu radikaler Weise das geschädigte, verletzte, gefolterte Leben eingegangen ist, hier parteilich ist. Wer Gott im Angesichte des Gekreuzigten erkennt, der wird sich auch dem Mitmenschen so zuwenden, dass dem Ja zu diesem Mitmenschen keine Zweckmäßigkeitserwägungen im Wege stehen. Nicht die *Würdigkeit* gibt den Ausschlag, sondern die *Würde*. Und diese Würde wird gerade dem beschädigten Leben zugesprochen.

»Today we are learning the language in which God created life«. Was Bill Clinton auf jener Pressekonferenz im Weißen Haus sagte, enthält eine Weisheit, deren tiefer Sinn dem Präsidenten möglicherweise gar nicht bewusst war. Mit der Sprache, in der Gott das Leben geschaffen hat, meinte Clinton Chromosomen, Zellkerne oder DNA.

Hören Sie folgenden Alternativbericht über die Sprache, in der Gott das Leben geschaffen hat: »Im Anfang war das Wort, und das Wort war bei Gott, und Gott war das Wort. Dasselbe war im Anfang bei Gott. Alle Dinge sind durch dasselbe gemacht, und ohne dasselbe ist nichts gemacht, was gemacht ist. In ihm war das Leben, und das Leben war das Licht der Menschen. Und das Licht scheint in der Finsternis, und die Finsternis hat's nicht ergriffen. Und das Wort ward Fleisch und wohnte unter uns, und wir sahen seine Herrlichkeit, eine Herrlichkeit als des eingeborenen Sohnes vom Vater, voller Gnade und Wahrheit« (Joh1). Sie haben den Prolog des Johannesevangeliums vermutlich wiedererkannt. Er spricht von dem Wort, von dem Logos, von der Sprache, durch das alle Dinge gemacht sind. Und hätte Johannes schon Chromosomen und DNA gekannt, sie wären dabei »mitgemeint« gewesen. Sie wären als in die Sprache der Biologie gefasstes Medium und Ort für eine Wirklichkeit erschienen, die von »Gnade und Wahrheit« geprägt ist. Diese Sprache, in der Gott das Leben geschaffen hat, so kann nun aus theologischer Perspektive formuliert werden, ist die Sprache der Freiheit. Es ist eine Sprache der Liebenden, die einander ohne Vorbedingung bejahen. Es ist die Sprache der Leidenden, die sich nach Erlösung sehnen, es ist die Sprache der Hoffenden, die hinter den vielen Erfahrungen des »Nein« ein großes »Ja« sehen.

Dass das, was der Johannesprolog über diese Wirklichkeit sagt, vielem entgegensteht, was wir jeden Tag erfahren, unterstreicht, dass der Satz des amerikanischen Präsidenten nur im Hinblick auf die Sprache der DNA als Vollzugsmeldung gelesen werden darf. Im Hinblick auf die »Gnade und die Wahrheit« muss er zuallererst als Aufgabenbestimmung gelesen werden: »Heute lernen wir die Sprache, in der Gott das Leben geschaffen hat.« Und – so muss man hinzufügen – wir haben noch lange nicht ausgelernt.

»Wie durchs Feuer hindurch«

Theologische Herausforderungen für eine behutsame Rede vom Gericht Gottes – unter Einbeziehung sozialethischer Implikationen

Fernando Enns

I Einleitung

»Warten aufs jüngste Gericht« – so überschrieb die Wochenzeitung *Die Zeit* einen ganzseitigen Artikel.[1] »Nichts regt die politische Fantasie so sehr an wie die Vorstellung, es könnte einmal die ganze Wahrheit auf den Tisch kommen. Das wäre ein Tag wie das jüngste Gericht«, beginnt der Beitrag von Ijoma Mangold, und fährt fort: »Was sonst im Schutz der Macht und der Machenschaften unter den Teppich gekehrt wird, liegt offen vor aller Augen. Ein Triumph für die Gerechten, die Verdammten aber stürzen hinab ins Höllenfeuer. Welch eine Erlösungsvorstellung: Während es sonst auf Erden nur ewig verschleppte Prozesse gibt und wieder und wieder neue Wahrheiten, die sich gegenseitig relativieren, sind am Tag, wenn die Trompete erschallt, Gut und Böse klar geschieden.«[2]

Dieses Zitat soll hier nicht mehr als eine repräsentative Illustration bieten, welche ganz allgemeinen Vorstellungen im kulturellen Gedächtnis unserer Tage noch vorhanden sind von einem in den biblischen Schriften vielfältig bezeugten und in der Theologiegeschichte äußerst wirk-

1 Vgl. Die Zeit, Nr. 50, 09.12.2010, 51.

2 Der Artikel diskutiert im Folgenden die politische Auseinandersetzung zu den Enthüllungsvorgängen durch die Internetplattform Wikileaks.

mächtigen Theologumenon, das in weiten Teilen – nicht nur im säkularen Bereich – zu einer bloßen Chiffre zu verkommen droht. In dem zitierten Beitrag ist nicht mehr übrig als die nachvollziehbare Sehnsucht nach einer am Ende nicht mehr zu relativierenden, absoluten Wahrheit, die als Instanz dafür Sorge tragen wird, dass den Gerechten endlich Gerechtigkeit widerfahren wird, die Ungerechten aber auf ewig ihrer verdienten Strafe nicht mehr entgehen werden: ein kaum noch geglaubter und theologisch wenig reflektierter Dualismus.

Das Problem wird in Theologie- und Kirchenkreisen zunehmend erkannt. Hier sollen zwei Belege genügen:
Das ausführliche »Votum der Union Evangelischer Kirchen in der EKD« von 2006, »Unsere Hoffnung auf das ewige Leben«[3], in dem diese Situation zutreffend als allgemeine Verunsicherung beschrieben wird: »Aus Sorge heraus, Beschreibungen der Zukunft und des Jenseits könnten wörtlich genommen und damit missverstanden werden, verzichten viele Predigten und theologische Voten auf Beschreibungen des Lebens nach dem Tode. Unterrichtsentwürfe für den Religions- und Konfirmandenunterricht behandeln zwar ausführlich die Sterbe- und Trauerbegleitung, sie schweigen aber zu der Frage, was nach dem Tode auf den Menschen wartet. So ist theologisch ein Vakuum entstanden. Es besteht offenkundig eine Differenz zwischen elementaren religiösen Fragen und kirchlichen Antworten.«[4]
Die Jahrestagung der Gesellschaft für Evangelische Theologie 2007 widmete sich unserer Thematik. Im Vorwort zum Dokumentationsband[5] mutmaßt Heinrich Bedford-Strohm, dass die sehr hohe Teilnehmendenzahl wohl auch aus dem Unbehagen herrühre bezüglich der Einebnung dieser sperrigen Inhalte des christlichen Glaubens. »Auf den Missbrauch der Eschatologie durch den Moralismus und religiöse Aggressivität, wie sie in fundamentalistischen Höllenphantasien in der Geschichte bis heute zum Ausdruck kommen, reagierte man in der Kirche zuweilen mit der Verkündigung eines Kuschelgottes, der niemandem etwas zumutet und so am Ende banal wird.«[6] Bedford-Strohm sieht diesen Missstand in Theologie und Verkündigung der Kirche treffend zusammengefasst in

3 Unsere Hoffnung auf das ewige Leben. Ein Votum des Theologischen Ausschusses der Union Evangelischer Kirchen in der EKD, Neukirchen-Vluyn 2006.

4 Ebd., 24.

5 Vgl. Heinrich Bedford-Strohm (Hg.), »... und das Leben der zukünftigen Welt«. Von Auferstehung und Jüngstem Gericht, Neukirchen-Vluyn 2007.

6 Ebd. 7.

dem überspitzt formulierten Satz von Reinhold Niebuhr, der hier bereits auf die wichtigsten zu behandelnden Dimensionen hinweist: »Ein Gott ohne Zorn brachte Menschen ohne Sünde in ein Reich ohne Gericht durch den Priesterdienst eines Christus ohne Kreuz.«

Aus dieser Sachlage, dass nämlich über das Gericht Gottes entweder nur noch sehnsüchtig in Chiffren gesprochen wird, oder sie einer (wachsenden) fundamentalistischen Strömung in der Weltchristenheit überlassen wird, die die Rede vom Gericht zu einer simplen Lohn- und Strafenlehre verfälscht, ergibt sich die Dringlichkeit, sich der Komplexität, der Gefahrenlage sowie der Sperrigkeit der theologischen Rede vom Gericht Gottes systematisch-theologisch zu stellen; nicht nur als Korrektur von Missverständnissen. »Ein Verlust an Zukunftsbildern stellt einen [...] spürbaren Plausibilitätsverlust des Glaubens dar« meint auch Ulrike Link-Wieczorek, und vergleicht dies mit der zwischenmenschlichen Liebe: »denn auch die ›leuchtet‹ bekanntlich nicht mehr, wenn ihr die Zukunftsbilder abhanden gekommen sind«.[7]
Daher sei hier die These dieses Beitrags vorangestellt:
Die Rede vom Gericht Gottes ist nicht ohne erheblichen Substanzverlust für den christlichen Glauben aufgebbar. Darüber hinaus impliziert sie entscheidende und notwendige Orientierungen für die Gestaltung des christlichen Lebens.

Das zu demonstrieren ist freilich Programm und Stoff für mehr als den hier vorgelegten Diskussionsbeitrag. Für den deutschsprachigen, protestantischen Bereich haben neuere, umfängliche Monographien, wie die von Gregor Etzelmüller,[8] von Christine Janowski[9] oder auch die frühere von Hartmut Rosenau[10] entscheidende Grundlagenarbeit geleistet, auf die hier verwiesen werden kann. Daher werde ich mich im Folgenden auf den Versuch beschränken, einige Herausforderungen in systema-

[7] Ulrike Link-Wieczorek, Vim Werden des Heils. Eine Replik auf Jürgen Werbick; in: Uwe Swarat u. Thomas Söding (Hg.), Gemeinsame Hoffnung – über den Tod hinaus. Eschatologie im ökumenischen Gespräch, QD 257, Freiburg/Basel/ Wien: Herder 2013, 209-226, 210.

[8] Gregor Etzelmüller, »... zu richten die Lebenden und die Toten«. Zur Rede vom Jüngsten Gericht im Anschluss an Karl Barth. Neukirchen-Vluyn: Neukirchener 2001.

[9] J. Christine Janowski, Allerlösung. Annäherungen an eine entdualisierte Eschatologie. Neukirchen-Vluyn: Neukirchener 2000.

[10] Hartmut Rosenau, Allversöhnung. Ein transzendentaltheologischer Grundlegungsversuch. Berlin/New York: de Gruyter 1993.

tisch-theologischer Perspektive präzise zu beschreiben. Hierdurch soll zum einen deutlich werden, welche Herausforderungen systematisch-theologisch zu bewältigen sind, und zum anderen, welche orientierende *Funktion* diese Rede vom Gericht Gottes für eine theologische Sozialethik übernehmen kann.

II Die Rede vom Gericht Gottes als Teilstück der Eschatologie

Wenn die Rede vom Gericht Gottes ein Teilstück der christlichen Eschatologie ist, so ergibt sich hieraus ganz allgemein bereits die erste große Herausforderung: ein grundsätzlicher Vorbehalt für jedes Reden von den »letzten Dingen«, denn die »Eschatologie als die Lehre der – von Gott – vollendeten Welt erfordert unter allen Teilstücken (der Dogmatik) die größte *Behutsamkeit*«[11], hält Wilfried Härle in seiner Dogmatik treffend fest. Schließlich wird hier erkenntnistheoretisch jede irdisch-geschichtliche Erfahrungsmöglichkeit transzendiert. »Wir wagen Aussagen über eine Dimension, deren Ausdehnung, Dichte und Komplexität bei weitem alles überschreitet, was wir in unserer Anschauung unterbringen können«, so Michael Beintker.[12] Das enthebt uns aber nicht von der Notwendigkeit dieser theologischen Reflexion, ist sie doch in den biblischen Zeugnissen Alten wie Neuen Testaments so zahlreich und vielschichtig belegt und findet ihren Niederschlag in der gesamten Traditionsgeschichte – am signifikantesten in den Glaubensbekenntnissen (nahezu aller kirchlichen Traditionen). Erforderlich ist demnach eine umso gründlichere Rechenschaft gerade dieser theologischen Rede vom Gericht Gottes – in der gebotenen Behutsamkeit. *Unmittelbare* Ableitungen aus den biblischen Zeugnissen sind unmöglich, *mittelbar* ist aber sehr wohl vom Gericht Gottes zu reden, sowohl in rezeptiver Hinsicht (Heilserfahrungen) wie in produktiver (der Verheißungsfunktion).
Erforderlich ist demnach eine begründete theologische Rechenschaftslegung durch mittelbare Ableitungen, da Dimensionen berührt sind, die die irdisch-geschichtliche Erfahrungswirklichkeit überschreiten.

Inhaltlich-dogmatisch verdichtet sich hier die Forderung nach Konsistenz dogmatischer Aussagen in besonderer Dringlichkeit, weil gerade die

[11] Wilfried Härle, Dogmatik, Berlin/New York: de Gruyter 1995 (3. überarb. Auflage 2007), 600.

[12] Michael Beintker, Das Leben der zukünftigen Welt; in: Bedford-Strohm, »... und das Leben der zukünftigen Welt«, a.a.O., 14-29, 14.

Eschatologie so stark mit allen anderen Teilstücken zusammenhängt. Gerade hier bewahrheitet sich Karl Barth's Diktum in besonderer Weise, dass nämlich »jeder dogmatische *locus* einen Querschnitt aller anderen *loci* darstellt«.[13] Paul Althaus hob diese Erkenntnis insbesondere für die Eschatologie hervor: »In der Eschatologie laufen die Fäden der ganzen systematischen Theologie zusammen. Der Eschatologe musst fast alle seine theologischen Geheimnisse verraten: sein Verständnis der Geschichte, sein Schriftprinzip, seine Christologie, den Sünden- und Rechtfertigungsgedanken, die Lehre von Gesetz und Evangelium, ja den Begriff von Theologie als Glaubenserkennen überhaupt«.[14]
Die Konsistenz der gesamt-dogmatischen Zusammenhänge ist hier in seiner besonderen Dichte und entsprechenden Komplexität zu berücksichtigen, weil nahezu alle anderen theologischen loci berührt sind.

III Soteriologie als primärer Anknüpfungspunkt

Die Eschatologie – und in ihr die Rede vom Gericht Gottes – muss ihren *primären* Anknüpfungspunkt in der Soteriologie suchen. [15] Und umgekehrt gilt sicherlich (mit Karl Holl): »Da die Rechtfertigung darauf zielt, dass der Mensch ›tatsächlich vor Gott gerecht‹ wird, ist sie nur im Horizont der Eschatologie zu verstehen«.[16] Dies empfiehlt sich gerade aufgrund der Schwierigkeiten, die sich bei der Entfaltung der Rede vom Gericht ergeben, wenn sie primär von der Gotteslehre her entwickelt wird – wie noch zu sehen sein wird – oder auch von der Anthropologie her.

Im Zentrum des Lebens und der Verkündigung Jesu steht der Anbruch des Reiches Gottes, aber irdisch-geschichtlich ist dieses »Heil« nur frag-

13 Karl Barth, Eschatologie Vorlesung Wintersemester 1925/26, Münster/Westfalen, Nachschrift W. Koch vom 30. März 1931, 3.

14 Paul Althaus, Die letzten Dinge, Gütersloh ³1926, S. X. Auch Chr. Janowski fragt ganz allgemein nach den Implikationen für die anderen Lehrstücke der Dogmatik.

15 Mit Härle, Dogmatik, a.a.O., 609.

16 Karl Holl, Die Rechtfertigungslehre in Luthers Vorlesung über den Römerbrief mit besonderer Rücksicht auf die Frage der Heilsgewissheit [1910], wieder abgedruckt in: Ders., Gesammelte Aufsätze zur Kirchengeschichte, Bd.1 Luther, Tübingen 1921, 91-130, 101.

mentarisch erreicht.[17] Die Macht der Sünde ist durchbrochen, aber beseitigt ist sie nicht. Die »Mächte und Gewalten« sind in Frage gestellt, aber ihr Widerstand ist nicht aufgehoben. Die geglaubte und im Glauben bekannte Realität des Anbruches des Reiches Gottes (in seinem Gekommensein in Jesus Christus) weckt aber eben nicht nur eine ›diffuse Sehnsucht‹, sondern die ernste und begründete Erwartung nach Vollendung dieses Reiches. »Es ist Bestandteil christlicher Hoffnung, dass die Begrenzungen, die aus der Endlichkeit der Welt, aus der Freiheit des Menschen und aus der Realität des Leidens resultieren [...] schließlich und endlich *durch Gott überwunden werden.*«[18] Eschatologie und in ihr die Rede vom Gericht müssen das »*endgültige* Ziel der durch das Evangelium zugesagten Heilsbotschaft zur Sprache [...] bringen»[19], damit – und das ist eine entscheidende Funktion dieser Rede – die präsentischen Heilserfahrungen tatsächlich auch als fragmentarische wahrgenommen und entsprechend in ihrer begrenzten Reichweite angenommen werden können.
Die Rede vom Gericht Gottes sollte ihren Ausgangspunkt in der Soteriologie wählen, da sich erst durch die Antizipation der Vollendung des Reiches Gottes das Fragmentarische des Irdisch-Geschichtlichen in seiner Vorläufigkeit erschließt.

IV Jesus Christus als der zum Gericht kommende Richter

Christologisch stellt sich dann im Blick auf die Rede vom Gericht die Herausforderung, dass der »zur Rechten des Vaters« sitzende, auferstandene Christus der am Kreuz Gerichtete Richter ist.[20] Dieser »*Menschensohn* ist gekommen, zu suchen und selig zu machen, was verloren ist« (Lk 19:10). Weil aber *Christus* als der kommende Richter erwartet wird, von dem im Gericht Gottes zu reden ist, der sich in seiner Menschwerdung hingibt – aus lauter Liebe zu seinen Menschen und seiner ganzen Schöpfung, um diese zu versöhnen, deshalb ist vom Gericht tatsächlich und begründet von einer *Hoffnung* zu reden. – Gregor Etzelmüller kommt in seiner Untersuchung »zur Rede vom Gericht Gottes im An-

[17] Vgl. zur aktuellen Diskussion des »Reiches Gottes«: Ulrike Link-Wieczorek (Hg.), Reich Gottes und Weltgestaltung. Überlegungen für eine Theologie im 21. Jahrhundert. Neukirchen-Vluyn: Neukirchener 2013.

[18] Härle, Dogmatik, 603.

[19] Ebd.

[20] Vgl. Karl Barth, Die Kirchliche Dogmatik, 13 Bde., Zürich: EVZ 1932-1967, hier KD IV,1, §59, 282.

schluss an Karl Barth« zu dem Schluss, dass es der bleibende Verdienst Barths sei, »den tröstlichen Sinn der Rede vom Gericht wieder frei gelegt zu haben, indem er das Gericht konsequent christologisch verstand: die Vorstellung von einem ›grimmigen Richter‹ wurde als menschliche Projektion durchschaut, die den Blick auf den für uns gerichteten Richter verstellt.«[21]

In Christus ist – durch das Gericht – zunächst nichts anderes zu erwarten, als dies: die in ihm selbst bereits vollbrachte Versöhnung am Kreuz, weil Gott sich hier in Christus ›stellvertretend‹ (für alle) unter ein menschliches Gericht erniedrigt und so den endgültigen Sieg über die widergöttlichen Mächte in der Auferstehung erringt, dem Nichtigen ein Ende bereitet.[22]
Christologisch ist vom Gericht als einem in Kreuz und Auferstehung Christi Vorweggenommen zu reden.[23]

V Parusie Christi – individuelle und universelle Dimension

Entsprechend der neutestamentlichen Zeugnisse ist in diesem Zusammenhang von der Parusie Christi zu reden (vgl. Röm 8:18ff). Und sogleich tun sich neue Herausforderungen auf, denn zum einen wird von diesem Ereignis als universalem (Jürgen Moltmann: »kosmologischen«)[24] Gerichtsakt am Ende der Zeit zu reden sein und/oder von einem individuellen Geschehen, das sich in Leben, Sterben und Auferstehen der Einzelnen ereignet, entsprechend der universalen wie individuellen Dimension der Sünde.
Greshake und Lohfink ist es zu verdanken, dass die Naherwartung Jesu wieder ins Bewusstsein gerückt wurde: Für jeden Menschen, der den Tod durchschreitet, vollendet sich das Reich Gottes. Wenn das Eschaton aber tatsächlich kategorial vom irdisch-geschichtlichen Zeitschema zu unterscheiden ist, dann »kommt er [Christus] gleichzeitig an jeden Punkt

21 Etzelmüller, »... zu richten die Lebenden und die Toten«, a.a.O., 321.
22 Vgl. hierzu weiter Fernando Enns, Ökumene und Frieden. Theologische Anstöße aus der Friedenskirche. Theologische Anstöße Bd. 4, Neukirchen-Vluyn: Neukirchener 2012, Kap. C.IV.3 Exkurs: Ein alternativer Interpretationsversuch des Kreuzestodes Jesu, 335-350.
23 Vgl. Karl Barth, Credo, Zollikon-Zürich ^{6}1946, 109. Ders., KD III,3, §50, 418.
24 Vgl. Jürgen Moltmann, Das Kommen Gottes. Christliche Eschatologie. Gütersloh: Chr. Kaiser/Gütersloher Verlagshaus 1995 (^{2}2005), Kap. IV. Neuer Himmel – Neue Erde, 287ff.

menschlicher Geschichte.«[25] »Das Kommen Gottes ist dann beim Tod aller Menschen anzusetzen, gleichgültig, an welchem Punkt der Geschichte sie gelebt haben oder noch leben werden«[26] Damit ist die Erwartung nicht auf eine Zukunft *in* der linearen Zeit gerichtet, sondern die Frage nach der Zukunft *der* linearen Zeit ist gestellt.

Somit wird auch deutlich, dass die Rede vom Gericht nicht verengt werden kann auf eine individuelle *oder* die universelle Dimension. Es geht um die Vollendung (Neuschöpfung) *aller* fragmentarischen Aspekte des Geschichtlichen im individuellen Leben (der/die Einzelne vor Gott, *sein* Gericht, *seine* Auferstehung, *sein* ewiges Leben) wie des universalen: der (Neu-) Schöpfung eines »neuen Himmels und einer neuen Erde« (2Petr 3, Apk 21:1).[27] Die systematisch-theologische Rede vom Gericht muss beide Dimensionen zusammenhalten.
Der Gerichtsgedanke steht und fällt nicht mit der Entscheidung für ein präsentisches, futurisches, axiologisches oder teleologisches eschatologisches Verstehensmodell, er wird in allen diesen Dimensionen virulent und bedarf der Entfaltung, im Blick auf das individuelle wie das universale Heil, weil hier die lineare Zeit an ihr Ende kommt.

VI Neuschöpfung

In der Folge stellt sich allerdings die Frage, ob demnach das Gericht eigentlich gar nicht als ein Zukünftiges zu denken ist, sondern immer als ein schon Geschehenes, im gesamten Christusereignis Vorweggenommenes, dessen vollständige Offenbarung/Enthüllung eben nur noch aussteht. Das aber stünde in unmittelbarer Spannung zu der irdisch-geschichtlichen Erfahrung des Fragmentarischen. Es muss doch von etwas Neuem zu reden sein, etwas noch Ausstehendes zumindest hinzukommen durch das Gericht.

[25] Gerhard Lohfink, Zur Möglichkeit christlicher Naherwartung, in: Gisbert Greshake und Gerhard Lohfink, Naherwartung – Auferstehung – Unsterblichkeit. Untersuchungen zur christlichen Eschatologie, Freiburg/Basel/Wien: Herder ^{4}1982, 61.

[26] A.a.O., 61f.

[27] Vgl. Beintker, Das Leben der zukünftigen Welt, a.a.O., 22.

Eben dies war Gegenstand der Anfrage Jürgen Moltmanns (und etwas anders akzentuiert Eberhard Jüngels) an Karl Barth.[28] Die fragliche »Gleichsetzung des geschichtlichen und des eschatologischen Augenblicks«.[29] Zwischen Versöhnung einerseits und Erlösung andererseits ist doch zu differenzieren, um zu verstehen, *wie* das Versöhnungsgeschehen nicht nur die Voraussetzung für die letztliche Erlösung ist, sondern der Ausgang des Gerichts von daher auch determiniert ist (und hierin die Glaubenshoffnung des Gerichts ihre Begründung findet). Soll tatsächlich die Vervollkommnung der Schöpfung *eschatologisch* zur Sprache kommen, dann ist in der Rede vom Gericht auch von einer kreativschöpferischen Dimension zu reden: von einer Überbietung der bloß »ereignislosen *Enthüllung*« (Günter Thomas),[30] einer tatsächlichen *Erfüllung* der Verheißung, ein Akt der Neu-Schöpfung, nicht nur der Erlösung von dem Bösen (sonst verharrte sie in einem Boethischen Zeitverständnis).[31] Nur so wird vom ewigen Leben – durch das Gericht hindurch – weder schlicht »als unendliche Fortsetzung des irdischen Lebens unter himmlischen Bedingungen«, noch reduktionistisch als Qualität des irdischen Lebens banal zu reden sein.
Zwischen Versöhnung (durch das Christusereignis) und Erlösung (durch das Gericht hindurch) ist so zu differenzieren, dass durch einen Akt der Neu-Schöpfung tatsächlich von der Erfüllung einer begründeten Hoffnung geredet werden kann.

Hierbei ist – als weitere Herausforderung – auf die kategorialen Differenzen zu achten: etwas Geschaffenes, Endliches, kommt an sein Ende im Gericht, doch so, dass es durch das Gericht hindurch vollendet wird, »damit Gott sei alles in allem« (1Kor 15:28) und wir ihm gleich seien (vgl. 1Joh 3:2).[32]

[28] Vgl. Jürgen Moltmann, Theologie der Hoffnung. Untersuchungen zur Begründung und zu den Konsequenzen einer christlichen Eschatologie, München: Kaiser 1964 ([12]1985), 207f. und Ders, Das Kommen Gottes, a.a.O., 357.

[29] Moltmann, Das Kommen Gottes, a.a.O., 322.

[30] Günter Thomas, Gottes schöpferische Gerechtigkeit; in: Ruth Heß/Martin Leiner, Alles in Allem. Eschatologische Anstöße (FS für J. Chr. Janowski), Neukirchen-Vluyn: Neukirchener 2005, 109-132, 117.

[31] Vgl. zu diesem Gedankengang vor allem Günter Thomas, Neue Schöpfung. Theologische Untersuchungen zum ›Leben der kommenden Welt‹, Neukirchen-Vluyn: Neukirchener 2009.

[32] Biblische Bilder: Mt 5:8, 1Kor 13:12, 2Kor 5:7, 1Joh 3:2, Hebr 12:14, Apk 1:7: Schauen, Sehen, Erkennen Gottes und des erhöhten Christus. Mk 10:35-45, Mt 19:18, 1Kor 15:20-28: Gott herrscht und regiert. Jes 25:6-8, Mt 8:11, 14:15-24, 22:1-14, 25:1-13, Apk 3:20: Bild des Festmahls und der Hochzeit. 1Kor15:35-

Universales wie individuelles Heil wird so zur Vollendung zu denken sein, dass Identitäten als Geschaffene (Teile der Schöpfung) erkennbar bleiben, weil nur so die Einmaligkeit dieser Welt und jedes Menschen aussagbar bleiben. Durch einen neu-kreativen Akt im Gericht werden diese Identitäten aber so mit Gott selbst in Beziehung gesetzt, dass ihre Partizipation an der göttlichen Trinität durch nichts mehr gestört werden kann: Kontinuität der Schöpfung durch Diskontinuität aufgrund der Neuschöpfung.

So kann dann auch von der Auferstehung Christi angemessen als einem »*Anfang* der Neuschöpfung der Welt« geredet werden.[33] – Die Leben-schaffende, Leben-erhaltende und, durch das Gericht hindurch parakletisch begleitende, Leben-neu-schaffende Kraft, die die Erlösten dem auferstandenen Christus gleichförmig macht, wäre im weiteren pneumatologisch zu entfalten.

VII Die Frage nach dem Ausgang des Gerichts

Die Frage nach dem ›Ausgang‹ des Gerichts ist mit diesen Überlegungen allerdings noch nicht beantwortet. Und gerade hier sind nun die neutestamentlichen Zeugnisse alles andere als eindeutig, denn sie lassen im Blick auf die individuelle Dimension zumindest zwei näher zu differenzierende Denkmöglichkeiten zu: das dualistische Modell des »doppelten Ausgangs«, bei dem der eine Teil der Menschheit gerettet wird, der andere aber verurteilt – entweder zu ewiger Verdammnis (vgl. etwa Mt 25)[34] oder aber dem Nichts anheim gegeben wird (der *annihilatio*)[35]; und das Modell der *apokatastasis panton*, nach dem alle Menschen gerettet werden (vgl. Apg 3:21).[36]

57, Phil 3:21: radikale Verwandlung durch den Tod hindurch – gegen alle Vorstellungen von Weiterleben nach dem Tod oder paradiesische Fortsetzung.

33 So Moltmann. Vgl. hierzu auch Edmund Schlink: Überwindung der Dichotomie Enthüllung und Auferstehung durch eine trinitätstheologische Erschließung der Eschatologie. »Der kommende Christus wird nicht nur das Vergangene enthüllen und beurteilen, sonders es tiefgreifend verändern. Er wird durch sein Urteil nicht nur vorhandenes Scheiden, sondern Altes abtun und Neues schaffen«. Edmund Schlink, Ökumenische Dogmatik. Grundzüge, Göttingen ^{2}1993, 405.

34 »Und sie werden hingehen: diese zur ewigen Strafe, aber die Gerechten in das ewige Leben«, Mt 25:31-46.

35 Vgl. Carl Stange, das Ende aller Dinge, Gütersloh 1930. Klaus Stock, Annihilatio mundi, München 1971.

36 »Ihn muss der Himmel aufnehmen bis zu der Zeit, in der alles wiedergebracht wird, wovon Gott geredet hat durch den Mund seiner heiligen Propheten von

Das Modell des doppelten Ausgangs hat sich in der Traditionsgeschichte kirchlicher Lehr- und Bekenntnisbildung als dominant erwiesen[37] (und verkam in der säkularisierten Verkürzung zu jener dualistischen Chiffre, die wir eingangs beobachteten). *Innerhalb* dieses Modells hat sich der Streit vor allem auf das Differenzkriterium konzentriert: wird nach dem Glauben oder nach den Werken gerichtet? Das johanneische Schrifttum (Joh 3:16-18, 5:24) wie auch Paulus (Röm 3:28, Gal 2:16) scheinen eindeutig das *sola fide* vorzuschlagen. Wenn aber der Glaube – nach reformatorischer Interpretation – kein Verdienst des Menschen, sondern eindeutig als Gnadengabe zu verstehen ist (so etwa in Luthers Vorrede zum Römerbrief),[38] also ein Vertrauen *allein* auf die Liebe Gottes bedeutet, dann kann das Fehlen dieses Glaubens kaum als ein evangeliumsgemäßes Scheidungs-Kriterium gewertet werden. Sonst verkäme der Glaube wieder zu einem *opus hominum*, auf das sich das Vertrauen stärker richten würde als auf die Gnade Gottes, was letztlich einer Selbsterlösungshoffnung gleich käme.

Sollte hingegen nach den Werken gerichtet werden, wie es vor allem die Synoptiker (Mt 7:21-23, Lk 13:23-30, Mt 12:36, 16:27, 25:31-46), der Jakobusbrief (Jak 2:14-26) oder die Apokalypse (Apk 14:13 »... ihre Werke folgen ihnen nach«) vorzuschlagen scheinen, dann aber *auch* konkrete Anhaltspunkte bei Johannes (Joh 5:29) und Paulus (Röm 2:5-10, 1Kor 3:13-15, 2Kor 5:10)[39] findet, ist – wiederum mit reformatorischer Einsicht – zu fragen, wer dann bestehen könnte. Die (lange kir-

Anbeginn«, übersetzt Martin Luther (1984). Rudolf Pesch schlug als Übersetzung vor: »Wiederherstellung von allem«. Auch möglich: »Her-, Feststellung, und zwar eines neuen (das liegt am apo) in einen neuen Zustand durch Beseitigung eines bisherigen schlechten«. Sprachlicher Schlüssel zum Griechischen Neuen Testament, bearb. von D. Eberhard Nestle, Giessen/Basel: Brunnen [18]1987, 256.

[37] Vgl. das Athanasium – im Unterschied zu Apostolicum und Nicaenum, altkirchliche Lehrentscheidungen gegen Origines, reformatorische Lehrentscheidungen gegen die Wiedertäufer in der Confessio Augustana oder dem Heidelberger Katechismus. »... die gottlosen Menschen aber und die Teufelin die Hölle und ewige Straf verdammen«, CA XVII; in: Die Bekenntnisschriften der evangelisch-lutherischen Kirche (zit. BSLK), Göttingen: Vandenhoeck & Ruprecht [12]1998, 72,7-9, siehe auch Apol zu CA, BSLK, 310, 50-52.

[38] Vgl. Martin Luther, Luthers Werke. Kritische Gesamtausgabe. Weimar 1883ff. Neudruck Graz 1964ff. (zit. WA), hier: WA DB 7,11,6. Dann gilt eben beides: sola gratia und sola fide (so argumentiert auch Rosenau, Allversöhnung, 409-415).

[39] »Denn wir müssen alle offenbar werden vor dem Richterstuhl Christi, damit jeder seinen Lohn empfange für das, was er getan hat bei Lebzeiten, es sei gut oder böse«.

chentrennende) Frage nach dem Verhältnis von Glaube und Werken ist – im Horizont des Christusereignisses – nur so zu beantworten, dass es zwar eine Unterscheidung, nicht aber eine Trennung von Glauben und Werken geben kann. Entsprechend ist die Differenz eines Gerichts nach den Werken und eines nach dem Glauben (vgl. Paul Althaus) obsolet (vgl. Eph 2:8-10)[40].
Es ist demnach so vom Gericht zu reden, dass weder die Heiligung von der Rechtfertigung, noch umgekehrt die Rechtfertigung von der Heiligung verdrängt wird. Beides will zur Vollendung geführt werden.[41]

Trotz dieses theologischen Hindernisses (sic. der Suche nach einem angemessenen Scheidungskriterium) wird in Teilen an diesem Modell des »doppelten Ausgangs« – gegenüber dem der *apokatastasis panton* – festgehalten. Dies erklärt sich nicht allein aus der direkten wie der bildhaften Rede in den neutestamentlichen Zeugnissen. Der Grund liegt m.E. nicht minder in den wichtigen Funktionen dieses Modells begründet. Daher soll hier zunächst präziser nach diesen *Funktionen* der Rede vom Gericht Gottes gefragt werden, um in der schwierigen Frage nach dem Ausgang des Gerichts voran zu kommen. Das Modell des doppelten Ausgangs hält fest:
a. Die Fähigkeit des Menschen – als *imago Dei* – zur personalen Verantwortung;
b. die Freiheit des Menschen bleibt gewahrt, er wird nicht *gegen* seinen Willen erlöst.
c. Gegenüber den Opfern von Ungerechtigkeit wird Trost und Hoffnung verheißen, weil eine endgültige Instanz erwartet werden kann, vor der sich alle rechtfertigen müssen und die endlich Gerechtigkeit schaffen wird.
d. Auch die Freiheit Gottes bleibt gewahrt, er kann retten und verdammen bzw. dem Nichts anheim geben. Die Rede von Gottes Zorn – als Ausdruck seiner Liebe und damit seiner Nicht-Gleichgültigkeit gegenüber der Schöpfung – findet hier scheinbar einen angemessenen Ort.
Die Funktionen der Rede vom Gericht (a. die Fähigkeit des Menschen zur personalen Verantwortung; b. die Freiheit des Menschen; c. die

[40] Eph 2:8-10: »Denn aus Gnade seid ihr selig geworden durch Glauben, und das nicht aus euch: Gottes Gabe ist es, nicht aus Werken, damit sich nicht jemand rühme. Denn wir sind sein Werk, geschaffen in Christus Jesus zu guten Werken.«

[41] Hartmut Rosenau nennt dies die »Leitdifferenz« zwischen »soteriologischer Macht« und »soteriologischer Ohnmacht«.

tröstende Hoffnung auf letztinstanzliche Gerechtigkeitsschaffung; d. die Freiheit Gottes) können nicht aufgegeben werden.

VIII Gottes Bindung in Freiheit

Gerade im Blick auf die zuletzt genannte Funktion (d. der Freiheit Gottes) erhebt sich aber auch der größte inner-theologische wie allgemeine Einspruch: Sollte Gottes Urteilsmöglichkeit im Gericht tatsächlich völlig frei gedacht werden, dann müsste umgekehrt die Reichweite seiner gnädigen Liebe wiederum als begrenzt gedacht sein. Sein Heilswille für die gesamte Schöpfung könnte sich nicht vollkommen in einer Neuschöpfung durchsetzen, sein Urteil wäre also als abhängig von anderen Dimensionen als dieser ureigentlichen Wesensbestimmung seiner Selbst zu denken. Sollte Gott etwa irgendetwas seiner Schöpfung nicht zur Vollendung führen *können* auch wenn er es *wollte*?[42] Gerade dies wäre doch der Widerspruch zur angenommenen Freiheit – und Allmacht Gottes.[43]

Gerade durch die Offenbarung in Christus ist Gottes Bindung – in Freiheit – an sich selbst geglaubt und damit sein unbedingter Erlösungswillen ausgesagt.

In diesem Zusammenhang ist eine weitere Infragestellung des Denkmodells »doppelter Ausgang« zu berücksichtigen, auf die Christine Janowski aufmerksam macht: wenn die dualistische Vorstellung vom Ausgang des Gerichts die ewige Verdammnis als Möglichkeit vorschlägt, dann ist damit auch eine *Verewigung* der Sünde und des Bösen impliziert. Auch diese Aussage würde den soteriologischen Sätzen von der endgültigen Überwindung der Mächte und Gewalten widersprechen. – *Dieses* Prob-

[42] Ulrike Link-Wieczorek drückt dies so aus: »Weil Gott die Schöpfung als Ganzer am Herzen liegt, die er als Raum für das Leben in seiner Dynamik von Wachsen und Gedeihen in Vielfältigkeit geschaffen hat, für die er ein seinem Wirken ein friedvolles und bereicherndes Dasein zu ermöglichen sucht und mit dessen lebensgefährdender Bedrohung durch gottwidrige Mächte, Strukturen und Intentionen er ringt, darum wird er sie nicht bewahren und nicht erneuern, indem er das, was er an Lebensmöglichkeit geschaffen hat, wieder auslöscht«. Dies., Vom Werden des Heils, a.a.O., 216.

[43] Zur Diskussion der Allmacht Gottes (und der Theodizee) im Rahmen der Eschatologie vgl. Ulrike Link-Wieczorek, Verzweiflung im Leiden und Ringen um den Gottesglauben; in: Dies. u.a., Nach Gott im Leben fragen. Ökumenische Einführung in das Christentum, Gütersloh: Gütersloher und Freiburg/Basel/Wien: Herder 2004, 20-46.

lem ließe sich freilich durch die Annahme der *annihilatio* (sei es in seiner »vergehenden« oder in seiner »vernichtenden« Variation) als Alternative zur Verewigung lösen. Voraussetzung ist hierbei allerdings notwendig die Unterscheidung von Sünde und Sünder. Während die Sünde, das Böse, das Ungerechte, nicht Schöpfung Gottes ist, sondern lediglich als Verneinung des Schöpfers wie seiner Schöpfung eine Realität bildet, *kann* es dem Nichts anheim gegeben werden, ohne dadurch Gottes Durchsetzungswillen und -vermögen in Frage zu stellen.

Allerdings wären dann eben alle ›Ungerechten‹ durch die Vollendung der in Christus geschehenen Versöhnung im Gericht von (der nichtigen) Ungerechtigkeit – auch und vor allem ihrer eigenen – ›erlöst‹.[44] Insofern wird dann die Annahme der *annihilatio* gerade zum wesentlichen Element der Vorstellung von der *apokatastasis panton.*
Die Rede vom Gericht kann und muss jede Aussage zur Verewigung des Bösen vermeiden, weil zwischen Sünder (als Teil der Schöpfung) und Sünde (der Verneinung der Schöpfung) kategorial zu differenzieren ist.

IX Die transformative Gerechtigkeit Gottes und die restaurative menschliche Gerechtigkeit

Die Einwände gegenüber einer Aussagerichtung hin zur Allerlösung (inkl. *annihilatio* des Bösen) sind demnach hinsichtlich der Gottesvorstellung zu lösen: der vernichtende Zorn Gottes richtet sich auf alles Ungerechte, gerade *weil* die Ungerechten erlöst werden sollen. Was aber würde – bei Annahme dieses Modells – aus der wichtigen Funktion der Rede vom Gericht hinsichtlich der *menschlichen* Verantwortungsübernahme und Freiheit (Funktionen a. und b.)? Und wie kann die Rede vom Gericht der geglaubten endgültigen Aufrichtung der Gerechtigkeit gegenüber Opfern, der zu Unrecht Geschundenen, auch in Form einer Allerlösungshoffnung tröstend wirken, ohne *ver*tröstend banalisiert zu werden (Funktion c.)? Unbeschadet der Tatsache, dass Täter und Opfer *in realiter* selten in solcher Reinform zu unterscheiden sind (auch aufgrund der Universalität der Sünde), lassen sich doch ganz eindeutig konkret erfahrene Ungerechtigkeiten benennen, für die ebenso eindeutig verantwortliche Täter identifizierbar sind, deren Schuld gegenüber den

[44] So auch bei Paul Tillich: Gott lässt den »selbstzerstörerischen Folgen existentieller Entfremdung« ihren Lauf. Ders., Systematische Theologie (STh), 3 Bde., Stuttgart: Ev. Verlagswerk, STh II (^{3}1958), 187, ähnlich STh I (^{3}1956), 325.

ebenso identifizierbaren, leidenden Opfern im irdisch-geschichtlichen scheinbar ungesühnt bleibt.[45]

Wenn wir nun – mit Ulrike Link-Wieczorek – annehmen, dass »die Verheißung Gottes« darauf drängt, »zur Hoffnung der Menschen zu werden, die performativen Charakter hat, denn sie will nicht nur gedacht und vorgestellt, sondern gelebt werden,«[46] dann gilt:

Durch die Erfahrungswirklichkeit von Opfern und Tätern ist die Rede vom ›Jüngsten Gericht‹ auch im Blick auf ihre sozialethischen Implikationen zu entwickeln, wenn sie u.a. das Potential bereit halten soll, den selbstverantworteten Vollzug des Vergeltungsbedürfnisses zu verhindern, weil im Gericht Gottes »dem Zorn Gottes Raum gegeben« wird.[47]

Es muss begründet werden, wie Täter letztlich zur Rechenschaft gezogen werden und Opfern Gerechtigkeit widerfahren wird. M.E. könnten diese Funktionen (a.) des Rufes zur Verantwortungsannahme, (c.) der Tröstung und der Aufrichtung der Gerechtigkeit *dann* auch in der Antizipation einer Allerlösung zur Entfaltung kommen, wenn diese Funktionen abgekoppelt denkbar werden von der simplen Hoffnung auf Wiedergutmachung durch Strafe oder der Sehnsucht nach einer endgültigen Scheidung von den Tätern.[48] Dies aber setzt ein alternatives Verständnis von Gerechtigkeit voraus. Eine *retributiv* verstandene Gerechtigkeit müsste dann ersetzt werden durch ein *restauratives* Verständnis.

[45] Die Unterscheidung zwischen Opfern und Tätern ist daher nicht »kompakt personrelativ, sondern ereignis- und beziehungsrelativ« zu denken, so Günther Thomas, Gottes schöpferische Gerechtigkeit, a.a.O., 126.

[46] Link-Wieczorek, Vom Werden des Heils, a.a.O., 213.

[47] Röm 12:19: »Rächt euch nicht selbst, meine Lieben, sondern gebt Raum dem Zorn Gottes; denn es steht geschrieben, (Dtn 32:35) ›Die Rache ist mein; ich will vergelten, spricht der Herr‹.«

[48] In seiner Auswertung von Strafrechtstheorien (Absolute Theorien – Vergeltung/Sühne; Relative Theorien – Prävention/Erziehung/Stabilisierung des Rechtssystems, Vereinigungstheorien – Resozialisierung/Stärkung des Rechtsbewusstseins) kommt Jens Kreuter zu einem Schluss, dem wir uns in seiner fundamentalen Fragestellung anschließen wollen: »Strafe ist als historisch gewachsenes Phänomen zu verstehen, das es in allen menschlichen Rechtsordnungen gibt und das zur Regelung des menschlichen Zusammenlebens unverzichtbar zu sein scheint. Allerdings ist mit der Feststellung dieser Notwendigkeiten und offenkundigen Bedürfnisse noch nicht geklärt, ob ein großer Teil der dargestellten Überlegungen zur Strafrechtsbegründung und -rechtfertigung auch ein anderes Reaktionssystem als das traditionelle Strafrecht begründen könnte.« Jens Kreuter, Staatskriminalität und die Grenzen des Strafrechts. Reaktionen auf Verbrechen aus Gehorsam aus rechtsethischer Sicht. Gütersloh: Chr. Kaiser/Gütersloher Verlagshaus 1997, 87.

Einige wenige Hinweise müssen hier genügen, um die Vorstellung der *restorative justice* zu verdeutlichen:[49] Verbrechen stellen nach dieser Auffassung nicht primär eine Verletzung von Regeln oder Gesetzen dar, sondern von Menschen und zwischenmenschlichen Beziehungen. Daher sind die Fragen nach ›verdienter‹ Strafe und einem angemessenen Strafmaß nicht die vordringlichen Kriterien einer erzielbaren Gerechtigkeit. Strafe wird gar in ihrer präventiven, resozialisierenden und rechtssichernden Funktion in Frage gestellt. Das Augenmerk richtet sich vornehmlich auf die *Bedürfnisse* der Geschädigten: zuerst der Opfer und der betroffenen Gemeinschaft, dann aber auch der Täter, die von dem Verbrechen ebenso als beschädigt angesehen werden. Ein Prozess restaurativer Gerechtigkeit sieht das schmerzhafte Aufdecken der ›ganzen Wahrheit‹ für alle vor, um so Motivationen und Möglichkeiten zur Verantwortungsübernahme erst zu eröffnen. Durch solch einen Prozess soll der Blick für die *gemeinsame* Suche nach Möglichkeiten der Reparation für das zugefügte und erlittene Unrecht frei werden. Reparation ist hierbei durchaus auch im Sinne echter Sühneleistungen zu verstehen. Ziel ist die Restauration, eine Heilung von Individuen *und* Beziehungen – die Befreiung der Opfer aus endgültiger Viktimisierung ebenso wie die Befreiung der Täter aus ihrer Reduzierung auf das Tätersein sowie der Gemeinschaft aus Schuldverstrickung (auch der strukturellen Sünde).[50]

Diese in Ansätzen bereits praktizierte restaurative Gerechtigkeit[51] ist nun gerade nicht wieder eine Projektion menschlicher Gerechtigkeit auf die Gerechtigkeit Gottes (wie beim Bild des strafenden Richters von K. Barth vermutet) – auch diese kategoriale Differenz wird ja gerade in der

49 Vgl. John W. de Gruchy, Reconciliation: Restoring Justice, London: SCM Press 2002.Wesley Cragg, The Practice of Punishment: Toward a Theory of Restorative Justice, New York/NY: Routledge 1992. Tony F. Marshall, Restorative Justice: An Overview, London: Home Office, Information & Publication Group 1999. John Paul Lederach, The Journey Toward Reconciliation, Scottdale/Pa: Herald Press 1999. Howard Zehr, Changing Lenses. A New Focus for Crime and Justice, Scottdale/PA: Herald Press ^{3}2005 (1990).

50 Vgl. hierzu die kritische Diskussion des Sachverhalts bei Ulrike Link-Wieczorek, Wiedergutmachung statt Strafe. Zur versöhnungsethischen Aktualität der Satisfaktionstheorie; in: Kirchliche Zeitgeschichte (KZG) 26. Jg., 1/2013, 139-155.

51 In Wahrheits- und Versöhnungskommissionen, aber auch in einzelnen Strafrechtsverfahren, vor allem im Jugendstrafrecht in Neuseeland seit 1989. Vgl. Rodney L. Petersen and Raymond G. Helmick (eds.), Forgiveness and Reconciliation: Religion, Public Policy, and Conflict Transformation. Philadephia: Templeton Press 2002.

Rede vom Gericht Gottes virulent – sondern ist implizit in den biblischen Zeugnissen selbst zu finden[52] und verdankt sich der theologischen Reflexion der Erfahrung zutiefst begrenzt (fragmentarisch) bleibender Gerechtigkeitsmöglichkeiten in zwischenmenschlichen Beziehungen. Mir scheint z.B. 1Kor 3:13-15 eine solche Vorstellung nahe zu legen, in der das Schmerzliche der Wahrheitsfindung durch das reinigende Bild des Feuers ausgedrückt ist, das die bösen Werke verbrennt, den Täter aber – durch das Feuer hindurch! – rettet.[53] In der systematisch-theologischen Rede vom Gericht Gottes wäre m.E. dann allerdings kategorial differenziert von einer *transformativen* Gerechtigkeit Gottes zu reden: Als tatsächlich vollendete »Aufhebung« (oder Vollendung) aller, samt ihrer Relationen, in die Partizipation an der trinitarischen Gottes-Gemeinschaft. – Das wäre dann in seiner Zielführung tatsächlich mehr als ein »therapeutisches Ereignis schlechthin« (Jüngel).[54] Denn: »Reconciliation will not have taken place until one has moved toward one's former enemies and embraced them as belonging to the same communion of love«[55] (Miroslav Volf).

Darf also ein solches *transformatives* Gerechtigkeitsverständnis in der Rede vom Gericht Gottes vorausgesetzt werden, dann kann – ohne Aufgabe der oben genannten Funktionen! – von der Erlösung und Neuschöpfung *aller*, der ganzen Schöpfung samt der interpersonalen Beziehungen ausgegangen werden.[56] Denn im Sinne von 1Kor 15:35-57 ist die Verwandlung (im Tod) ja so zu denken, dass Kontinuität und Diskontinuität, Identität und Neuheit gleichermaßen zur Geltung kommen, also auch die Relationen der Vollendung bedürfen, weil sie Teil unserer Iden-

52 Vgl. Elaine Enns, Ched Myers, Ambassadors of Reconciliation Vol. II, New Testament Reflections on Restorative Justice and Peacemaking, New York/NY: Maryknoll 2009.

53 »... so wird das Werk eines jeden offenbar werden. Der Tag des Gerichts wird's klarmachen; denn mit Feuer wird er sich offenbaren. Und von welcher Art eines jeden Werk ist, wird das Feuer erweisen. Wird jemandes Werk bleiben, das er darauf gebaut hat, so wird er Lohn empfangen. Wird aber jemandes Werk verbrennen, so wird er Schaden leiden; er selbst aber wird gerettet werden, doch so wie durchs Feuer hindurch.«

54 Eberhard Jüngel, ›Die Weltgeschichte ist das Weltgericht‹ aus theologischer Perspektive: in: Ders., Ganz werden, Tübingen 2003, 323-344, 340. 343.

55 Miroslav Volf, The Final Reconciliation. Reflections on a Social Dimension of the Eschatological Transition; in: Modern Theology 16 (2000), 91-113, 104. Vgl. auch Ders., Exclusion and Embrace. A Theological Exploration of Identity, Otherness, and Reconciliation, Nashville/TN 1997.

56 Ganz ähnlich Link-Wieczorek, Vom Werden des Heils, a.a.O., 225.

tität sind.[57] Und die Antizipation der schonungslosen Wahrheitssuche fordert warnend die persönliche Verantwortungsübernahme – das Bekennen von Schuld ebenso wie das Erkennen der Angewiesenheit auf die vergebende Gnade.

Die Verheißung einer so vollendeten Versöhnung macht die eschatologische Hoffnung glaubhaft, weil sie das Fragmentarische realer Gerechtigkeitserfahrungen im Irdisch-Geschichtlichen transformativ übersteigt – und sie impliziert zugleich eine menschliche Gerechtigkeit, die korrespondierend nach einer restaurativen, satt retributiven Gerechtigkeit streben lässt.

Nun bleibt in der systematisch-theologischen Rede vom Gericht Gottes noch einmal zu prüfen, wie die Vorstellung von der transformativen Gerechtigkeit Gottes auf das Sperrige der Gottesvorstellung selbst zu beziehen ist: den Zorn Gottes. Walter Dietrich und Christian Link haben herausgearbeitet, dass »die Pointe biblischer Rede vom richtenden Gott [...] in den Vorstellungen von Vergeltung, Strafe oder Erziehung kaum erfasst [wird]«; [58] sie verweise vielmehr auf Gottes richtendes Handeln an dieser Welt, das den Weltlauf nicht dem Gesetz seiner eigenen Entwicklung überlasse. Die Metapher »Zorn« – so Bernd Janowski – meine gerade »die *Durchsetzung* und *Wahrung* eines Wirkzusammenhangs, demzufolge dem Bedrängten Gerechtigkeit widerfährt«.[59] Denn Gott ist durch das zwischenmenschliche Unrecht *selbst* betroffen, in Frage gestellt,[60] und daher kaum als neutrale Instanz eines unabhängigen Gerichtshofes zu denken, sondern als ein eifernder Gott, der durch seine Gerechtigkeit *retten* will. Deshalb wird die Rede vom zornigen, *richtenden* Gott – auch und gerade im Lichte der alttestamentlichen Zeugnisse

[57] Link-Wieczorek beobachtet gerade diesbezüglich eine wachsende Skepsis gegenüber dem »Ablösungsmodell«, da »mit der Betonung des radikal Neuen der konkrete Mensch verlorenzugehen scheint«. Dies., Vom Werden des Heils, a.a.O., 214.

[58] Walter Dietrich, Christian Link, Die dunklen Seiten Gottes, Bd.2 Allmacht und Ohnmacht, Neukirchen-Vluyn: Neukirchener 2000, 179.

[59] »Diesen Zusammenhang bringt der Text [Ps 7] mit dem Terminus schaphat ›Recht schaffen, zum Recht verhelfen‹ auf den Begriff«. Bernd Janowski, JHWH der Richter – ein rettender Gott. Psalm 7 und das Motiv des Gottesgerichts, in: JBTh 9 (1994) 53-85, 83.

[60] Vgl Erich Zenger, Ein Gott der Rache? Feindpsalmen verstehen, Freiburg i.B./Basel/Wien: Herder 1998, 141.

(vor allem in Ps, Hos, Am) – die Rede vom *rettenden* Gott bleiben müssen, sonst wäre nicht von *Gottes* Gericht geredet.[61]
Die Rede vom rettenden Gericht Gottes setzt das Sperrige des Zornes Gottes und seines Richtens gerade voraus.

X Schluss

Im Blick auf Niebuhrs Theologie-kritischen Satz ist nun also zusammentragend zu sagen:
die systematisch-theologische Rede vom *rettenden* Gericht Gottes setzt geradezu voraus, von einem *zornigen* Gott zu reden, der sündige Menschen in einem neu-schöpferischen Akt durch das *Gericht* hindurch in *sein* Reich bringt, durch den Priesterdienst eines *Christus am Kreuz*, weil erst so die zur Verantwortung rufende und zugleich tröstende, alles aufdeckende und ausgleichende – und daher aufrichtende – *transformative* Gerechtigkeit Gottes als eschatologische Verheißung zur Sprache kommen kann, in deren Antizipation die sozialethische Orientierung zur *restaurativen* menschlichen Gerechtigkeit zur denkbaren Möglichkeit wird.

»Wenigstens im Zeugnis müssen wir es wagen«, plädiert Ulrike Link-Wieczorek, »in eine ›gläubige Spekulation‹ einzutreten, also dem glaubenden Verstand eine Sprache, dem gläubigen Herzen Bilder und den Gott-Suchenden beides zur Kommunikation anzubieten.«[62]

[61] In Anlehnung an Ingrid Schoberth, Kein bloß ›lieber Gott‹. Die Verharmlosung der Gottesrede als Problem der Praktischen Theologie, in: ZNT 5,9 (2002), 60-66, 65.
[62] Link-Wieczorek, Vom Werden des Heils, a.a.O., 215.

Gott und die Gottesbilder

Aktuelles aus der philosophischen Theologie von praktischem Interesse

Ralf Miggelbrink

Das Thema der Gotteslehre hat Ulrike Link-Wieczorek und mich vom Anfang unserer Freundschaft an verbunden. Ulrike schätzte an meinen Arbeiten zum zornigen Gott[1] die heilsgeschichtlich-konkrete Gestalt der Theologie. Immer aber ging es mir auch um die Notwendigkeit erkenntnistheoretisch argumentierender Metaphysik in der Gotteslehre. Dieses Anliegen zur Geltung zu bringen, wurde in der Theologie der letzten Jahrzehnte immer schwieriger. Im größeren Fächerspektrum stößt es auf Ablehnung, sei es weil die spekulative Theologie durch einen historischen und biblischen Positivismus verdrängt wird, sei es, weil nun auch die Lehre von Gott unter das Verdikt fällt, dass sich aus ihr fürs Praktische nichts gewinnen lasse. Im vergangenen Jahr aber erschienen außerhalb der Theologie zwei Werke, die das Anliegen einer philosophischen Gotteslehre einem breiten Publikum nahe bringen sollen. Ihre theologische Rezeption soll in diesem beworben werden.

I Der fremde Gott und die vertrauten Gottesbilder

In Schulen, Kirchen und kirchennahen Milieus ist von Gott häufig mit wunderlicher Vertrautheit die Rede. Man spricht von »meinem« Gott

1 Ralf Miggelbrink, Der Zorn Gottes. Geschichte und Aktualität einer anstößigen Tradition, Freiburg 2000; ders., Der zornige Gott. Die Bedeutung einer anstößigen biblischen Tradition, Darmstadt 2002.

und gibt vor, aus Bibel und Tradition Einiges über ihn zu wissen. An Schule und Unterricht wird diese Art von Alltagstheologie angepasst, indem statt von »Gott« von »Gottesbildern« gesprochen wird. Der kleine Kunstgriff sichert einander widersprechende Konsequenzen. Für das »Format« Schule wird einerseits kritische Distanz zum Lehrgegenstand »Gottesbild« signalisiert. An Gottesbildern kann man, indem man sie beschreibt, analysiert, kontextualisiert, problematisiert und diskutiert, das ganze Spektrum schulisch ästimierter Operationen durchexerzieren. Andererseits aber darf Theologie als »Rede über Gottesbilder« inhaltlich so subjektiv sein, wie Bilder insbesondere in der Moderne autonomer Kunst eben subjektiv sind. Der prozeduralen Objektivität entspricht inhaltlich radikaler Subjektivismus.

Religionspädagogisch lässt sich die schulische Verbannung der Theologie als »Lehre von Gott« bewerben mit dem Programm einer »religiösen Sprachlehre«[2]. Sie soll Menschen in die Lage versetzen, über religiöses Sprechen als eine eigenartige Kulturtechnik zu reflektieren. Religiöses Sprechen als Kompetenz, die kulturelle Partizipation ermöglicht, befähigt Menschen die Fragen nach Anfang und Ende, nach Kontingenz und Sinnverlangen miteinander zu bereden, ohne dass Ansprüche auf überindividuelle Geltung erhoben würden. Religiöses Sprechen leistet, wo es stattfindet, eine Selbstkonfrontation des einzelnen mit jenen Fragen von Ursprung und Sinn. Menschen erleben in entsprechenden Zusammenhängen, wie elementar wichtig der Respekt vor den religiösen Empfindungen anderer ist, wie schnell die empfindlichen Fäden des Sprechens über das, was zutiefst berührt, abreißen in dem Moment, in dem ein belehrender, besserwisserischer oder auch nur unverständlicher Ton angeschlagen wird. Der professionelle Begleiter religiöser Gesprächsprozesse wird der Intuition Schleiermachers folgen und solche Abbruchstellen meiden, an denen sich ein bereichernder wechselseitiger Austausch in etwas Unfruchtbares verläuft.[3] Vielleicht ist dies der existentielle Hintergrund für das wohl am meisten verfochtene Dogma des Religiösen, dass nämlich »Gott« für jeden etwas anderes *ist*, was eine »Lehre von Gott« ziemlich sinnlos erscheinen lässt. Mit Gott bin ich so vertraut wie mit mir selbst. Und als mein Begleiter ermöglicht Gott mir als dem religiös denkenden, sprechenden und reflektierenden Menschen immer neu und je anders zu verstehen, wer ich eigentlich bin. Von au-

2 Hubertus Halbfas, Religiöse Sprachlehre. Theorie und Praxis, Ostfildern 2012.

3 Vgl. Friedrich Schleiermacher, Versuch einer Theorie des geselligen Betragens, Berlin 1799 (in: ders., »Werke in Auswahl« hg. v. Otto Braun und Johannes Brauer, Leipzig 1910-13, diverse Nachdrucke, 2. Bd.).

ßen betrachtet könnte man auf die Idee verfallen, religiöses Sprechen zu beschreiben als eine Art seelische Akkommodationsstrategie des Organismus, durch den die flexible Identitätsfunktion des »Ich« organisiert wird. »Gott« ist das Wort, das es mir ermöglicht, in allen Verwandlungen und Brüchen meiner Existenz als ein stets Anderer der Selbe zu sein.

Augustinus baut auf der Entdeckung Gottes als des flexiblen Identitätsgaranten die erste biographische Theologie und beantwortet die Precht-Frage »Wer bin ich und wenn ja wie viele?«[4] mit seiner Zuversicht *»quaerentes enim inveniunt eum et invenientes laudabunt eum«*[5]. Suche und Verunsicherung sind bei Precht und Augustinus gleich. Das Gewissheitsorakel des Kirchenvaters aber bezieht seine Wirkung aus der Zuversicht, dass Gott nicht nur Moment eines religiösen *Soliloquiums* ist, wie es Augustinus durchaus vertraut war[6], sondern jene absolute Wirklichkeit, die als solche alle Verstehbarkeit der Welt und des Ich begründet, ohne selbst vollkommen verstehbar und verstanden zu sein. Er verbindet die identitätsschützende Funktion Gottes mit dem verborgenen Sein Gottes als Grund allen Verstehens.

Die Ungewissheit des Fragenden hat Augustinus mit den heutigen Religionsfachleuten gemeinsam. Gewissheit resultiert bei Augustinus allerdings nicht aus der Sicherheit der eigenen funktionalen Rolle des Religionsexperten. Diese besteht darin, Fragen behandeln zu können, die *per definitionum* offen bleiben müssen, deren Behandlung aber dennoch entwicklungspsychologisch und sozialhygienisch wünschenswert ist und verbunden mit der Zuversicht auf dabei zu entwickelnde Kompetenzen. Gewissheit resultiert bei Augustinus daraus, dass Gott der ganz Andere ist. Nur als der verborgene Fremde kann Gott die Fremdheit des eigenen Lebens in die Vertrautheit des Vertrauens bergen. Wo Religion statt an den verborgenen Gott in seiner *Wirklichkeit*[7] gebunden wird an die

[4] Richard David Precht, Wer bin ich und wenn ja wie viele? Eine philosophische Reise, München 2007.

[5] Augustinus, Confessiones, liber I, caput 1: »Die suchen nämlich, werden ihn finden, und ihn findend werden sie ihn preisen.« Der chiastische Aufbau des Verses ordnet das Suchen dem Preisen zu, obwohl auf der syntaktischen Ebene das Preisen durch das Finden bestimmt ist.

[6] Augustinus wählt den Titel »soliloquia« für seine 386/7 entstandenen, frühen, stark neuplatonisch geprägten Betrachtungen über Gott und die Unsterblichkeit der Seele.

[7] Der Begriff der »Wirklichkeit« bezeichnet in der heutigen Umgangssprache, was der Fall ist. Sprachgeschichtlich aber entstammt »wirklich« der Kunstsprache der deutschen Mystik des 13. Jahrhunderts und bezeichnete das, was durch Handeln geschieht. Friedrich Kluge, Etymologisches Wörterbuch der deutschen Sprache,

Funktion und Organisierbarkeit religiöser Rede als psychosozialer Technik, kreist der verlorene Mensch in ihr in systemisch organsierter und bezahlter Betriebsamkeit um die eigene Leere und Rätselhaftigkeit. Die auf die zitierte Stelle aus den *Confessiones* folgenden Kapitel sind ganz dem Lobpreis der Größe, Unfassbarkeit und Herrlichkeit Gottes gewidmet, bevor Augustinus im fünften Kapitel mit der Frage eröffnet *»Quis mihi dabit adquiescere in te?«*[8]. Auch Augustinus kennt die Formel von »meinem Gott«[9], weil Gott für ihn wie für den religiösen Sucher der Gegenwart eine flexible Identitätsgründung ermöglicht. Schärfer aber als die Religionsadministratoren der Gegenwart reflektiert Augustinus, dass diese Funktion Gottes von einem Bekenntnis abhängt, das aus der Funktion nicht abgeleitet werden kann. Zwar helfen religiöse Verständigungsprozesse zur Identitätsbildung. Aber ihr eigener Logos lässt sich aus ihrer Funktion nicht ableiten. Der Gottesbegriff als der Begriff, dessen Semantik durch das Sein Gottes selbst bestimmt wird, lässt sich durch die Rede über Gottesbilder nicht ersetzen. Religiöse Rede und Erziehung braucht Theologie als das wissenschaftliche Nachdenken über das Sein Gottes selbst. Das Reden über individuelle, biblische und Religionen begründende Gottesbilder bleibt religiös nur da bedeutsam, wo ihm eine Relevanz zugesprochen wird, die über die Psychologie, Geschichtswissenschaft und die Politik der Religionsgemeinschaften hinausreicht.

Die Rede von der »Notwendigkeit Gottes« ist seit Eberhard Jüngels These, »bereits der Vollzug des Gottesgedankens«, sei »der Ausweis dafür, daß *Gott mehr als notwendig* ist«, theologisch anstößig. Sie »riecht« nach einer Apologie, die Gott in seiner Notwendigkeit als funktionale Instanz menschlicher Bedürfnisse »sicherstellt« und dabei das wahre Sein Gottes in seiner »Selbstbestimmung zur Menschlichkeit« verfehlt.[10] In einem gesellschaftlichen Kontext aber, in dem die religiöse Kommunikation das Sein Gottes zunehmend durch dessen religiöse Funktion für Individuum und Glaubensgemeinschaft ersetzt, melden sich heute Stimmen, die ein Fehlen Gottes anzeigen.[11] Diese Fehlanzeige bezieht

Berlin 1975, S.862f. Der Begriff der Wirklichkeit Gottes verweist also in diesem Kontext auf die Erfahrbarkeit eines innerweltlichen Wirkens Gottes.

8 Augustinus, Confessiones, liber I, caput 5: »Wer gibt mir, zu ruhen in Dir?«.

9 Augustinus, Confessiones, liber I, caput 4.

10 Vgl. Eberhard Jüngel, Gott als Geheimnis der Welt. Zur Begründung der Theologie des Gekreuzigten im Streit mit Theismus und Atheismus, Tübingen [6]1992, S. 261-270.

11 Vgl. Hans-Joachim Höhn beschreibt einen Verbrauch des Wortes ›Gott‹ (ders., Der fremde Gott. Glaube in postsäkularer Kultur, Würzburg 2008, S. 22-47) und

sich nicht auf religiöse Kommunikation, die es geben mag. Sie bezieht sich auf den vermissten Logos dieser Kommunikation, auf den für alle Menschen relevanten Begriff Gottes. Nur wo ein solcher Begriff Gottes denkbar ist, erhält religiöse Gottesrede einen Haftpunkt außerhalb von Psychologie und Kirche. Nur wo ein solcher Begriff Gottes denkbar ist, verliert sich eine an Bibel und Tradition orientierte Gotteslehre nicht im Dickicht der Selbstbezüglichkeit. Nur wo ein solcher Begriff Gottes denkbar ist, wird der denkerische Ernst der Frage des endlichen Menschen nach sich selbst im Angesicht seiner Verwirrtheiten und seiner Angst vor dem Tod durch die religiöse Kommunikation respektiert und nicht mit immer neuen religiösen Formeln hinweggeredet. Nur wo ein Begriff Gottes denkbar bleibt, kann Theologie davor bewahrt werden, in die absolute Beliebigkeit der religiösen Geschwätzigkeit abzugleiten. In dem Maße, in dem die Theologie ihren Logos zu verlieren scheint, melden sich nun philosophische Verteidiger des Göttlichen.

II »La parole religieuse«

Als teilnehmender Beobachter naturwissenschaftlicher Wirklichkeitskonstruktion hat der französische Wissenschaftstheoretiker Bruno Latour seit den siebziger Jahren des 20. Jahrhunderts die soziale Dimension wissenschaftlicher Theoriebildung, etwa zum Klimawandel, aufgehellt. Mit seinem Buch *»Jubiler – ou les tourmentes de la parole religieuse«*[12] stellt sich der Theoretiker der sozialen Konstruktion wissenschaftlichen Wissens der Frage nach der Lebendigkeit religiöser Rede. Es ist eine engagierte Fragestellung, weil Latour unterstellt, religiöse Rede habe eine erfinderische Freiheit fruchtbarer Lebendigkeit begründet (S. 9), zu der sie zurückfinden könne, wo sie befreit wird aus dem zerstörerischen Antagonismus der Bekenner und der Spötter in Sachen der Religion, die sich unter dem vergiftenden Stichwort des *Glaubens* in den Lagern der Gegner und Befürworter Gottes sammeln und so verhindern, dass über Religion gesprochen wird. Religiöse Rede gelinge besser, wenn die Existenz Gottes vorausgesetzt werde. Das Gelingen religiöser Rede hänge aber so wenig von dem Glauben an die Existenz Gottes ab wie die Oper

lässt sein Fragen nach Gott in dem spannungsvollen Zueinander von Bestreiten und Vermissen gipfeln (S. 237-252).

[12] Paris (Editions du Seuil) 2002, seit 2011 in der deutschen Übersetzung von Achim Russer: Jubilieren. Über religiöse Rede, Berlin (Suhrkamp) 2011, aus der im Folgenden im Fließtext mit Seitenangaben in Klammern zitiert wird.

von der Ouvertüre (S. 10). Die Vokabel »Gott« im Feld des Minimalpaares Glauben – Unglauben zu verteidigen oder zu bekämpfen, verschütte die Möglichkeit religiösen Sprechens. Die mit »Gott« gemeinte Wirklichkeit könne auch »der unbestreitbare Rahmen des gewöhnlichen Lebens« (S. 11) genannt werden. Auf diesen absoluten Rahmen aber bezieht sich der Wissenschaftstheoretiker Latour unter Zurückweisung der naiven konstruktivistischen Fiktion, diesen Rahmen zu zimmern, ließe sich mit individuellen oder gruppendiskursiven Konstruktionen bewerkstelligen. Die einzige Sprechhandlung, die der Situation des Sprechers vor Gott entspricht, ist der Vokativ der Anrede. Aber so tröstlich der unvermittelte Einstieg in die biblische Anredepragmatik erscheinen mag, »die ganze Herde samt Weide, Tal, Gebirge, samt dem ganzen Erdteil ist unterwegs verlorengegangen« (S. 21). So droht der religiöse Vokativ zur ästhetisch oder historisch beschworenen Fiktion zu verkommen. Es bleibt das Elend, dass nachdem das »erste Sprachspiel«, verloren ist, »kein Brevier, kein Psalter [...], kein Gesangbuch« es wiederbringt, außer für die wenigen, deren »viele Auslegungen« die »wertvolle Hinterlassenschaft« der »Schriften« als Stoff ihrer »Frömmelei« verbrauchen (S. 27). Religion gewinnt gesamtmenschlich nur da Bedeutung, wo Wissenschaft und Religion als Momente einer »neuen Ökologie« begriffen werden, als Formen lebensweltlicher Praxis, die nicht gegeneinander auszuspielen sind, sondern die sich im Abstand zueinander entfalten (S. 38). Die religiöse Praxis pflegt dabei den »Kredit«, das alltägliche Vertrauen, »ohne den kein Austausch, kein Leben, Denken, Sprechen möglich« wäre (S. 45). Ihr Tun darf nicht verwechselt werden mit der Beschaffung oder Verbreitung von Informationen. Die absolut notwendige Übersetzung der mit Gott gemeinten Wirklichkeit ist in Analogie zum Liebesgespräch zu begreifen (S.73-79), dessen Magie darin wirkt, dass durch je neu gefundene Worte die stets gefährdete Wirklichkeit der bergenden und beglückenden Liebesgewissheit neu gefunden wird (S. 39-43). Sprechakttheoretisch benennt Latour vier Regeln für das Gelingen religiöser Sprechakte (S.80-81): (1) Religiöses Sprechen muss verständlich sein. So überwindet es »die perverse Lust an Geheimnissen« als eine Gefahr aller Religion, die orakelnd Gläubigkeit für dieses und jenes einfordert (S. 54-62). (2) Religiöses Sprechen muss die Erfahrung der Lebenswelt thematisieren. (3) Religiöses Sprechen darf keinem »Verquicken der Transzendentalien« (S. 73) erliegen: Es geht in der Religion nicht um referentiell rückgebundene Propositionen. Religiöse Übersetzung zielt auf Bekehrung, nicht auf Information. (4) »Die Leben spendenden Worte müssen wirken, sonst sprechen wir sie frevelhaft aus.« (S. 81). Ihre Wirkung aber lässt sich nur in einem lebendigen Prozess der Tradition erreichen, der notwendig immer Abwandlung, Abirrung, ja, Lüge ist, ohne die aber die erneute Entdeckung der ursprünglich einmal das Leben gründenden Gehalte nicht gelingen kann (S. 117). Dieses Modell der religiösen Rede beruht auf der für sie absolut konstitutiven Unreinheit (S. 120). Es kann nicht darum gehen, die religiösen Gehalte im unsauberen Strom ihrer Tradition in ein »präzises Idiom« zu übersetzen, mit dem die eigentliche Aufgabe allen religiösen Sprechens, nämlich die stete Erneuerung der alles gründenden und tragenden Beziehung ein für allemal erledigt wäre (S. 120): »Je akzeptabler und moderner, verdaulicher und gutmütiger Sie die Religion machen, desto mehr verlieren Sie ihren besonderen Schwierigkeitsrang aus den Augen.« (S. 144). Mit dieser eigenartigen Form der religiösen Sprache aber verschwänden aus der Welt der Systeme und funktionalen Einheiten »Person« und »Gegenwart«. Die Zeit flösse immer nur von der Vergangenheit in die Zukunft, statt im erzählten und sinnsuchenden Ausgang von der Gegenwart Vergangenheit und Zukunft zu umfassen (S. 218). Wo stattdessen Personen sein können, die ihre Gegenwart ergreifen, indem sie ihnen in der Sprache der Religion zu der je neuen Mitte der Zeit wird, in der sich Sinn und Ziel allen Lebens ereignet, da werden die »heiligen Worte« erneuert und die *»parole religieuse«* entfaltet ihre Leben gestaltende Kraft.

Bruno Latour verwendet die Metapher der Liebe zweier Menschen als Leitallegorie für die religiöse Sprechweise. Wie die Liebenden sprachlich die Wirklichkeit ihrer Liebe in immer neuen, ihre Gegenwart erfassenden und verwandelnden Sprachformen erfinden, gestalten, verteidigen, verlieren und erneut entdecken, so bedarf die Welt einer frei mäandernden Tradition religiöser Sprechformen, die die Welt der Fakten in Erzählungen vom gesuchten, gefundenen, verlorenen und wiedergefundenen Sinn aus der Mitte der eigenen personalen Gegenwart heraus entspinnt und mit dieser Erzählung zu einer Menschen personal verbindenden Wirklichkeit wird.

Führt aber nicht diese Bestimmung des Logos religiöser Rede genau zu den anfangs beschriebenen pseudotheologischen Subjektivismen der vielen Gottesbilder? Erhebt nicht auch Latour das konstruierende Subjekt zum Zentrum des religiösen Kosmos? Anders als die Verwaltungsangestellten religiöser Harmlosigkeit begegnet Bruno Latour der religiösen Sprache als einer ursprünglichen Kraft, zu der Menschen traditionsbildend und transformierend beitragen, indem sie mit dem letzten Ernst, der sich mit der Entdeckung ihres Personseins verbindet, ihre eigene Zeit und ihr Leben deuten, dabei auf die Worte zurückgreifend, die einmal Menschen alles bedeuteten und die ihre Kraft nur wieder erlangen,

wo sie erneut daraufhinerprobt werden, ob sie erneut Vergangenheit und Zukunft mit einer sinnvollen Gegenwart verknüpfen können. Damit aber bewahrt Bruno Latour der Religion gegenüber die Erwartung unbedingter Bedeutung. Die Inhalte der Religion, ihre Überzeugungen, Ausdrucksmittel und »Bilder« dürfen nicht verstellen, was Religion bewirken kann, wo sie gelingt.
Theo-logie lebt aus der Sprache der Religion, die das eigene Personsein vor die Wirklichkeit Gottes stellt, der in der Vielfalt der Auslegungen und Traditionen je anders aufgefasst wurde. Anders als die modernen Enthusiasten des Pluralismus der religiösen Konstruktionen kann sich Latour diesen Prozess nicht als ein spannungs-, streit- und schmerzfreies Geschehen vorstellen. Wo es um die Frage der Person nach Sinn und Zusammenhang geht, gibt es ebenso wenig die alles sistierende letzte Antwort wie die alles relativierende und entmachtende Auskunft, das Göttliche finde eben viele Deutungen, befriedigen, trösten oder auch nur beruhigen kann. Die religiöse Sprache ist nicht in Bewegung, weil der religiöse Mensch modisch nach Neuem und Anderem suchte, sondern weil der letzte Anspruch, der sich mit dem Begriff »Gott« verbindet, immer neu in Beziehung gesetzt werden muss zu der erlebten und erlittenen Wirklichkeit des eigenen Lebens.
Mir schien es vor Jahren notwendig, die *theo*-logische Rede aus dem alles banalisierenden Sog ihrer Verharmlosung zu befreien, indem ich bewusst an die nicht-kompatiblen Traditionen der biblisch *theo*-logischen Rede vom zornigen Gott anknüpfte. Jenseits des sauber verwalteten Arsenals biblisch belegter und religionspädagogisch domestizierter »Gottesbilder« ging es mir darum, den Prozess der Offenbarung zu begreifen als das je geschichtlich und politisch situierte Ringen und Hervorbringen von Übersetzungen der alles begründenden Wirklichkeit Gottes in je andere geschichtliche Situationen. Es geht nicht darum, Bilder von Gott zu rekonstruieren, zu dekonstruieren, zu aggregieren und zu applizieren. Es geht immer darum, *Gott selbst* so zur Sprache zu bringen, dass die verändernde, befreiende und erlösende Kraft des Gott-bezeugenden Wortes sich entfalten kann. Dazu aber braucht es mindestens einen formalen Begriff dessen, was mit *»Gott selbst«* gemeint sei. Gott selbst in den Wandlungen der menschlichen Geschichte zur Sprache zu bringen ist eine *Praxis*. Diese Praxis ist auf Menschen angewiesen, die sich ihr widmen. Auch unter der Camouflage des »Gottesbildes« darf Gott schulisch nicht zum beliebigen Gegenstand der Lehre werden. Auch dort muss erfahrbar bleiben, wie der bloße Gedanke Gottes das Leben verändert.

Sprachlich sehr anders und mit anderem wissenschaftlichen Hintergrund stellt sich der an der Humboldt-Universität lehrende und in den letzten Jahren als Mitglied des deutschen Ethikrates einem größeren Publikum bekannt gewordene Philosoph Volker Gerhardt der Rede über Gott, indem er durchaus energisch jedes philosophische »Verbot« des philosophischen Sprechens über Gott »nach dem Tode Gottes« zurückweist.[13] Gerhardt bekennt sich dazu, keine »Berührungsängste gegenüber der Metaphysik« zu haben, setzt aber keineswegs metaphysisch ein, sondern im Sinne des von ihm so genannten »existentiellen Rationalismus«, der auch empirische Befunde integriert und so von Gerhardt auch »humanitärer Naturalismus« genannt wird (S. 36). Nachdem Gerhardt auf dieser Grundlage Monographien über »Selbstbestimmung«, »Individualität«, »Partizipation« und »Öffentlichkeit« verfasst hat, erklärt er im Vorwort seines neuesten Stückes öffentlicher Philosophie, er habe nichts dagegen, wenn dieses Projekt »natürliche« oder »rationale« Theologie genannt werde, »[...] solange klar bliebe, dass diese Art der Theologie seit ältesten Zeiten zur Philosophie gehört.« (S. 10).

Seit Descartes und Kant beginnt die Philosophie mit der Frage nach dem menschlichen Bewusstsein. Wo Bewusstsein an der prinzipiellen Möglichkeit von Wahrheit und Wissen irre wird, wird es nicht nur zum Antipoden Platons, sondern »zum Widersacher seiner selbst«. Es gerät in eine Situation, deren Signatur die Selbstwidersprüche der Skeptiker sind. Wo Welt als Verstehens- und Verständigungsraum angenommen wird, bleibt das »flackernde Licht des Selbstbewusstseins« (S. 20) nicht im individuellen »Bewusstseinszimmer« gefangen, sondern entspricht seiner in der Tatsache der Sprache selbst offenbar werdenden Bestimmung auf das andere Selbstbewusstsein hin. Dann aber wird immer unterstellt, es gebe prinzipiell »Bedeutung« und »Wahrheit« (S. 20), ja der Begriff des »Sinns« habe einen Sinn, der sich nicht in funktionalen Relationen erschöpft. Die Annahme der Welt als Lebens- und Verständigungsraum mag sich im Einzelnen auf den menschlichen Eindruck stützen, etwas von der Welt zu wissen. Im »Großen und Ganzen« aber beruht die Zuversicht hinsichtlich der Verstehbarkeit der Welt und mithin ihrer Mitteilbarkeit nicht auf gesicherter Erkenntnis, sondern auf Vertrauen. Das staunenswerte Gegenüber des menschlichen Vertrauens in die Intelligibilität und Kommunikabilität der Welt, das sich ja prinzipiell auf das

[13] Vgl. Volker Gerhardt, Der Sinne des Sinns. Versuch über das Göttliche, München 2014, S. 15f. Die Seitenangaben im Text beziehen sich auf diese Ausgabe.

Ganze der Welt bezieht, nennt Gerhardt »das Göttliche«, das wir, insofern wir es als »etwas uns *personal Entsprechendes* annehmen«, als Person begreifen und als »Gott« ansprechen (S. 21).
Für sich genommen, so Gerhardt mit Kant, »hat gar nichts einen Sinn«. Eine Weltformel behebt nicht die Sinnlosigkeit der Welt, weil Sinn immer an ein Sinn erkennendes und kommunizierendes Bewusstsein gebunden ist (S. 22). Überall, wo Menschen »über den Augenblick hinaus« denken, planen, organisieren, legen sie eine Sinnerwartung zugrunde, die sich auf einen »tragenden Sinn des Daseins« bezieht (S. 23). So sehr Sinn in konkreten Sinnsetzungen und Sinnerkenntnissen gesucht und gefunden wird, so sehr lebt jede alltägliche Sinnsetzung und jede Sinnerkenntnis von dem Vertrauen, dass das Ganze der Welt nicht sinnlos ist und so überhaupt nur ein Ganzes ist. Vor dem Ganzen der Welt findet überhaupt erst das Individuum zu einer Ahnung seines eigenen Ganzseins (S. 45). Dabei ist das Ganze der Welt nie ein Objekt, sondern ein Sich-in-Beziehung-Bringen des Menschen zur Welt, zu sich selbst und zu allen Menschen. Von ihm hängt die Fähigkeit ab, sich auch praktisch zum Ganzen der Welt in Beziehung zu setzen, überall da, wo Menschen Sinn verwirklichen in verlässlichen Beziehungen als Partner, als Familienmitglieder, als »Bürger oder Freund, als Lehrer oder Vorgesetzter« (S. 61). Das so verstandene alles umfassende Ganze trägt selbst menschliche Züge (S. 46). Vor ihm finden sich Menschen »in einer *sozialen Beziehung* zum Ganzen« (S. 47), was Gerhardt zu einer metaphysischen Interpretation von Ps 36, 10 weitet: »Seit ältesten Zeiten erkennt sich der Mensch im Gegenlicht Gottes.« (S. 47, 78). Der Anthropomorphismus im Gottesbegriff ist nicht Folge einer »naiven Projektion«, sondern Ausdruck des personalen Charakters der Relation des Menschen zum Ganzen der Welt (S. 49). Seine Vollendung ist die Selbsterkenntnis, die als die Erkenntnis des Ganzen niemandem aus sich gelingt, sondern die Menschen als gewährte erhoffen und erbeten können (S. 52).
Gerhardt diagnostiziert ein »Krisenfieber, das Europa seit dem Übergang vom 18. ins 19. Jahrhundert in wiederholten Schüben erfasst« und warnt davor »Modernität zum alleinigen Gesichtspunkt der Bewertung menschlichen Daseins zu machen« (S. 65), um sich im »epistemischen Käfig« des Historismus einzurichten (S. 68). Statt der grundsätzlichen Skepsis fordert Gerhardt mit Heraklit, dass *»wir unserer Erkenntnis wahrhaft Vertrauen schenken«* (S. 72). In dieser Haltung gegenüber dem Wissen sieht Gerhardt die vorsokratischen Antipoden Heraklit und Parmenides vereint in ihrer unbedingten Wertschätzung für die »epistemische Stellung Gottes« (S. 76), die Gerhardt in einer zehnfachen Bestimmung des Gottesbegriffs bei Platon wiederfindet (S. 77-88):

(1) Gott ist die Wirklichkeit, die *»leicht macht«* (S. 78), indem sie der Verhaftung an die Einzelheit enthebt, (2) die das Selbst »stets nur in der ausdrücklichen Beziehung auf ein anderes Selbst« (S. 78) zu Bewusstsein bringt, (3) deren Nähe gegeben ist, wo sie Menschen in der Treue eines Menschen sich selbst gegenüber erscheint (S. 79) und (4) die die Welt im Lichte ihrer Einheit verstehbar macht (S. 79f.). Als solcher ist Gott (5) schlechthin gut (S. 80), (6) schön (S. 81), (7) wahr, (8) allherrschend (S. 84) und (9) in der Erkenntnis am reinsten gegenwärtige Idee. Die zehnte Bestimmung des Göttlichen nach Platon erblickt Gerhardt in der Unsterblichkeit des Sokrates, die darin besteht, dass der Philosoph die Endlichkeit seines einzelnen Lebens zum »Moment in der Geltung des Geistes« gemacht hat (S. 91). Diese existentialisierende Deutung der Unsterblichkeit sieht Gerhardt als den eigentlichen Kern des Kantischen Unsterblichkeitspostulates: Für die Vernunft selbst wäre es »ruinös«, »wollte sie alles, was sie für richtig hält, bereits im kurzen Lauf ihres einzigen Lebens für erreichbar halten« (S. 104). Wissen und Glaube bestimmt Gerhardt als einander bedingende intellektuelle Leistungen, mit denen Menschen sich bemühen, einen »zur Zukunft offenen Lebensraum zu schaffen« (S. 113). Bei der Begründung der Möglichkeit intellektuellen Erkennens überhaupt als Möglichkeitsbedingung sinnvoller Sinnsetzungen »gehen Wissen und Glauben Hand in Hand« (S. 133) und führen den Leib »über sich hinaus« (S. 141), darin die Möglichkeit öffentlichen Lebens überhaupt erst eröffnend (S. 142). Der Glaube, in dem ein Mensch persönlich seine Haltung findet zum personalen Ganzen der Welt als dem Sinn des Sinns, ermöglicht es ihm, zu seinem eigenen Wissen eine auf Verständigung gerichtete Einstellung einzunehmen (S. 173). In ihrer Ausrichtung auf das sinnerfüllende Ganze der Welt sind Menschen abhängig von dem Entgegenkommen des universalen Ganzen. In diesem Sinn will Gerhardt sogar von *Gnade* sprechen können (S. 266). Gerhard beschließt seine öffentliche Theologie mit aktuellen Hinweisen: Gegen die Abgeklärtheit eines auszehrenden alltäglichen Skeptizismus bekennt er sich zur »Unverzichtbarkeit des Ideals«, weil die individuelle Unmöglichkeit, existentiell letzte Wahrheit zu finden, nicht davon dispensiert, Sinn darin zu erfassen, dass sich Menschen hoffend und denkend auf das Ganze als universalen Sinn beziehen (S. 319-330). So verstandene Religion ist keine Weltflucht, sondern begründet als Praxis des sinnorientierten In-Beziehung-Tretens zur Welt als Ganzer mit dem Personsein die Möglichkeit von Verantwortung (S. 330-340).

Gerade in der katholischen Tradition der Gotteslehre wurde immer an der Notwendigkeit festgehalten, das Offenbarungszeugnis über Gott im

Lichte einer philosophischen, rationalen Theologie zu verstehen und so die vielen Bilder über Gott in sinnvolle Zusammenhänge zu stellen. Dem Erkennen und Wissen wurde dabei ein gewisser Primat gegenüber dem vertrauenden Glauben zugesprochen. Insbesondere für eine Theologie des Wortes Gottes mag eine solche Hochschätzung der Vernunft schwer verdaulich erscheinen. Braucht man einen rationalen Gottesbegriff neben und gar über den Zeugnissen Gottes, wie sie in den Bildern und Prädikationen der Bibel zum Ausdruck kommen? Eine der begründungsintensivsten theologischen Anläufe der letzten Jahrzehnte von katholischer Seite plädiert für eine an Hermann Cremer orientierte Deutung der *attributa divina* auf der Grundlage des heilsgeschichtlichen Offenbarseins Gottes.[14] An Gerhardts engagiertem Plädoyer für eine rationale philosophische Theologie als einem Moment an Wissenschaftsverantwortung in der Öffentlichkeit lässt sich ablesen, was Menschen mit einer Abwendung der Gotteslehre von der philosophischen Vernunft verlören. Mit der Preisgabe des für Wissenschaft und Theologie gleichermaßen zentralen Begriffs des sinnvollen Ganzen drohte der Theologie der Verlust der Öffentlichkeit als ihrer eigentlichen Bezugsgröße. Mit der Preisgabe Gottes als ihres eigentlichen Logos drohte der Theologie, dass sie verkäme zu einem losen Bündel von Partikularüberlieferungen aus Geschichten, Motiven, Metaphern und »Gehalten«, deren verbindende Einheit ebenso wenig zu denken wäre wie die Einheit der sie sammelnden, hegenden und auslegenden Subjekte mit sich selbst und untereinander.

[14] Thomas Pröpper erklärt mit Hermann Cremer: Wie Gott sich in der Offenbarung zeigt, so ist er in seinem Wesen (Thomas Pröpper, Theologische Anthropologie, Freiburg 2011, S. 607 und 1335). Die Bibel aber zeigt menschliche Auslegungen Gottes in geschichtlich bedingter Vielfalt und partieller Widersprüchlichkeit untereinander. Das daraus für eine heilsgeschichtliche Eigenschaftslehre resultierende Problem löst Pröpper, indem er erklärt »Liebe« dürfe gemäß 1Joh 4, 16 als »konkreter Wesensbegriff für den trinitarischen Gott gelten«. Der ursprünglich einmal in der Philosophie epistemologisch gewonnene Wesensbegriff wird so absolut ontologisiert, seine Herkunft aus der Theorie menschlichen Erkennens wird verleugnet. So kann er gesetzt werden als absoluter hermeneutischer Ausgangspunkt, der aber philosophisch nicht mehr Geltung beanspruchen kann als eine Setzung. Eine so konzipierte Eigenschaftslehre kann dementsprechend nur für Christen Geltung beanspruchen.

IV Gott und die Gottesbilder

In einer Epoche, die die Diversitätswahrnehmung in nahezu allen geisteswissenschaftlichen Disziplinen in das Zentrum der wissenschaftlichen Bemühung gerückt hat, bringen je auf ihre Weise sowohl Latour als auch Gerhardt zwei grundlegende Einsichten der Theologie wieder in das öffentliche Bewusstsein: (1) Der humane Sinn von Wissen und Wissenschaft hängt an der Praxis, mit der Wissende und Forschende sich selbst in ein sinnbestimmtes Verhältnis zum Ganzen der Welt setzen. (2) In dem Bezug zum Ganzen der Welt wird das Ganze der Person prinzipiell mitgesetzt. Beide Ganzheiten aber sind den Menschen, die sich selbst in Beziehung auf diese Ganzheiten finden, nicht als Objekte gegeben, sondern als *Ideen*, unter denen die Wirklichkeit und das eigene Leben wahrgenommen werden. Wo Menschen sich selbst an das Denken des Ganzen binden, verlassen sie die Sphäre bloß intellektueller Reflexion und nehmen zu der Frage, die sie sich selbst sind, ein praktisches, handelndes Verhältnis ein. Sie setzen sich als Vertrauende. In ihrem Vertrauen in die Verstehbarkeit und Güte der Welt ist ihre positive Entschiedenheit für das Leben aller anderen Menschen beschlossen.
Sowohl Bruno Latour als auch Volker Gerhardt spüren die subjekt- und weltkonstituierende Wirklichkeit Gottes auf. Sie begründet die Verpflichtung zur Wahrheit und zur liebenden Bejahung von Welt und Menschen. Während Volker Gerhardt einer existenzphilosophisch gewendeten transzendentalen Fragestellung folgt, steht Bruno Latour stärker auf dem Boden einer sprachpragmatischen Vorgehensweise nach dem *linguistic turn*. Beide aber entdecken den Begriff Gottes als für menschliches Handeln und Sein konstitutiv. Nach Gerhardt beziehen sich Menschen auf die so erkannte Größe Gottes in der Haltung des Glaubens, die der als Gefühl und Praxis dem Wissen und Denken Ziel und Sinn gibt. Latour thematisiert stärker die Fragilität und Labilität des solchermaßen mehr erahnten und erhofften, alles Verstehen begründenden Sinns. Der entscheidende Sprechakt ist für ihn der in sich problemhaft gewordene Vollzug des *Jubels*. Bei beiden Denkern ist eine hohe Sensibilität dafür vorhanden, dass die alles Verstehen und Denken begründende und Sinn verbürgende Wirklichkeit Gottes nicht erschlossen wird, sondern sich erschließt. Beide haben einen Begriff davon, dass Gotteserkenntnis im philosophischen Sinne existentiell ist und so von Gottes gnadenhafter Selbsterschließung getragen.
So wichtig die vielfältige Auslegung der Gotteserfahrung in der Vielfalt der Bilder ist, mit denen Menschen über Gott sprechen, so absolut entscheidend ist in der gegenwärtigen Situation – und daran erinnern die

beiden Philosophen – , dass *Theo-logie* Gott zur Sprache bringt, indem sie Gott sprechen lässt, statt sich darin zu erschöpfen, wort- und materialreich eine lehr- und lernbare Geschichte der Gottesbilder zu konstruieren.

Weshalb die Kirche (k)eine Pazifistin ist: Reinhold Niebuhrs Christlicher Realismus und John Howard Yoders Politik Jesu

Dominik Gautier

Dieser Beitrag beschäftigt sich mit der Frage nach dem Umgang mit Gewalt in der Perspektive theologischer Ethik. Er betrachtet, in welcher Weise die US-amerikanischen Denker Reinhold Niebuhr (1892-1971) und John Howard Yoder (1927-1997) im 20. Jahrhundert auf die Realität der Gewalt reagieren und in welcher Art die beiden Denker die jesuanische Ethik der Gewaltfreiheit als Norm für das politische Handeln der Kirche angesichts der Herausforderung von Gerechtigkeit und Frieden bestimmen.

Vor allem wird Niebuhrs Position des *Christlichen Realismus* gegenüber der »christlichen Gewaltlosigkeit« des liberalen Christentums seiner Zeit analysiert. Angesichts des Zweiten Weltkriegs verwirft Niebuhr in *Why the Christian Church is Not Pacifist* (1939) den liberalen Glauben daran, mit der Ethik Jesu wäre Politik zu machen. Für Niebuhr liefert Jesu Ethik keine pazifistische Handlungsperspektive, wohl aber ein Ideal, das den unvermeidbar in Gewalt verstrickten Menschen dabei hilft, an einer Eindämmung der Gewalt im Interesse von Gerechtigkeit zu arbeiten. Neben Niebuhrs Auseinandersetzung mit dem liberalen Pazifismus soll seine Behandlung der Historischen Friedenskirchen nachgezeichnet und mit dem mennonitischen Theologen Yoder in ein kritisches Gespräch gebracht werden. Yoder kritisiert den *Christlichen Realismus* aufgrund seiner Rechtfertigung von Gewalt und erarbeitet gegen Niebuhr eine

theologische Ethik der *Politik Jesu*, nach der die Menschen nicht hoffnungslos in Gewalt verstrickt bleiben, sondern »mit Christus« zum Frieden befähigt werden.
Schließlich sollen die Ergebnisse des Vergleichs von Niebuhr und Yoder im Interesse einer theologischen Ethik auf dem *Pilgerweg der Gerechtigkeit und des Friedens* zusammengefasst werden – vor dem Hintergrund einer »gemeinsamen Vision der Kirche« wie sie in der ökumenischen Bewegung unter Mitwirkung von Ulrike Link-Wieczorek erarbeitet wurde.

I Weshalb die Kirche keine Pazifistin ist: Der Christliche Realismus Reinhold Niebuhrs und sein Verständnis der Liebesethik Jesu im Ringen um Gerechtigkeit

Die Bedeutung Reinhold Niebuhrs für die US-amerikanische theologische Ethik des 20. Jahrhunderts kann an seiner Auseinandersetzung mit dem politischen Pazifismus des liberalen Christentums seiner Zeit ausgemacht werden. Sein Konflikt mit dem Pazifismus bringt den *Christlichen Realismus* als politische Theologie und Ethik hervor. Niebuhr kann als ein »gebrochener Pazifist« angesehen werden: Zwar befürwortet er im Glauben an das »Demokratisierungsprojekt« Woodrow Wilsons die US-amerikanische Teilnahme am Ersten Weltkrieg, vollzieht nach einer Deutschlandreise 1923 in das von Frankreich besetzte Rheinland aber eine Wende zum radikalen Pazifisten: Die Folgen des Krieges lassen ihn zur Gewaltfreiheit Jesu als alleiniger Maxime politischen Handelns gelangen.[1] Vor dem Hintergrund der Weltwirtschaftskrise und der ausgebeuteten Arbeiterschaft verschreibt sich Niebuhr dem gewaltlosen Klassenkampf und wird Mitglied, später auch Vorsitzender, des religiöspolitischen Versöhnungsbundes (*Fellowship of Reconciliation*), der mithilfe pazifistischer »christlicher Gewaltlosigkeit« (*Christian nonviolence*) für die gerechte Umverteilung der Besitzverhältnisse nach dem Ersten Weltkrieg eintritt.[2]

Für die Pazifisten »christlicher Gewaltlosigkeit« stellt das Beispiel Jesu – dem Historiker Jospeh Kip Kosek folgend – einerseits die organisierte

1 Vgl. Reinhold Niebuhr, Why I am Not a Christian, in: The Christian Century 44/1927, 1482.
2 Vgl. Joseph Kip Kosek, Acts of Conscience. Christian Nonviolence and Modern American Democracy, New York 2009, 131-132.

Gewalt des 20. Jahrhunderts in Frage und weist andererseits den Weg zu einem »Christentum der offenen Augen« unter den Bedingungen der Gewalt. Als solche ist »christliche Gewaltlosigkeit« im Horizont des theologischen Liberalismus des *Social Gospel* zu verorten, der mit einer Vision »sozialer Erlösung« die Gerechtigkeitsdimension des Christentums herausgearbeitet hat.[3] Die Tradition »christlicher Gewaltlosigkeit« verbindet das Ideal Jesu mit den politischen Handlungen zivilen Ungehorsams in Form von Sit-Ins, Kriegsdienstverweigerung oder sozial geächteten Versammlungen von Schwarzen und Weißen. Hierdurch gewinnt der Versöhnungsbund mit seiner Taktik der Gewaltlosigkeit unter anderem bedeutenden Einfluss auf die US-amerikanische Bürgerrechtsbewegung.[4] Niebuhr, der die politischen Entwicklungen mit marxistischen Augen zu beobachten lernt, kommt nun deswegen zu der Auffassung, dass die Praxis »christlicher Gewaltlosigkeit« an der Realität der gewalttätigen Behauptung der Besitzverhältnisse vorbeigeht. Mit *Moral Man and Immoral Society* (1932) legt er eine Kritik an der Politik des Versöhnungsbundes vor. Hierin erklärt er, dass angesichts dieser Gewalt der Besitzverhältnisse nicht länger am Ideal der Gewaltlosigkeit festgehalten werden kann, wenn wirklich soziale Gerechtigkeit das Ziel der Politik sein soll. Er hält es für unmöglich, dass die ungerechten Produktionsverhältnisse lediglich mit dem Appell an die Liebesfähigkeit der Besitzenden oder Bildungsmaßnahmen angegangen oder ausreichend mit Streiks oder Demonstrationen bekämpft werden können. All das ist für Niebuhr Sentimentalität. Er plädiert nun für eingeschränkte Gewalt in Form des Waffengebrauchs im Ringen um Gerechtigkeit angesichts eines ausbeutenden Kapitalismus, wenn sich Christinnen weiterhin einem sozialen Protestantismus verschrieben wissen wollen.[5] Für diese Position ist kein Platz mehr im Versöhnungsbund, Niebuhr verlässt die Organisation.[6]

Er entwickelt nun neben seiner politischen Kritik auch theologische Anfragen an die Überzeugungen des liberalen Protestantismus. Gegen das liberale Menschenbild, nach dem die Menschen dem Beispiel Jesu folgen können, um die Gerechtigkeit und den Frieden Gottes auf die

3 Vgl. Walter Rauschenbusch, A Theology for the Social Gospel, New York 1918, 1-9.
4 Vgl. Kosek, Christian Nonviolence, 1-2.
5 Vgl. Reinhold Niebuhr, Moral Man and Immoral Society. A Study in Ethics and Politics, New York 1932, 251.
6 Vgl. Kosek, Christian Nonviolence, 140-141.

Erde zu bringen entfaltet Niebuhr in seinem Hauptwerk *The Nature and Destiny of Man* (1939/1941) ein tragisches Menschenbild: Ihm zufolge ist die Fähigkeit der Menschen zum Guten tragisch mit ihrem Hang zum Bösen vermischt.[7] Sie sind nicht diejenigen die einfach die Liebesethik Jesu in die Praxis übersetzen können, sondern die Menschen, die »Christus gleichzeitig lieben und kreuzigen.«[8] Die Beobachtung der Weltwirtschaftskrise und der Kriege bringt ihn dazu, eine durch diese Tragik gekennzeichnete Sündenlehre zu entwickeln. Damit will er aufzeigen, dass die Menschen ihren gewalttätigen »Willen zur Macht« – etwa in Form der Verteidigung der Besitzverhältnisse – nicht einfach durch Fortschritt und guten Willen »abstreifen« können – wie der von der Bewegung des *Social Gospel* geprägte Liberalismus behauptet. Mit dem Wachsen der Möglichkeiten des Guten steigen auch die Möglichkeiten des Bösen an: Eine These, die Niebuhr auch vor dem Hintergrund der technologischen Entwicklungen seiner Zeit entwickelt.[9] Das Evangelium, so Niebuhr, bedeutet zwar, dass den Menschen der Weg der Heiligung durch das Beispiel Jesu gegeben ist, dass sie also wissen, was gut ist. Hierin gibt er den liberalen Protestanten Recht. Das Evangelium handelt aber vor allem davon, dass die Menschen, obwohl sie nun wissen, was gut ist, doch das Böse tun und das Liebesideal Jesu verraten. Deshalb, so interpretiert Niebuhr, bedeutet das Evangelium die Zusage der Vergebung Gottes angesichts der Tatsache, dass die Menschen in ihren Anstrengungen immer hinter das Beispiel Jesu zurückfallen werden und in die Tragik der Geschichte verstrickt bleiben. Mit diesem Bewusstsein über die bleibende Sünde der Menschen und ihre Angewiesenheit auf die rechtfertigende Vergebung Gottes ist es nur konsequent, dass Niebuhr jede Ethik kritisiert, die – wie der liberale Pazifismus – auf die Liebesfähigkeit der Menschen und das Erreichen eines »Reich-Gottes-Zustandes« setzt. Die Vorläufigkeit jedes menschlichen Handelns angesichts dieser unüberwindbaren Sünde darf nicht ignoriert werden – sie führt zu Illusionen über die Erreichbarkeit eines Liebesideals und führt damit an effektiver gerechter Gesellschaftsgestaltung vorbei.[10]

[7] Vgl. Reinhold Niebuhr, The Nature and Destiny of Man. A Christian Interpretation, Bd. 1/Human Nature, New York 1941, 12-18.

[8] Reinhold Niebuhr, Why the Christian Church is not Pacifist, in: Robert McAfee Brown (Hg.), The Essential Reinhold Niebuhr. Selected Essays and Addresses, New Haven/London 1986, 104-105.

[9] Vgl. Reinhold Niebuhr, The Nature and Destiny of Man. A Christian Interpretation, Bd. 2/Human Destiny, New York 1941, 313-321.

[10] Vgl. Niebuhr, Christian Church, 102-103.

Im Blick auf einen möglichen Eintritt der USA in den Zweiten Weltkrieg profiliert Niebuhr seine Position eines *Christlichen Realismus.* Gegenüber Pazifisten und Mitgliedern des Versöhnungsbundes wie A. J. Muste, der die Liebe als Norm politischen Handelns auch gegenüber dem Nationalsozialismus einfordert (»If I can't love Hitler, I can't love at all«[11]), erklärt er in *Why the Christian Church is Not Pacifist* (1939), dass Christen die Notwendigkeit der Gewalt zum Schutz der Demokratie auch als Position theologischer Ethik vertreten müssen.[12] Schon in *An Intepretation of Christian Ethics* (1935) bezieht sich Niebuhr auf ein alternatives Verständnis der Liebesethik Jesu, die er als eine Kritik an »christlicher Gewaltlosigkeit« herausarbeitet. Niebuhr erklärt, dass die Liebesethik Jesu keine politische, sondern eine personale Ethik darstellt. Jesus vertritt kein politisches Programm gewaltloser Aktion (*nonviolence*) im Interesse eines »höheren Ziels«, sondern lebt ein Leben der Liebe und der wehrlosen Hingabe (*nonresistance*).[13] Weil Jesus ganz auf Gewalt verzichtet, endet sein Leben am Kreuz – ohne einen politischen Zweck erzielt zu haben. Die Ethik Jesu, wie sie das Neue Testament zeichnet, will gerade keine Anleitung zum politischen Umgang mit Gewalt geben, sondern stellt eine Infragestellung jeder menschlichen Handlung dar. Verglichen mit dem Leben Jesu muss also jedes politische Projekt als zweckgeleitet und sündhaft erscheinen. Dem liberalen Pazifismus, so Niebuhrs Analyse, ist dieses kritische Bewusstsein verloren gegangen und führt, so Niebuhr, zu einem unbiblischen Menschenbild. Demnach sind die Menschen in der Lage, ihre Sünde zu umgehen und gemäß der Liebesethik Jesu zu handeln. Die ihrerseits liebesfähigen Gegner können so davon überzeugt werden, von Gewalt abzulassen. Also sei es möglich, urteilt Niebuhr im Blick auf die Kriegslage Ende der 1930er-Jahre, Hitler durch etwas mehr Kriegsdienstverweigerung zum Frieden zu bewegen.[14]

Weil nun jede Handlung hinter die Ethik der Wehrlosigkeit zurückfällt, kann nicht davon ausgegangen werden, dass es einen qualitativen Unterschied zwischen gewaltloser Aktion und militärischer Gewalt gibt. Gemessen an der Niebuhrschen Interpretation der Ethik Jesu ist jede politi-

11 Kosek, Christian Nonviolence, 150.

12 Vgl. John C. Bennett, Reinhold Niebuhr's Social Ethics, in: Charles W. Kegley/Robert Bretall (Hg.), Reinhold Niebuhr. His Religious, Social, and Political Thought, New York 1961, 64-71.

13 Vgl. Reinhold Niebuhr, An Interpretation of Christian Ethics, New York/London 1935, 50-51.

14 Vgl. Niebuhr, Christian Church, 104-105.

sche Handlung durch Gewalt gekennzeichnet. Der liberale Pazifismus verkennt diese Tatsache, erklärt Niebuhr. Zwar lassen sich massive graduelle Unterschiede zwischen der Methode der Gewaltlosigkeit und des Krieges ausmachen, aber keine wesentlichen Differenzen. Beide Formen – eine organisierte Boykottaktion oder eine Invasion mit Waffen – wirken sich negativ, wenn auch nicht in gleichem Maße zerstörerisch auf das Leben von Menschen aus. Die definitive Unterscheidung, von der der Pazifismus lebt, beruht nach Niebuhr auf einem falschen Dualismus der Überlegenheit des Geistigen gegenüber dem Körperlichen – als sei, so Niebuhr, Goebbels' Propaganda weniger gewalttätig als die Gewalt des nationalsozialistischen Militärs.[15] Niebuhr geht es hier nicht darum, gewaltlosen Widerstand als Methode zu disqualifizieren: Er selbst rät der Schwarzen Community schon früh, den gewaltlosen Widerstand gegen weiße Vorherrschaft zu praktizieren.[16] Ihm geht es darum, einem Dualismus zu wehren, mit dem Pazifisten sich in die christlich nicht haltbare sündenfreie Position bringen, in der sie als »gute Gewaltlose« gegenüber den »bösen Gewaltbefürwortern« erscheinen.

Schließlich muss im Blick auf die Ethik Jesu Gewalt als ein Kennzeichen der tragischen Existenz aller Menschen erkannt werden. Für Niebuhr ist Gewalt die Konsequenz der Sünde, die sich in jedem Moment des Lebens zeigt und nicht erst an einer Handlung »böser Menschen« festgemacht werden kann. Schon das Verfolgen eigener Interessen stellt eine Verletzung des Gebotes der Nächstenliebe dar, hat Gewalt gegen andere zur Konsequenz und verwickelt die Menschen in Schuld. Anders als es der liberale Pazifismus behauptet, der nach Niebuhr ein Weg der »Schuldvermeidung« sucht, ist für Niebuhr keine Handlung frei von Sünde, Gewalt und Schuld. So stellt der Pazifismus keine christliche Perspektive dar, die der Realität der menschlichen Situation – ihrer Sünde und ihrer Angewiesenheit auf Vergebung – gerecht werden könnte. Das soziale Christentum kann so keine adäquate Antwort auf das Problem des Umgangs mit Gewalt geben.[17]

Welche ethische Option besteht nun im Hinblick auf die Frage nach Gewalt, wenn »christliche Gewaltlosigkeit« keine Perspektive politischer

15 Vgl. Niebuhr, Christian Church, 106-107.

16 Vgl. Niebuhr, Moral Man, 252. Diese Gedanken nimmt Martin Luther King, Jr. in die Entwicklung seines »realistischen Pazifismus« auf. Hierzu: Martin Luther King, Jr., Letter from Birmingham Jail, in: The Christian Century 80/1963, 768.

17 Vgl. Niebuhr, Christian Church, 108-109.

Verantwortungsübernahme darstellt? Obwohl nach Niebuhr mit der Liebesethik Jesu keine Politik zu machen ist, stellt er die Relevanz dieser Ethik für das Ringen um internationale Gerechtigkeit heraus. Christen sind nach Niebuhr zwar keine Politiker der Liebe, wohl aber Kämpferinnen für eine gerechtere Weltordnung. Als solche begeben sie sich in das politische Feld der Gewalt und arbeiten an einem Ausgleich der sich widerstreitenden Interessen. Dieses Ringen um Gerechtigkeit ist in Niebuhrs *Christlichem Realismus* in zweifacherweise auf die Liebesethik Jesu bezogen.[18]

Die Liebesethik wirkt einerseits als konstruktive Beunruhigung gegenüber den menschlichen Versuchen, die eigenen politischen Pläne und Errungenschaften zum Beispiel als »heiligen Krieg« gegen den Nationalsozialismus auszugeben. Jede Handlung fällt hinter die Ethik Jesu zurück. Diese Einsicht in die Unerfüllbarkeit der Ethik Jesu darf aber nicht dazu führen, »den Dingen ihren Lauf zu lassen« und lieber den falschen Frieden mit den Nazis zu machen als die Option des vorübergehenden Krieges zu bedenken, der zu einer gerechteren internationalen Ordnung führen könnte.[19] Die Liebesethik wirkt im *Christlichen Realismus* gerade nicht in dieser Art ideologiekritisch, dass sie jede Handlung aufgrund eingeschriebener Sünde disqualifiziert, sondern sie befähigt zum Abwägen »gerechterer« Politik gegenüber »ungerechteren« Formen des politischen Verhaltens. Die Liebesethik motiviert zum genauen Hinschauen, inwieweit das höchste Maß an Gerechtigkeit zu erzielen ist. Durch diese Überlegungen kommt Niebuhr zu dem Schluss, dass die Demokratie als höchstmögliche Annäherung an Gerechtigkeit zu verstehen ist. Die Hinnahme einer nationalsozialistischen Diktatur stellt dagegen eine bewusste Abkehr vom Ringen um Gerechtigkeit dar. Ohne dezidierte Bezugnahme auf den »gerechten Krieg«, aber doch in dieser Tradition, so ist mit Dietz Lange festzustellen, fordert Niebuhr die Verteidigung der US-amerikanischen Demokratie durch den Eintritt der USA in den Krieg gegen Deutschland.[20] Das mögliche Argument der Befreiung der europäischen Juden wird von Niebuhr in diesem Zusammenhang der Kriegsbefürwortung nicht vorgebracht.

[18] Vgl. Niebuhr, Christian Church, 109.

[19] Vgl. ebd. 113-116.

[20] Vgl. ebd. 116-118. Hierzu auch: Dietz Lange, Christlicher Glaube und soziale Probleme. Eine Darstellung der Theologie Reinhold Niebuhrs, Gütersloh 1964, 157-158.

Schließlich definiert Niebuhr gemäß seinem tragischen Menschenbild die Entscheidung zum Krieg im Blick auf die Liebesethik Jesu als bewusste Schuldübernahme.[21] Der Eintritt der USA in den Zweiten Weltkrieg könnte sich letztlich als falsch und ungerecht herausstellen. Die Erscheinung erscheint aber als notwendig, wenn an internationaler Gerechtigkeit festgehalten werden soll.[22] Gerade zu diesem Wagnis und der Schuldübernahme befähigt das von Niebuhr ausgemachte Gnadenwirken Gottes, das den sündig bleibenden Menschen Vergebung zuspricht und sie immer wieder neu zur Arbeit am gerechten Zusammenleben inmitten der Gewaltverstrickung motiviert. Die Kirche ist für Niebuhr – so lässt sich schließen – damit keine Pazifistin, sondern eine in die Gewalt der Welt verwickelte, schuldfähige Gemeinschaft auf der Suche nach mehr Gerechtigkeit zwischen den Menschen.

II Weshalb die Kirche doch eine Pazifistin ist: John Howard Yoders Kritik am Christlichen Realismus Reinhold Niebuhrs und sein Entwurf der Politik Jesu

Obwohl Niebuhr den Pazifismus liberaler Prägung verwirft, findet sich bei ihm eine Würdigung des »religiösen Pazifismus« der Historischen Friedenskirchen. Er unterscheidet die Mennoniten, die Quäker und die Kirche der Brüder von diesem politischen Pazifismus. Die friedenskirchlichen Gemeinden leben ihm zufolge gemäß des jesuanischen Friedensideals, grenzen diese Lebensweise aber vom Ringen um Gerechtigkeit ab und verzichten deshalb auf die Übernahme politischer Verantwortung. Als solche Gemeinschaften leisten sie einen wichtigen Beitrag dazu, an die Ethik Jesu und das Reich Gottes angesichts der Gewalt zu erinnern. So bewahren sie die »realistischen« Christinnen davor, die Liebe als Maß allen menschlichen Handelns zu vergessen und das politische Geschäft der Gewalt und Gegengewalt als Norm des Handelns zu verstehen.[23] Mit Marco Hofheinz ist diese Anerkennung des friedenskirchlichen Pazifismus allerdings als ambivalent anzusehen und eher als »Platzanweisung«, denn als Würdigung zu deuten. Zwar reiht Niebuhr sich mit seinen Äußerungen nicht in die »großprotestantische« Verdammung

[21] Die theologisch bedachte »Schuldübernahme« findet sich auch im Denken Dietrich Bonhoeffers, der 1930/1931 bei Niebuhr studiert hat. Hierzu zum Beispiel: Dietrich Bonhoeffer, Ethik (DBW 6), München 1992 125-136.

[22] Vgl. Niebuhr, Christian Church, 118.

[23] Vgl. ebd. 119.

der Friedenskirchen ein, verweist sie aber aus der Sphäre politischer Bedeutung, wodurch die Frage entsteht, ob er die Marginalisierung friedenskirchlicher Christen doch fortschreibt.[24]

Der US-amerikanische Mennonit John Howard Yoder setzt sich damit auseinander, dass konservative Mennoniten Niebuhrs Attestierungen politischer Irrelevanz dankbar annehmen und entwirft in der Abgrenzung hiervon eine mennonitische Theologie und Ethik der *Politik Jesu*, die dieser Zuschreibung Niebuhrs widerspricht.[25] So unterzieht Yoder den *Christlichen Realismus* einer Kritik und erklärt, dass Niebuhr die Herausforderung des Pazifismus zwar als das entscheidende Problem theologischer Ethik anerkennt, aber aufgrund seines Menschenbildes zu falschen Schlussfolgerungen kommt, die (militärische) Gewalt legitimieren.[26]

Zunächst macht Yoder Gemeinsamkeiten zwischen friedenskirchlicher Theologie und *Christlichem Realismus* aus: Ethisch stimmt Yoder mit Niebuhrs Auffassung der Wehrlosigkeitsethik Jesu überein und grenzt sie mit Niebuhr vom »gewaltlosen Jesus« des liberalen Protestantismus ab. Die Wehrlosigkeit Jesu zielt nicht auf das Erreichen eines politischen Zwecks, sondern ist die Erfüllung des Friedenswillen Gottes. Die Orientierung auf einen Zweck hin beinhaltet nach Yoder schon die Tendenz zum Krieg, wenn nämlich mit »gewaltlosen« Mitteln nicht mehr erreicht werden kann, was erreicht werden soll. Weiter stimmt er mit Niebuhr überein, dass Jesus Christus die Norm jedes kirchlichen und politischen Handelns darstellen muss und als kritisches Maß die Sünde aller Menschen aufdeckt – vor allem dann, wenn sich im Konflikt eine Seite als die sündenfreie »gute« Gruppe profiliert. Ebenso stimmt Yoder zu, dass Pazifistinnen angesichts der Weltkriege die Sündentiefe nationaler Selbstbehauptung verkannt haben. Diese Einsicht lässt Yoder bedenken,

[24] Vgl. Marco Hofheinz, Platzanweisung. Reinhold Niebuhrs Umgang mit dem Friedenszeugnis der Historischen Friedenskirchen, in: Marco Hofheinz/Georg Plasger (Hg.), Ernstfall Frieden. Biblisch-theologische Perspektiven, Wuppertal 2002, 139-140.

[25] Vgl. John Howard Yoder, Mennonites after Niebuhr, in: Theodore J. Koontz/Andy Alexis-Baker (Hg.), Christian Attitudes to War, Peace, and Revolution, Grand Rapids 2009, 300-301.

[26] Vgl. John Howard Yoder, Reinhold Niebuhr and Christian Pacifism, Zeist 1954, 14. Hierzu auch: John Howard Yoder, Reinhold Niebuhrs »Realist« Critique, in: Koontz/Alexis-Baker (Hg.), Christian Attitudes, 285-298.

dass – wie Niebuhr stark macht – nicht von einer *einfachen* Übertragung der Liebe auf das Feld des Politischen ausgegangen werden kann.[27]

Der entscheidende Unterschied der Ansätze Niebuhrs und Yoders liegt allerdings darin, dass Niebuhr seine theologische Ethik von der Sünde her entwickelt und nicht – wie Yoder fordert – von der Überwindung der Sünde her. Niebuhrs Auffassung von der Unmöglichkeit einer Verwirklichung der Liebe in der Politik ist nicht theologisch begründet, sondern lediglich geschichtlich beobachtet, urteilt Yoder. Eine Beobachtung kann nach Yoder nicht als Handlungskriterium verwendet werden, da Christus das Maß theologischer Ethik darstellt. So kann die beobachtete unhintergehbare Sündhaftigkeit aller Menschen nicht zu dem Schluss führen, dass nun alle Menschen wenigstens mit Niebuhrs Ethik der »Schuldübernahme« in der Art sündigen sollten, dass ein Mindestmaß an Gerechtigkeit entsteht.[28] Diese atheologische Setzung legitimiert Sünde und Gewalt. Niebuhrs Rede von der Notwendigkeit des Krieges angesichts der tragischen Sündenverstrickung der Menschen muss daher angefragt werden: Der Begriff der Notwendigkeit des Krieges macht die Hinterfragbarkeit der Handlungen, wie sie im Hinblick auf die jesuanische Ethik der Gewaltfreiheit passieren muss, unmöglich. Die Sünde in Gestalt der politischen »Spielregeln der Gewalt« ersetzt Jesus Christus als Norm christlichen Handelns. Die Offenbarung der friedensstiftenden Liebe Gottes, die gerade nicht der Logik der »Welt« folgt, wird damit, so das Urteil Yoders, durch den *Christlichen Realismus* verdeckt.[29]

Aufgrund der Dominanz der Sündenlehre fehlt Niebuhrs theologischer Ethik eine Entfaltung des Gnadenbegriffs, der bei ihm auf die kontinuierliche Vergebung der bleibenden Sünde der Menschen beschränkt bleibt und die befähigende Gnade Gottes außer Acht lässt. Diese Dimension der Gnade – die »Auferstehung der Glaubenden mit Christus« (Röm 6, 1-14) –, welche die Glaubenden erst friedensfähig macht, wird von Niebuhr nicht reflektiert. So kommt es im *Christlichen Realismus* gar nicht erst dazu, dass er bedenkt, was der Heilige Geist, die Heiligung der Glaubenden und die Kirche im Hinblick auf die Herausforderung der Gewalt bedeuten. Niebuhr kann sich so nicht von einem gesamtbiblischen Standpunkt her dem Problem der Gewalt stellen. Die friedenskirchliche Perspektive macht es dagegen möglich, dass die Menschen zu

[27] Vgl. Yoder, Christian Pacifism, 14-16.
[28] Vgl. ebd. 18-19.
[29] Vgl. ebd. 16-18.

einem Leben der Gewaltfreiheit in der Gemeinschaft der Kirche befähigt werden. Durchwirkt vom Heiligen Geist können die Menschen in dieser »Gemeinschaft mit Christus« friedlich für den Frieden wirken.[30]

Was es nach Yoder angesichts der Herausforderungen der Gewalt deshalb braucht, ist eine Kirchenlehre der »messianischen Gemeinschaft«, die der Niebuhrschen Politik der Gewalt die *Politik Jesu* gegenüberstellt und die zum Frieden befähigende Überwindung der Sünde durchdenkt. Die Kirche ist für Yoder der Ort, an dem die Menschen Anteil haben am Leben Jesu und an seinem Friedenshandeln partizipieren.[31] Dabei versteht Yoder dieses Friedenshandeln nicht als apolitisches Erinnern an das Reich Gottes, sondern als Gegenpolitik. Er widerspricht damit zugleich Niebuhrs »Platzanweisung« in den Bereich politischer Irrelevanz als auch den konservativen Mennoniten, die sich mit dieser Ausweisung aus dem Bereich des Politischen zufrieden geben. Die *Politik Jesu* ist das Zeugnis der Kirche in der Welt – und damit auch Politik im Interesse der Welt. Yoder kennzeichnet die *Politik Jesu* bewusst als »Weg des Kreuzes«, um zu signalisieren, dass die Wehrlosigkeitsethik (vor allem die Feindesliebe) nicht *einfach* politisch umzusetzen ist, sondern, dass die Kirche im Festhalten an der Gewaltfreiheit eben auch den »Weg des Kreuzes« – das Martyrium – auf sich nehmen muss. Dabei kann die *Politik Jesu* nicht – wie der *Christliche Realismus* – auf politischen Erfolg setzen. Jedoch gerade dadurch, dass die Friedenskirche nicht den »Spielregeln der Gewalt« folgt, ist sie eminent politisch. Sie geht nicht im Niebuhrschen Verwalten von Machtansprüchen der Menschen auf, sondern versucht – mit Inkaufnahme der Niederlage – Gewalt durch das Zeugnis des Friedens zu unterbrechen. Als eine solche gegenpolitische Pazifistin, so lässt sich mit Yoder schließen, übernimmt die Kirche ihre Verantwortung für die Welt.[32]

30 Vgl. Yoder, Christian Pacifism, 19-22.

31 In diesem »Christozentrismus« hinsichtlich der Begründung von kirchlichem Friedenshandeln ist eine deutliche Parallele zwischen Yoder und seinem Lehrer Karl Barth auszumachen. Hierzu: Marco Hofheinz, »Er ist unser Friede«. Karl Barths christologische Grundlegung der Friedensethik im Gespräch mit John Howard Yoder, Göttingen 2014, 385-392.

32 Vgl. John Howard Yoder, The Politics of Jesus. Vicit Agnus Noster, Grand Rapids 1994 (1972), 1-20. Hierzu auch: Fernando Enns, Friedenskirche in der Ökumene. Mennonitische Wurzeln einer Ethik der Gewaltfreiheit, Göttingen 2003, 155-200 sowie Hofheinz, Christologische Grundlegung, 240-250.

III Die Kirche auf dem Pilgerweg der Gerechtigkeit und des Friedens: Abschließende Gedanken zur ökumenischen Bewegung und dem Umgang mit Gewalt

Niebuhr arbeitet mit seinem *Christlichen Realismus* Gerechtigkeit als Motiv christlichen Handelns heraus. Hierbei nimmt er Gewalt in Kauf, um angesichts der tragischen Verstrickung der Menschen überhaupt im Sinne politischer Effektivität handlungsfähig zu bleiben. Niebuhr öffnet die Kirche damit zur Welt hin, indem sie in den »schmutzigen« Kampf um Gerechtigkeit verwickelt wird. Zur Frage steht, ob er damit nicht aber die Kirche im Interesse der Welt aufgibt, wie es der US-amerikanische Ethiker Stanley Hauerwas im Anschluss an Barths und Yoders Kirchenbegriff bemerkt.[33] Tatsächlich fällt auf, dass Niebuhr zwar über die dämonischen Auswüchse gesellschaftlicher Gruppen schreibt, eine »messianische Gruppe« wie die der Kirche bei ihm aber nicht einmal idealtypisch vorkommt. Yoder durchdenkt mit seiner Politik Jesu die Norm der Gewaltfreiheit Jesu in ihrer politischen Bedeutung und widerspricht dem Niebuhrschen Vorwurf der öffentlichen Irrelevanz. Hiermit gibt er aber die Zentralität der Gerechtigkeit für christliches Handeln auf, wenn die Kirche im Vertrauen auf das Wirken Gottes den »Weg des Kreuzes« geht, anstatt zu Gewalt zu greifen und »irdische« Gerechtigkeit anzugehen. Die Akzentuierung dieses Leidensmotivs bei Yoder ist als politisches Zeugnis der Kirche anzusehen. Jedoch bleibt die Tendenz der Separation bestehen, wenn dieses Zeugnis als Zeugnis der gewalttätigen Welt »gegenüber« erbracht wird und nicht »in« der Welt gehandelt wird – zum Beispiel für den Schutz von Menschen.

Zu würdigen ist, dass in beiden Ansätzen theologischer Ethik jeweils ein Aspekt begründet zur Geltung kommt und einer theologischen Ethik des Umgangs mit Gewalt heute dienen kann. Niebuhrs starke Sündenlehre sowie Yoders »messianische Gemeinschaft« sollten nicht zu einer Entweder-Oder-Haltung führen. Der Schwierigkeit, Gerechtigkeit und Frieden zusammenzuhalten, ist sich zu stellen – gemäß einer gemeinsamen Suchbewegung wie sie in der ökumenischen Bewegung seit Busan 2013 in Form des *Pilgerwegs der Gerechtigkeit und des Friedens* vollzogen werden soll.[34]

[33] Vgl. Stanley Hauerwas, War and the American Difference. Theological Reflections on Violence and National Identity, Grand Rapids 2011, 100.

[34] Vgl. Ökumenischer Rat der Kirchen, Eine Einladung zum Pilgerweg der Gerechtigkeit und des Friedens, Genf 2014.

In dem Dokument *Die Kirche. Auf dem Weg zu einer gemeinsamen Vision* (2013) der ökumenischen Sektion *Glaube und Kirchenverfassung*, das unter Mitwirkung von Ulrike Link-Wieczorek entstanden ist, wird gezeigt, wie das Verhältnis einer Kirche der Gerechtigkeit *und* des Friedens in der Gesellschaft aussehen kann. In einem ersten Schritt wird ausgehend von der Liebe Gottes der Widerspruch der Sünde in Form wirtschaftlicher Ungerechtigkeit sowie in Form von Rassismus oder Militarismus in der Welt wahrgenommen. Die Kirche muss, so fordert das Dokument, diese Gewaltformen wahrnehmen und für Gerechtigkeit eintreten. Niebuhrs Sünden- und Gewaltverständnis kann der Kirche dabei helfen, genau diese Gerechtigkeitsaufgaben theologisch-ethisch zu durchdenken. Das Dokument verbindet diese Arbeit mit dem Einsatz für den Frieden, indem – gemäß einer theologischen Ethik des gerechten Friedens – die Ungerechtigkeitsverhältnisse als Nährböden von Kriegen verstanden werden. Wenn das Dokument die Kirche dann als Gemeinschaft der Nachfolgenden des »Friedensfürsten« versteht, ist vielleicht der Einfluss der Gedanken Yoders zu bemerken, der vor allem auch den zweiten Punkt der Erwägungen zur Rolle der Kirche in der Gesellschaft reflektieren hilft.[35] Hier spricht das Dokument von der ambivalenten Verwicklung der Kirche in gesellschaftliche und politische Machtverhältnisse, die einerseits die Sache der Gerechtigkeit und des Friedens voranbringen kann, andererseits aber auch zum schuldhaften Mitlaufen oder zum Hinnehmen von Gewalt geführt hat. Hiervon muss sich die Kirche – so erklärt das Dokument ähnlich wie Yoder – durch Christus befreien lassen, indem sie den »Weg des Kreuzes« geht, wodurch Gerechtigkeit *und* Frieden bezeugt werden. Die Kirche soll Marginalisierung in Kauf nehmen und darf selbst das Martyrium nicht ausschließen.[36] Schließlich spricht das Dokument im dritten Punkt davon, dass die Kirche – an der Seite marginalisierter Menschen sowie der bedrohten Schöpfung – für die Teilhabe aller an der »Freiheit der Kinder Gottes« (Röm 8, 20-22) eintritt.[37] Dieser Aspekt rückt sowohl in Niebuhrs zurückhaltender Ethik als auch in Yoders zeugnisorientiertem Friedensansatz in den Hintergrund. Die Freiheitsperspektive ist aber in der radikalen Tradition »christlicher Gewaltlosigkeit« des Versöhnungsbun-

[35] Vgl. Ökumenischer Rat der Kirchen, Die Kirche. Auf dem Weg zu einer gemeinsamen Vision, Studie der Kommission für Glaube und Kirchenverfassung 214, Genf 2013, 31-32 (Punkt 64).

[36] Vgl. ebd. 32 (Punkt 65).

[37] Vgl. Ökumenischer Rat der Krchen, Die Kirche, 32 (Punkt 66).

des oder der Bürgerrechtsbewegung und bis heute in sozialen und ökologischen Bewegungen präsent. Das Ringen um Freiheit ist ebenso wie die Impulse Niebuhrs und Yoders für die Kirche in ihrer Suche nach Einheit auf dem *Pilgerweg der Gerechtigkeit und des Friedens* stark zu machen.

Bejahtes Leben

Zum Phänomen seelischen Heils zwischen Psychotherapie und Soteriologie im Horizont des Spätwerkes von Paul Tillich[1]

André Munzinger

Macht der Glaube psychisch gesund? Dürfen Kirche und Theologie seelische Heilung in Aussicht stellen? Würden sie über notwendige Differenzen zwischen medizinischer, psychotherapeutischer und religiöser Betrachtung des Menschen hinweggehen? In welchem Verhältnis stehen Heil und Heilung sowie Gottes Gnade und innere Genesung zueinander? Diesen Fragen widmete sich Paul Tillich in seinem Spätwerk mit besonderer Intensität.[2]

1 Ulrike Link-Wieczorek trägt in besonderem Maße dazu bei, in Forschung und Lehre auf die Verbindung von dogmatischer Lehre und existenziellen Fragen zu achten. In diesem vorbildlichen Sinne ist auch die Frage nach dem seelischen Heil zu erörtern, vgl. dies., R. Miggelbrink, D. Sattler, M. Haspel, U. Swarat, H. Bedford-Strohm (Hg.), Nach Gott im Leben fragen. Ökumenische Einführung in das Christentum, Gütersloh/Freiburg 2004.

2 Vgl. vor allem folgende Schriften: P. Tillich, Das Neue Sein als Zentralbegriff einer christlichen Theologie, in: Offenbarung und Glaube. Schriften zur Theologie II, Gesammelte Werke Bd. VIII, Stuttgart 1970, 220-239; ders., Die theologische Bedeutung von Psychoanalyse und Existentialismus, in: ebd., 304-315; ders., Seelsorge und Psychotherapie, in: ebd., 316-324; ders., Der Einfluss der Psychotherapie auf die Theologie, in ebd., 325-335; ders., Der Mut zum Sein, in: ders., Sein und Sinn. Zwei Schriften zur Ontologie, Gesammelte Werke Bd. XI, Stuttgart 1969, 1-142; ders., Psychoanalyse und Religion, in: Begegnungen. Paul Tillich über sich selbst und andere, Gesammelte Werke Bd. XII, Stuttgart 1971, 333-336; ders., Systematische Theologie Bd. II, Stuttgart 1958, 3. Aufl., 87-106, 129-149, 163-193.

Denn er beschreibt zwei gegenläufige gesellschaftliche Bestrebungen, die sich bis in die Gegenwart abzeichnen:[3]

Einerseits prallen die Heilsgedanken christlicher Tradition an den Ausdifferenzierungsprozessen der Moderne ab. Durch die funktionale Abgrenzung der gesellschaftlichen Systeme finden sich Religionsgemeinschaften als Nischenprodukte einer kulturellen Vielfalt wieder. Zudem unterliegt die institutionell verfasste Kirche dem Verdacht, dass letztlich ihre Orientierungsangebote der Reglementierung der Ratsuchenden dienen, nicht aber dem individuell bestimmten Leben. Der Selbstbestimmungswunsch des Einzelnen in Sachen Lebensanschauung scheint nicht kompatibel zu sein mit kirchlicher Verkündigung der Gnade. Identitätsbildung wird als ein Akt des bewussten Lebens, nicht der frommen Ergebenheit vollzogen.

Andererseits besteht ein Bedarf an Hilfestellung in Fragen der Identitätsfindung: Es sind existenzielle Fragen nach einem Rahmen oder einer Geschichtsdeutung, innerhalb derer das individuelle Leben einen Sinn ergibt. Mit besonderer Effektivität nimmt sich die Psychotherapie der Sinnsuche an und bedient Bedürfnisse nach Orientierung. Sie traut sich oftmals eine umfassende Deutung des Menschseins zu, indem sie Antwort auf grundlegende Fragen des Lebens gibt: Wie kann das Leben gelingen? Wie ist Identität möglich und sinnvoll? Wie kann persönliche Veränderung zum Guten möglich werden?

Die selbstbestimmte Suche nach Sinn sieht Tillich als Chance für die Theologie. Selbstbejahung und Ergriffensein lassen sich demnach produktiv aufeinander beziehen; Psychotherapie und Theologie können sich innerhalb eines Theorierahmens wechselseitig befruchten. Tillich hat wesentlich dazu beigetragen, dass sich die christliche Soteriologie im Horizont gegenwärtiger Suche nach Sinn und Orientierung verorten lässt – nämlich in der Form eines bejahten Lebens, der *unbedingten* Annahme des Lebens im Hier und Jetzt. Zugleich bestehen gewichtige Anfragen an die Präzision und Begründung seiner Verhältnisbestimmung.

Bevor ich dazu komme, werde ich *im ersten Schritt* durch einige geschichtliche und kategoriale Bemerkungen das Problem, um das es mir geht, näher fassen. Die Vielfalt an historischen Ansatzpunkten wird von Anfang an ein umfangreiches Forschungsdesiderat erkennen lassen,

3 Vgl. R. Fischer, Macht der Glaube heil? Der christliche Glaube als Heilsmacht im Anschluss an Eugen Biser und Eugen Drewermann, Frankfurt a.M. 2006; A. Grün, Jesus als Therapeut: die heilende Kraft der Gleichnisse, Schwarzach a.M. 2011. Auf die Frage nach dem physischen Heil gehe ich aus Gründen der gebotenen Kürze hier nicht ein.

welches nur in Ansätzen skizziert werden kann. So stellt sich durchgehend die Frage, inwiefern sich psychotherapeutische und soteriologische Fragestellungen überhaupt mit einem gemeinsamen Gegenstandsbereich – den der Seele – in Verbindung bringen lassen.[4] *Im zweiten Schritt* ist Tillichs Antwort auf die Problemanzeige zu erläutern: Suche nach Sinn und Heil wird als Verlangen nach einem Neuen Sein eingeführt – als universales Bestreben nach Überwindung von Entfremdung.[5] Ein Neues Sein ist nach Tillich möglich, bedarf aber theologischer *und* psychologischer Antworten, um es zu erfassen. Dass dieser Begriff des Neuen Seins in verschiedener Weise interpretiert werden kann, bietet Anlass, ihn näher zu betrachten. *In einem abschließenden Schritt* werde ich deshalb einige Überlegungen an diese Interpretationen anschließen: Im Gegensatz zur bisherigen Forschung an der Verhältnisbestimmung von Heil und Heilung im Werk Tillichs[6] ist hier vor allem auf die Frage nach der subjektivitätstheoretischen Fundierung der Gedanken einzugehen. Das Phänomen des bejahten Lebens ist also in theoriefähiger Form zu bedenken.

I Historische und systematische Schwierigkeiten in der Erfassung seelischen Heils

Ist Jesus als Therapeut aufgetreten? Jedenfalls wird berichtet, dass er in seinem Wirken auf die Begegnung mit Kranken, Belasteten und Verzweifelten Wert legt. Dabei lässt sich ablesen, dass der Einzelne in seinem Selbstverhältnis besonders beachtet wird. So kann nach Markus 8,36 der Schaden am eigenen Leben gegen nichts aufgewogen werden – auch nicht, wenn die ganze Welt gewonnen würde. Auffallend ist der Habitus Jesu: Die Selbstständigkeit des jeweils Kranken und Suchenden wird gefordert und gefördert. Markus teilt mit, dass Jesus fragt, ob ein Kranker gesund werden *will*, ob ein Verzweifelter *bereit* ist, sich auf die Suche zu machen (z.B. Mk 1,40ff; 5,34).

In der neutestamentlichen Forschung wird gründlich diskutiert, ob und inwiefern eine Psychologie des Urchristentums herausgearbeitet werden

4 Vgl. grundlegend zum Problem einer begrifflichen Erfassung der Seele und einer vor allem an Dilthey orientierten Antwort: K. Huxel, Ontologie des seelischen Lebens (RPT 15), Tübingen 2004.

5 Vgl. P. Tillich, Systematische Theologie II [wie Anm. 2], 96.

6 Vgl. K. Grau, ›Healing power‹. Ansätze zu einer Theologie der Heilung im Werk Paul Tillichs, Münster/Hamburg/London 1999.

kann.[7] Dabei wird zu Recht hervorgehoben, dass die Kategorien moderner Psychologie nicht auf die Zeit Jesu übertragen werden können.[8] Zugleich kann gefragt werden, ob nicht ein Grundmotiv des frühen Christentums ein psychotherapeutisches ist – nämlich dass der Mensch auch in seinem Inneren zur Freiheit gelangen kann. Die Auseinandersetzung mit der Vorstellung vom ›Inneren Menschen‹ ist ein Thema nicht nur des frühen Christentums, sondern auch der Stoa und jüdischer Denker der Zeit. Aber mit besonderer Prägnanz stellt sich in den Überlieferungen der ersten Christen eine Reflexion über den Zusammenhang von Affirmation und Freiheit heraus. Für Paulus ist die innere Freiheit nicht eine Leistung des Menschen, die er sich verdienen kann, sondern die er als unbedingtes göttliches Geschenk entgegen nehmen kann. Mit einer beachtlichen Sensibilität für die bleibenden Zwänge der Seele zeichnet er ein Bild eines vertrauenden Menschen, der sich rückhaltlos auf die Liebe beruft (z.B. Röm 7-8).
Dabei stellt sich bereits im ersten Korintherbrief heraus, dass die Wirksamkeit dieser Liebe im Leben der Einzelnen und in der Gemeinschaft keine Selbstverständlichkeit ist. Es wird um Macht und Recht, um Autorität und Status gerungen. Diesen ethischen Ambivalenzen setzt Paulus nicht nur die passive Haltung meditativer Frömmigkeit entgegen, sondern er fordert die kognitive Neuorientierung des Lebenssinnes.[9] Neues Urteilsvermögen ist möglich, insofern ein neues Denken einsetzt (1 Kor 2.6-16; aber auch: Röm 12.1-3). Dieses befähigt dazu, christliche Identität konkret, alltagstauglich werden zu lassen. Darauf zu verweisen, ist von Bedeutung: Werden nämlich die theoriegeschichtlichen Hintergründe der Psychotherapie rekonstruiert, wird Paulus kaum konsultiert.[10] Aber dass neues *Denken* möglich ist, wenn Menschen sich unbedingt bejaht wissen, das scheint mir eine therapeutische Einsicht paulinischer Schriften und ein bedeutsamer Baustein in der Geschichte der Seelenkunde zu sein.

7 Vgl. G. Theißen, Erleben und Verhalten der ersten Christen. Eine Psychologie des Urchristentums, Gütersloh 2007.

8 »Christlicher Glaube läßt sich in psychologischen Kategorien nicht verrechnen.« (J. Frey, Eugen Drewermann und die biblische Exegese: eine methodisch-kritische Analyse (WUNT II 71), Tübingen 1995, 252).

9 Vgl. A. Munzinger, Discerning the Spirits: Theological and Ethical Hermeneutics in Paul (SNTS.MS 140), Cambridge 2010, 141ff.

10 Vgl. U. J. Olligschläger, Die Gesundheit der Seele: Sokrates – Seneca – Epiktet, Antikes Denken, moderne kognitive Psychotherapie und die Biochemie unserer Gedanken, Berlin 2011.

Der Entwicklung dieser Einsicht müsste nun in kleinsten Schritten bis in die Neuzeit nachgegangen werden.[11] Tillich zeichnet eher weitläufige Linien der Rekonstruktion, indem er auf Augustin und Luther aufmerksam macht, wenn er auf die Theoriegeschichte verweist. Letzterer wird als Tiefenpsychologe hervorgehoben, sozusagen *vor dem Begriff*.[12] Nicht ohne Recht. Denn Luther verweist auf die Unfreiheit des Willens: Der Mensch kann nicht einfach sich selbst aus einem rationalen Entwurf heraus bestimmen und neu ausrichten. Zugleich geht Luther von einem starken Begriff der Selbstbeziehung des Individuums aus, welches sich als *Subjekt* Menschen, Mächten und Bewusstseinsebenen ausgesetzt weiß. In die protestantische Theologie ist demnach die Spannung von passiver Bestimmtheit und aktiver Selbstbestimmung tief eingezeichnet.

Erst mit der Wende zur Ausdifferenzierung der Wissenschaften in Folge einer zunehmend empirischen Betrachtung des Menschen wird die Psychologie zu einer eigenständigen Disziplin, die sich sowohl von der Philosophie als auch von der Theologie emanzipiert. In der Theologie führt dies am Anfang des 20. Jahrhunderts zu einer tief greifenden Kontroverse. Es stellt sich die Frage, welche Bedeutung die psychologische Betrachtung des Menschen für die Theologie besitzt: Sollen die damals neuen Erkenntnisse der Psychoanalyse neben der Dogmatik gelten, an die Stelle der Dogmatik treten oder in diese integriert werden?[13] Bei Oscar Pfister heißt es, die christliche Dogmatik sei, »antiquarisch, abstrakt, scholastisch, unwissenschaftlich und desorientiert« – und er plädiert für die Orientierung an der freudschen Psychoanalyse.[14] Dagegen stellen andere die psychologische Betrachtung existenzieller Not insgesamt unter den Verdacht des Götzendienstes.[15] Diese Zuspitzung hat

[11] Vgl. z. B. D. Perler, Transformation der Gefühle. Philosophische Emotionstheorien 1270-1670, Frankfurt a.M. 2011.

[12] Luther wird als ein Tiefenpsychologe im eigentlichen Sinne dargestellt. Ohne die gegenwärtige methodische Forschung zu kennen, habe er den Menschen in nicht-moralischen Kategorien verstanden, die sowohl in der calvinistischen als auch in der lutherischen Tradition verloren gegangen seien. Vgl. P. Tillich, in: T. D. Cooper, Paul Tillich and Psychology. Historic and Contemporary Explorations in Theology, Psychotherapy, and Ethics, Macon GA 2006, 14ff.

[13] Vgl. Ch. Henning, Die Funktion der Religionspsychologie in der Protestantischen Theologie um 1900, in: ders., E. Nestler (Hg.), Religion und Religiosität zwischen Theologie und Psychologie (Bad Boller Beiträge zur Religionspsychologie), Frankfurt a.M. 1998, 27-78.

[14] Vgl. O. Pfister, Das Elend unserer wissenschaftlichen Glaubenslehre, in: Schweizerische theologische Zeitschrift XXII (1905) 209-212, hier 212.

[15] Vgl. F. Gogarten, Die Krisis unserer Kultur (1920), in: J. Moltmann (Hg.), Anfänge der dialektischen Theologie Teil II: Rudolf Bultmann. Friedrich Gogarten. Eduard Thurneysen (Theologische Bücherei 17), München 1963/1983, 4 Aufl.,

eine produktive Auseinandersetzung zwischen Psychologie und Theologie in Deutschland erheblich beeinträchtigt. Vor allem die schwierige kategoriale und in Folge soteriologische Einordnung der normativen Ansprüche der Psychotherapie ist verschleppt worden.[16]

Denn einerseits lässt sich die Psychotherapie selbst als eine Praxis verstehen, die analog zur christlichen Seelsorge auf eine Lehre des guten Lebens zurückgreift – also auf ein implizites oder explizites Orientierungsangebot: Beide bieten Antworten auf die Frage nach dem Möglichwerden des Guten im Menschen.[17] Dazu muss die Psychotherapie keineswegs unter Ideologieverdacht gestellt geraten.[18] Aber als Lebenslehre im formalen Sinne lassen sich psychotherapeutische Schulen durchaus klassifizieren. Während z. B. verhaltenstherapeutische Ansätze auf behavioristische Grundannahmen des Menschen zurückgreifen, setzen tiefenpsychologische Beratungsformen auf die Lehre lebenshemmender Illusionen, die auf unbewusste Triebe zurückgeführt werden. Humanistisch-psychologische Verfahren verbinden derweil Einsichten der Tiefenpsychologie mit der Existenzphilosophie, setzen aber stärker auf die Selbstheilungskraft und Wandlungsfähigkeit des Menschen. Über diese theoretische Seite hinaus macht der Religionspsychologe Michael Utsch geltend, dass in der therapeutischen Praxis eine bedeutsame Verschiebung zu bemerken ist, in der therapeutische Behandlungsansätze zunehmend mit spiritueller Heilsvermittlung verbunden werden.[19]

Andererseits ist ein Konkurrenzverhältnis zwischen Theologie und Psychotherapie zu problematisieren. Der direkte Vergleich mit der Tradition christlicher Dogmatik ist nur begrenzt tragfähig. ›Psychotherapie‹ wird nach dem Psychotherapeutengesetz von 1998 für eine Reihe von Verfahren verwendet, die psychische oder psychosomatische Leiden mit ›Krankheitswert‹ behandeln, um eine Linderung der Symptome herbei-

101-121; zur Diskussion: U. Stenglein-Hektor, Im Jagdgrund der Erlebnisleute. Bemerkungen zur Ablehnung der Religionspsychologie in der ›Dialektischen Theologie‹, in: Chr. Henning, E. Nestler, Religion [wie Anm. 13], 79-99.

16 Vgl. Ch. Henning, S. Murken, E. Nestler, Einleitung, in: dies. (Hg.), Einführung in die Religionspsychologie, Paderborn 2003, 7-40.

17 Gemeint ist die »zentrale, die alles entscheidende Frage« der Soteriologie: »Wie werde ich der mir geltenden Gnade Gottes gewiss? Wie wird Gottes Gnade im Gesamtleben des Menschengeschlechts wirksam?« (K. Stock, Einleitung in die Systematische Theologie, Göttingen 2011, 197).

18 Vgl. M. Beck, Seele und Krankheit. Psychosomatische Medizin und theologische Anthropologie, Paderborn/München/Wien/Zürich 2000.

19 M. Utsch, Religiöse Fragen in der Psychotherapie: psychologische Zugänge zu Religiosität und Spiritualität, Stuttgart 2005, 49.

zuführen und gestörte Verhaltensweisen ändern zu können.[20] Hier steht die medizinische Versorgung im Mittelpunkt, nicht die Weltdeutung. So ist wohl auch die neuere Psychotherapieforschung zu verstehen, in der die verschiedenen Schulen miteinander ins Gespräch gebracht werden, um sie insgesamt einem wissenschaftlichen Vergleich und einer empirischen Wirkungsanalyse zu unterziehen – so z. B. bei Klaus Grawe.[21]
Wie kann nun die Systematische Theologie auf diese diffizile Ausgangslage reagieren? Wie kann sie ihre eigenen therapeutischen Einsichten geltend machen, ohne eine Grenzüberschreitung zur krankheitslindernden Psychotherapie in Kauf zu nehmen?

II Problembearbeitung im Spätwerk Paul Tillichs

Paul Tillich eignet sich in besonderer Weise für eine Bearbeitung der Frage, wie seelisches Heil verstanden werden kann, weil er zwei Kulturen der Verhältnisbestimmung von Theologie und Psychotherapie erlebt und reflektiert. Nach dem Sieg der Nationalsozialisten wird er 1933 von seinem Lehrstuhl für Philosophie in Frankfurt abgesetzt und wandert in die Vereinigten Staaten aus. In der Fremde entdecke man sich selbst neu, weil man bekannte Probleme unter neuen Gesichtspunkten bedenken könne.[22] Während er in Deutschland die zugespitzte theoretische Auseinandersetzung zwischen Theologie und Psychoanalyse begleitet, lernt er die positive Aufnahme psychotherapeutischer Praxis in der amerikanischen Kultur und in den christlichen Gemeinden kennen. Er bemerkt, dass die Theologie Grundlegendes lernen könne. Denn es kristallisiere sich nicht nur eine Methodik der Seelsorge heraus, sondern auch ein Zugang zur biblischen Tradition von der Heilung des Inneren Menschen. Zugleich warnt er vor einer unkritischen Aufnahme der Psychotherapie.

[20] Vgl. Psychotherapeutengesetz vom 16. Juni 1998 (BGBl. I S. 1311), das zuletzt durch Artikel 34a des Gesetzes vom 6. Dezember 2011 (BGBl. I S. 2515) geändert worden ist, zu finden online unter: http://www.gesetze-im-internet.de/psychthg/-__1.html, hier §1 (Zugriff am 29.11.2014).

[21] Vgl. K. Grawe, Psychologische Therapie, Göttingen/Bern/Seattle/Toronto 1998, 3-20; für die bewusste Integration verschiedener Konzepte vgl. C. Reimer, J. Eckert , M. Hautzinger, E. Wilke, Einleitung, in: dies. (Hg.), Psychotherapie: Ein Lehrbuch für Ärzte und Psychologen, Heidelberg 2007, 3. Aufl., 2-3.

[22] Vgl. W. Schüßler, E. Sturm, Paul Tillich. Leben – Werk – Wirkung, Darmstadt 2007, 17.

In einem Vortrag auf der ersten Jahresversammlung der *Academy of Religion and Mental Health* in New York 1960 greift Tillich die Frage nach dem Einfluss der Psychotherapie auf die Theologie auf (»The Impact of Psychotherapy on Theological Thought«).[23] Dabei wird ein Aspekt betont: Die Tiefenpsychologie habe die Einsichten Augustins und Luthers bestätigt, dass der Mensch in sich gefangen, unfrei und nicht in der Lage sei, sich durch den Akt seines Willens selbst zu verändern. Es sei eben eine Form der Selbsterlösung, wenn Menschen vorgemacht werde, sie könnten ihr eigenes Schicksal aus rationaler Einsicht neu gestalten. Zwei Beispiele werden dazu von ihm angeführt: Er denkt an den Leiter einer Gemeinde, der in seinem sozialen Engagement Vorbild für viele ist und den nun auf Grund von persönlichen Krisen Selbstmordgedanken bestimmen. Er denkt an die Mutter mit einer glücklichen, stabilen Familie, die nun berichtet, dass sie ihre Kinder nicht mehr lieben könne, ja, dass sie diese hasse. In der Verzweiflung dieser Frau und jenes Mannes wirke die Lehre vom freien Willen wie Gift, welches deren Probleme nur verschärfe. Für Tillich ist klar: Der psychoanalytische Zugang zum seelisch Bedrängten sensibilisiert für einen Umgang ohne Verurteilung und Auflagen. Indem die Theologie die Aufmerksamkeit auf die unbewusste Triebstruktur des Menschen richtet, kann sie klarer ihre Kernbotschaft von der Notwendigkeit unbedingter Annahme geltend machen.[24]
Nun kann zu Recht gefragt werden, ob diese Verschränkung von Psychoanalyse und Theologie zu einfach ist und vielschichtige Differenzen außer Betracht lässt. Aber Tillich reduziert die Komplexität gezielt. Er weiß um die Einseitigkeit freudscher Anthropologie, er kennt die Unterschiede zwischen den Ansätzen Freuds, C. G. Jungs und Carl Rogers (Letzterer ist der Begründer einer bedeutenden humanistischen Therapieform,

[23] P. Tillich, Einfluss der Psychotherapie [wie Anm. 2.]; vgl. J. Dourley, Tillich in Dialogue with Psychology, in: R. R. Manning (Hg.), The Cambridge Companion to Paul Tillich, Cambridge 2009, 238-253.

[24] »Nicht die Guten, Weisen oder Frommen sind berechtigt zu dem Mut, anzunehmen, daß sie an-genommen sind, sondern die, denen diese Eigenschaften fehlen und die sich dessen bewußt sind, daß sie unannehmbar sind. Das bedeutet jedoch nicht, daß sie sich in ihrer Zufälligkeit annehmen. [...] Vielmehr ist die Annahme der paradoxe Akt, in dem wir von dem, was unser individuelles Selbst unendlich transzendiert, angenommen werden. [...] Die Annahme durch Gott, seine Vergebung oder Rechtfertigung, ist die einzige und letzte Quelle des Mutes zum Sein, der die Angst vor Schuld und Verdammung in sich hineinzunehmen vermag. Denn die letzte Macht der Selbstbejahung kann nur die Macht des Seins-Selbst sein.« (P. Tillich, Mut zum Sein, 113f. [wie Anm. 2]).

mit dem Tillich in New York Kontakt pflegt).[25] Zudem ist sich Tillich bewusst, dass die Frage nach der Freiheit des Willens nicht einfach zu Gunsten der Unfreiheit beantwortet werden kann – ohne defätistisch dem Schicksal ausgeliefert zu sein.

Vielmehr kristallisiert sich in der Vermittlung von Psychotherapie und Theologie ein Grundgedanke des späten Werkes heraus – ich beziehe mich auch auf den Text aus dem Jahre 1955 ›*Das Neue Sein als Zentralbegriff einer christlichen Theologie*‹.[26] Resigniert, aber einsichtig stellt Tillich fest, dass seine Hoffnung auf eine religiöse Transformation der Gesellschaft nicht tragfähig ist. Dagegen wird die individuelle Möglichkeit ganzheitlicher Heilung als erfahrbar und erstrebenswert hervorgehoben. Zum Verständnis dieses Heil-Werdens kann die Theologie einen entscheidenden Beitrag leisten. Deshalb rückt er die unbedingte Annahme des Menschen in den Mittelpunkt der Theologie und verwendet dazu das Prinzip des ›Neuen Seins‹. Dieser schillernde Begriff lässt sich so charakterisieren, dass Tillich eine universale Struktur des Daseins mit der partikularen Erfahrung christlicher Offenbarung verschränken will. Das ›Sein‹ ist nach Tillich das fundamentale Prinzip der Philosophie; es beschreibt den letztgültigen Bezugspunkt des Denkens und Handelns. In diese universale Begrifflichkeit zeichnet er die Elemente christlicher Dogmatik ein, oder anders: die tragenden Überzeugungen christlichen Glaubens lassen sich als Grundaussagen über die menschliche Natur verstehen.[27]

So werden die Aussagen über Schöpfung, Sünde, Erlösung und Versöhnung auf die existenzielle Situation des Menschen bezogen. Die Lehre von der Schöpfung bringt zum Ausdruck, dass der Mensch nicht von vornherein in sich verstrickt ist, sondern auf das essenziell Gute bezogen ist – nämlich auf Gott selbst. Die Lehre von der Sünde macht deutlich, dass der Bezug zum Guten gestört ist, und zwar durch Entfremdung. Diese Beziehungsunfähigkeit stellt Tillich sozusagen als Grundübel heraus. Die Entfremdung ist nicht nur als eine individuelle Tat anzusehen, sondern als eine überindividuelle tragische Verfassung des menschlichen Seins.[28] Damit will er eine grundlegend positive Bewertung des Menschseins mit einer realistischen Betrachtung der humanen Verstri-

[25] Vgl. W. Schüssler, E. Sturm, Tillich, 67-81 [wie Anm. 22]; T. D. Cooper, Tillich, 15ff. [wie Anm. 8].

[26] P. Tillich, Neues Sein, 220-239 [wie Anm. 2].

[27] Vgl. auch P. Tillich, Bedeutung von Psychoanalyse, 309 [wie Anm. 2]; W. Schüssler, E. Sturm, Tillich, 70f. [wie Anm. 22].

[28] Vgl. P. Tillich, Systematische Theologie II, 43-46 [wie Anm. 2].

ckung verbunden wissen. Mit dieser doppelten Zielsetzung tritt er in den kritischen Diskurs mit den Theorien Sigmund Freuds einerseits und Carl Rogers andererseits ein.
Demnach werden die psychoanalytischen Beschreibungen der Konflikte des Menschseins wiederholt aufgegriffen, aber in einer sichtenden Weise. Er nimmt z. B. die Fragen nach pathologischer Angst und unbegrenzter Libido auf. Aus Freuds Libido-Theorie lasse sich lernen, wie es komme, dass der Mensch die Sehnsucht habe, »das Ganze der Wirklichkeit dem eigenen Sein einzuverleiben« (II, 60). Für Tillich weist diese Beschreibung der Entfremdung auf die Möglichkeit von Mächten hin, die das Individuum gänzlich überfordern. Zugleich verdeutlicht er, dass die Psychoanalyse sich in Widersprüchlichkeit verstrickt, wenn sie lediglich die Abgründe des Menschseins beschreibt. Er ist der Auffassung, dass solche Abgründe eine essenziell gute Seite des Menschen voraussetzen: Man muss eine Vorstellung des Guten haben, um Entfremdung verstehen zu können. Soll mit Hilfe der Psychoanalyse den Menschen geholfen werden, muss eine Überzeugung vorhanden sein, dass das Gute erreicht werden kann.[29]
Dagegen bietet Carl Rogers mit der humanistischen Psychotherapie eine Beschreibung der potenziellen Selbstbestimmungskräfte des Menschen an, ohne nach Tillich hinreichend auf die Tragweite möglicher Entfremdung hinzuweisen. Zwar stimmt Tillich dem Möglichkeitssinn Rogers zu, aber es steht für ihn außer Frage, dass es Mächte, Systeme und Strukturen gibt, die destruktiv sind und die eine transpersonale Dimension haben. Er nennt sie dämonische Mächte, die stärker sind als der einzelne Wille.[30]
Wie können nun *potenzielle* Selbstbestimmung und *faktische* Entfremdung miteinander in Einklang gebracht werden? Im Vortrag zum Neuen Sein stellt Tillich schlicht fest: »[D]er erste Schritt des Neuen Seins in jedem Menschen ist die Anerkennung, daß er angenommen ist. [...] Ohne diesen fundamentalen Schritt gäbe es keine Heilung.«[31] Authentische Akzeptanz entsteht dort, wo trotz Unannehmbarkeit Annahme erfolgt. Trotz der Entfremdung und trotz der Zweideutigkeit der Existenz steht die Annahme bereit. Das »Trotzdem« ist entscheidend, denn es geht nicht um Selbstzufriedenheit, sondern um Annahme, *obgleich* wir unsere Schatten haben (234). *Unbedingte* Annahme kann ein Mensch aber selbst nicht leisten. Er muss sie voraussetzen – oder daran glauben,

[29] Vgl. W. Schüssler, E. Sturm, Tillich, 68-70 [wie Anm. 22].
[30] Vgl. die Diskussion in T. D. Cooper, Tillich, 16-21 [wie Anm. 8].
[31] P. Tillich, Neues Sein, 220-239 [wie Anm. 2]. Weitere Seitenzahlen im Text.

dass das essenziell Gute unter den Bedingungen der Entfremdung erscheint und diese überwindet. Tillich erklärt, dass er über dieses Verständnis der existenziellen Not des Menschen und deren Überwindung die Christologie für sich entdeckt hat:
»Ich kann Ihnen bekennen, daß für mich Christologie überhaupt erst möglich geworden ist, nachdem mir der Begriff des Neuen Seins den Schlüssel dazu gegeben hat.« (232) Bis dahin habe er geschwankt zwischen liberalen und orthodoxen Auslegungen des Christus-Ereignisses, oder wie er es auch zuspitzt, zwischen Moral und Dogma. Weder die Moral Jesu noch das Dogma Christi antworten nach Tillich auf die existenzielle Entfremdung, weder Befehl noch Belehrung, sondern die Teilhabe an unbedingter Annahme, das Ergriffensein von der Liebe selbst ist Erlösung. Man kann es als eigenwillige Interpretation von 1Joh 4 lesen, in der die Liebe als Merkmal der Gottes-Präsenz gedeutet wird. Liebe ist nach Tillich weniger die konkrete Emotion, sondern vielmehr der Drang und der Wille zur Wiedervereinigung – zur Erlösung von Entfremdung. In der Teilhabe an der Liebe Christi wird Entfremdung überwunden, wird Beziehung wiederhergestellt.
Es sind durchaus nicht einfache Gedankenwege, die Tillich einschlägt, um dieses Neue Sein als christologischen Schlüssel zu explizieren. Es stellen sich weit reichende Fragen: z. B. nach der geschichtlichen Verankerung seines Christus-Verständnisses, nach der begrifflichen Klarheit seines Redens vom Sein und eben auch nach dem Verhältnis von Individuum und Ganzheit. Auf Letzteres will ich eingehen: Wie lässt sich die Christologie mit Blick auf die Stellung des Individuums verstehen?
In der neueren deutsch-sprachigen Tillich-Forschung gibt es zwei wesentliche Vorschläge, um diesen christologischen und somit soteriologischen Entwurf einzuordnen. Zum einen wird die Sprache vom ›Neuen Sein‹ in eine subjektivitätstheoretische Perspektive integriert. Besondere Beachtung verdient die Rekonstruktion von Christian Danz.[32] Der in Wien lehrende Systematiker bestimmt den Gesamtansatz Tillichs als eine Theorie der Konstitutionsbedingungen individueller Subjektivität. Das Anliegen lässt sich so umschreiben, dass in einer Theologie, die sich der Neuzeit verpflichtet weiß, keine Aussagen über das *Sein* schlechthin gemacht werden können und müssen. Der Horizont moderner Theologie

[32] Vgl. C. Danz, Religion als Freiheitsbewußtsein. Eine Studie zur Theologie als Theorie der Konstitutionsbedingungen individueller Subjektivität bei Paul Tillich (TBT 110), Berlin/New York 2000. Selbst die Seins-Lehre Tillichs wird subjektivitätstheoretisch gedeutet, vgl. ders., Tillich's Philosophy, in: R.R. Manning (Hg.), Companion to Tillich, 173-188, hier 187 [wie Anm. 23].

ist das Subjekt in seiner Erlebens- und Deutungsfähigkeit. Tillich liefert dazu eine umfangreiche Theorie, in der die endliche Freiheit des Menschseins so beschrieben wird, dass sie das Anliegen des christlichen Glaubens in einer formalen Begrifflichkeit darstellt. Die Rede vom Sein ist eine Strukturbeschreibung dieser endlichen Freiheit.

Ein anderer Interpretationsansatz verdeutlicht dagegen, dass Tillich bis in seine späten Schriften hinein einer individuellen Auslegung der Christologie ausgewichen ist. Vielmehr zielt er auf die Universalität der Christologie, die einzelne Lebensschicksale und Erfahrungen transzendiert. Dieser Ansatz ist von Georg Neugebauer in seiner Dissertation im Detail ausgearbeitet worden.[33] Tillich habe sich Zeit seines Lebens einer Reduktion der Christologie auf die individuelle Frömmigkeit widersetzt. Für eine Heilandsreligion, in der die personale Jesusbeziehung im Mittelpunkt steht, habe Tillich kein Ansinnen. Dagegen betone er die überindividuelle Bedeutung der Erlösung, z. B. die kosmische Dimension der Christologie.

Ein ausführlicher Vergleich dieser Interpretationen kann und muss hier nicht geleistet werden: Aber die Vermutung, dass beide Auslegungen ihr Recht haben, liegt auf Grund des beschriebenen Ergänzungsverhältnisses zwischen Selbstannahme und unbedingter göttlicher Annahme nahe. Tillich zeichnet das Neue Sein als eine psychodynamische, gemeinschaftliche und eschatologische Größe. Im zweiten Teil des genannten Artikels zum Neuen Sein geht er von der individuellen Veränderung aus, und über die geschichtliche bis zur kosmischen Erneuerung des Universums werden Verbindungsperspektiven gesucht.[34] Fällt Tillich hier in eine unkritische, vorkantische Behauptungsfrömmigkeit zurück? Oder ist für ihn die Verbindung von der Erfahrung göttlicher Gnade und gelungener Psychotherapie gerade deshalb hilfreich, weil sich darin Überindividuelles und Individualität wechselseitig ergänzen? Dem ist nachzugehen.

Neues Sein ist bejahtes Leben – so lässt sich Tillich zunächst zusammenfassen. Geht die Psychotherapie auf die Suche nach Orientierung in Fragen der Selbstannahme mit erkennbarem Erfolg ein, steht für Tillich fest, dass sie letztlich auf religiöse Begründungen angewiesen bleibt, um unbedingte Bejahung vermitteln zu können. Darin liegt die notwendige Arbeitsteilung zwischen der heilenden Therapie und dem Heil letztgültiger Annahme.

[33] Vgl. G. Neugebauer, Tillichs frühe Christologie. Eine Untersuchung zu Offenbarung und Geschichte bei Tillich vor dem Hintergrund seiner Schellingrezeption (TBT), Berlin/New York 2007, 386f.

[34] Vgl. P. Tillich, Neues Sein, 235-237 [wie Anm. 2].

III Bejahtes Leben – zwischen Subjekt, Sein und Sozialität[35]

Als Deutung des Begriffs des ›Neuen Seins‹ verwende ich im Folgenden den des bejahten Lebens. Er ist als mögliche Integrationsfläche für die Verhältnisbestimmung von psychotherapeutischer Zuwendung und theologischer Gnadenlehre zu verstehen. Diese sind differente Ansätze, welche dieselbe affirmative Dynamik für unser Menschsein thematisieren können. Soll der Begriff des bejahten Lebens in theoriefähiger Form erörtert werden, muss an folgenden Fragen weiter gearbeitet werden: Welchen gedanklichen Zugang haben wir zum bejahten Leben? Ist es ein Postulat, welches frei gesetzt wird, oder ist es kritik- und theoriefähig? Wie lässt sich das verstehen, was als ›überindividuelle‹ Dimension dieser Bejahung bezeichnet wird? Es besteht hier keineswegs die Möglichkeit, diese Fragen gebührend zu beantworten. Vielmehr sollen drei Erkundungsrichtungen angegeben werden – als theoretische Perspektiven, zwischen denen das bejahte Leben zu entfalten ist.

Zunächst: Bejahtes Lebens ist als bewusstes Leben zu erkunden. Mit dieser These ist die Einsicht gemeint, dass das Verständnis und die Erkenntnis unbedingter Annahme Selbstbewusstsein voraussetzt. Trivial ist diese Aussage insofern nicht, als Annahme als etwas Unmittelbares *empfunden* wird – ob die Annahme durch mich selbst, einen anderen oder eine höhere Macht. Aber der Vollzug zielgerichteter Annahme ist das Resultat einer komplexen Deutungs- und Reflexionsleistung.[36] Es ist ein intentionaler Akt, *keine* unmittelbare Erschlossenheit. Mit dem »bewussten Leben« wird die Arbeit Dieter Henrichs eingeführt, der die Bedeutung der selbst-reflexiven Verfasstheit unseres In-der-Welt-Seins erkennbar macht.[37]

35 Im Hintergrund steht hier die Arbeit von G. Wenz, der das Werk Tillichs zwischen den Perspektiven des Seins und des Subjektes einordnet (G. Wenz, Subjekt und Sein. Die Entwicklung der Theologie Paul Tillichs (MMHST 3), München 1979). Ich greife über Wenz hinaus, um nach der Bedeutung des Sozialen oder der Gesellschaft als Möglichkeitsbedingung bejahten Lebens zu fragen.

36 Diese selbstreflexive Fundierung macht Danz zu Recht auch für das Spätwerk Tillichs geltend (C. Danz, Philosophy [wie Anm. 32]).

37 »Es ist notwendig ein Wissen dessen, der auch derjenige ist, dessen Leben in Frage steht. So ist also in ihm vorausgesetzt, daß einer von sich selbst weiß, und zwar so, daß er zugleich auch weiß, daß dies Wissen ein Wissen von ihm selbst ist. Man nennt solches Wissen Selbstbewußtsein, wenn man auf nichts weiter als dies aufmerksam machen will, als daß einer die Fähigkeit hat, von sich selbst als von sich selbst etwas zu wissen - ganz gleich, was er sich jeweils als seine Eigenschaft oder als seine Möglichkeit zuschreibt.« (D. Henrich, Bewusstes Leben.

In der Hervorhebung der Vermittlungsinstanz unseres Bewusstseins liegt meines Erachtens eine entscheidende religionskritische Pointe – zumindest wenn eine Heilslehre als *objektive* Beschreibung einer letztgültigen Wirklichkeit verstanden wird. Wird bejahtes Leben durch Deutungen hindurch vermittelt, kann die Zusage oder Ablehnung von Annahme nicht doktrinär bestimmt oder verkündigt werden. Sie ist eingezeichnet in die Vermittlungsvorgänge unserer Subjektivität. Für eine an der Mündigkeit des Menschen orientierte Theologie bleibt diese Vermittlung entscheidend, um mit religiösen Ansprüchen kritisch umgehen zu können. Denn jede Erfahrung von Annahme ist eben eine Deutung, die mit der jeweiligen individuellen Sicht der Welt verbunden ist.
Für die Vermittlung der theologischen Heils- und Gnadenlehre bietet diese Einsicht eine Entlastung. Denn sie wird sich auf die individuelle Ebene des jeweiligen Lebensentwurfs einlassen können. Sie wird fragen, bevor sie antwortet; sie wird hören, bevor sie spricht. Sie braucht nicht Doktrin zu diktieren, sondern kann Authentizität zulassen. Gerade die Orientierung an der Psychotherapie lässt deutlich werden, dass die Perspektive überindividueller Annahme nur Sinn ergibt, wenn sie in selbstreflexiven Vollzügen individualisiert wird.
Aber sind in Folge dieser konstruktivistischen Tendenz Selbstdeutungen des bewussten Lebens nur lebenserhaltende und lebenssteigernde *Fiktionen*? Die Einsicht in die Deutung von Wirklichkeit bedeutet nicht unbedingt, dass Wirklichkeit beliebig konstruiert oder erschaffen werden kann – also keine Widerständigkeit besitzt.[38] Dass wir die Welt nur als Deutung reflektieren können, schließt nicht aus, dass angemessene oder weniger angemessene Interpretationen geleistet werden können.
Sodann: Mit dieser Überlegung ist die ausführliche Diskussion um die Reichweite sogenannter Subjektivitätstheorien angerissen. Dass das Selbstbewusstsein von sich aus über sich selbst hinausweist, ist eine Pointe, die z. B. Hölderlin gegenüber Fichte und Hegel gegenüber Kant gemacht haben. In unterschiedlicher Weise wird sie heute wieder aufgegriffen. Auf Wahrheit, Ganzheit und Einheit ausgerichtet, gibt sich der Mensch nicht mit der Konstruktion von Sinn ab, sondern will dessen Realitätsgehalt gesichert wissen.[39] Das scheint mir eine Pointe von Til-

Untersuchungen zum Verhältnis von Subjektivität und Metaphysik, Stuttgart 2008, 14).

38 Vgl. D. Henrich, Leben, 23f. zur Diskussion dieses Problems [wie Anm. 36].

39 Bemerkenswert ist hier die Diskussion zwischen U. Barth und D. Henrich. Barth hat diesen nämlich dahingehend kritisiert, dass er die Frage nach der Letztbegründung in eine extensionale Perspektive rückt. Barth behauptet, dass nur Einheit, und nicht Wahrheit und Ganzheit als Letztbegründungsperspektiven dienen

lichs Rede von unbedingter Annahme zu sein. Die Perspektiven der Ganzheit, der Essenz und der universalen Wiederherstellung werden eingeführt, um eine Integration des Menschen in das generationenübergreifende Gefüge des Lebendigen denken zu können.[40] Ganzheit oder Sein sind leicht missverständliche Worte, die Befürchtungen metaphysischer Hinterwelten aufkommen lassen können. Sie beschreiben aber meines Erachtens lediglich das Problem, dass unser kontingentes Dasein Fragen nach dem Sinn des Gesamten aufkommen lässt: ob wir es als sich-selbst-generierendes Universum oder als Gabe verstehen.[41]

Soll die Perspektive des Gesamten aber konkret Orientierung bieten, muss sie inhaltlich Kontur erhalten. Es ist gewissermaßen ein Sprung von der formalen Frage in die inhaltliche Antwort. Hier scheint die Perspektive des bejahten Lebens wichtig zu sein. Denn das bewusste Leben, das von sich selbst weiß, ist auf eine Annahme dieses Selbst angewiesen. Sonst ist es nicht von Bedeutung. Die formale Struktur der Subjektivität ist ohne die Entsprechung einer materialen Zustimmung leer. Die Bejahung des Lebens, die Annahme der eigenen ›Existenz‹ wäre somit die inhaltliche Bestätigung des sich selbst präsenten Lebens. Das bewusste Leben ist als bejahtes Leben zu erkunden. Hier sieht Tillich zu Recht die Möglichkeit der Christologie. Durch sie wird deutlich, dass Einheit und Ganzheit dann erfasst werden, wenn unsere Endlichkeit zugelassen und angenommen wird. Durch Christus erfährt die endliche Existenz des sich selbst erfahrenden Wesens eine unbedingte Affirmation.

Schließlich: Wird Affirmation näher betrachtet, ist sie nicht nur eine individuelle Entscheidung, sondern muss als Teilhabe an einer Interaktion über das Individuum hinaus erforscht werden. Tillich greift bewusst auf die Psychotherapie zurück, weil diese die Selbstannahme aus einem System moralischer Vorgaben herauslöst. Die Stärke gegenüber kirchlicher Verkündigung – so Tillich – ist, dass die Psychotherapie kein moralisches System vermittelt.[42] Diese Aussage ist missverständlich. Denn die

(U. Barth, ›Letzte Gedanken‹. Ihr epistemischer Status in Religion und Philosophie, in: D. Korsch, J. Dierken (Hg.), Subjektivität im Kontext (RPT 8), Tübingen 2004, 187-210. D. Henrich dagegen macht geltend, dass sich Sinn ohne letzten Wahrheitsbezug nicht denken lässt (Religion und Philosophie – letzte Gedanken – Lebenssinn. Drei Versuche, auf Rückfragen von Ulrich Barth zu antworten, in: Korsch, Dierken, Subjektivität, 211-232.

40 Vgl. Tillich, Neues Sein, 230 [wie Anm. 2].

41 Vgl. zur Vertiefung: J. Dierken, ›Bewußtes Leben‹ und Freiheit. Zum Zusammenhang von Subjektivität und Metaphysik, in: Korsch, Dierken, Subjektivität, 109-126 [wie Anm. 39].

42 Vgl. P. Tillich, Einfluss der Psychotherapie, 327ff. [wie Anm. 2].

Möglichkeit einer solchen freiheitlichen Psychotherapie ist das Resultat bestimmter ethischer Prozesse und institutioneller Entscheidungen – z.B. die freiheitliche Gestaltung von Bildungsangeboten oder die Trennung von Religion und Staat.

In der Forschung zur Psychoanalyse und zur humanistischen Psychotherapie ist eine Reflexion darüber erkennbar, dass die soziale Dimension individueller Beratung bedacht werden muss.[43] Das einzelne Subjekt kann sich nicht selbst setzen, es ist abhängig von den ihn umgebenden Menschen.[44] So setzt die Entwicklung des Kindes ein weit reichendes Beziehungsgefüge voraus, welches dem Kind erst ermöglicht, sich zu sich selbst zu verhalten. Das heißt: Die Möglichkeit der Selbstannahme ist immer auch als eine Frage gesellschaftlicher Institutionen anzusehen. Diese Einsicht ist gegenüber den späten Arbeiten von Tillich verstärkt geltend zu machen.

Die Einbindung der Frage nach dem bejahten Leben in den gesellschaftlichen Diskurs ist dringlich: Denn seelische Gesundheit wird verstärkt als wirtschaftlicher und gesellschaftspolitischer Faktor erkannt: So fragt z.B. die Bundeswehr gezielt nach der seelischen Stabilität ihrer Soldaten, Unternehmen wie die Telekom setzen angesichts rapide wachsender Zahlen an den sogenannten ›Burnoutfällen‹ auf das psychische Wohlbefinden der Mitarbeiter als Priorität der Unternehmensführung,[45] und gesellschaftliche Akteure heben insgesamt gesamtgesellschaftliche Problematik der zunehmenden psychischen Erkrankungen hervor.[46] Erhebliche Steigerungen in den Krankenmeldungen, die auf psychische Ursachen zurückgeführt werden, drängen nach Erklärung: Dabei wird bemerkt, dass diese Steigerung einerseits darauf zurückzuführen seien, dass psychische Krankheiten von Ärzten eher erkannt würden als früher, andererseits höhere Anforderungen im Beruf zu mehr Belastungen führ-

43 Dabei wird konstatiert, dass die wechselseitige Einflussnahme von Überzeugunssystemen und Psychotherapieangeboten kaum erforscht ist: N. Hartkamp, Ethische Aspekte in der Psychotherapieforschung. Eine vorläufige Standortbestimmung, in: W. Tress, M. Langenbach (Hg.), Ethik in der Psychotherapie, Göttingen 1999, 217-230.

44 Vgl. M. De Koven Fishbane, Autonomous and Relational Narratives of the Self. Ethical and Clinical Implications, in: K.-P. Köpping, M. Welker, R. Wiehl (Hg.), Die autonome Person – eine europäische Erfindung? München 2002, 219-236.

45 Beispiele aus der Veranstaltung »Gesundes Führen – ein ideales Mittel gegen Burnout«, am Donnerstag, 7. Juli 2011 in Bonn, eine Veranstaltung der IHK Bonn.

46 Vgl. Studien der Bundespsychotherapeutenkammer: http://www.bptk.de/aktuell/einzelseite/artikel/betriebliche.html (abgerufen am 01.12.2014).

ten.[47] Allerdings entsteht zugleich eine intensive Diskussion über die gesellschaftliche Normierung von psychischer Krankheit. So besteht die Frage, ob die Diagnosekriterien im »International Statistical Classification of Diseases« (ICD) zu Gunsten einer weiteren Auslegung von psychischen Krankheiten ausgeweitet werden (wie es bereits im US-amerikanischen Raum geschieht): Dann würden normale Entwicklungsprozesse verstärkt als pathologisch betrachtet (Zorn bei Kindern als Störung der Emotionsregulation, Trauer nach Verlusterfahrungen als Depression) – so die Befürchtung.[48]

Ein beträchtliches Ausmaß an seelischer Not ist in jedem Fall erkennbar: Die Bedeutung der Möglichkeit innerer Freiheit nimmt in den entwickelten Gesellschaften zu. Die Suche nach Sinn und Identität – ob in religiöser oder säkularer Form – bestimmt wieder verstärkt öffentliche Debatten. Das Problemfeld seelischen Heils steht dabei im Zusammenhang mit grundlagentheoretischen Fragen, die weiterhin erheblicher Reflexion bedürfen. Bejahtes Leben ist als eine inhaltliche Bestimmung des bewussten Lebens hier dargestellt worden, das bewusste Leben steht zugleich in Abhängigkeit von Formen des bejahten Lebens – der individuellen und sozialen Annahme. Diese ist wiederum nicht nur als eine Fiktion der Akteure denkbar, sondern ist selbst bezogen auf Wahrheit, Ganzheit und Einheit.

Paul Tillich ist es zu verdanken, dass wesentliche Vermittlungsprozesse zwischen der Theologie und der Psychotherapie (ihrer Praxis und Erforschung) initiiert worden sind, die eben die Ganzheit und Unbedingtheit als Perspektive bewahrt. In der Systematischen Theologie der Gegenwart wird diese Vermittlungsleistung nur vereinzelt gewürdigt. Der Bedarf an einer Vertiefung und Präzisierung der bisherigen Ergebnisse und Überlegungen ist aber angesichts einer verstärkt wahrgenommenen ›Therapiekultur‹ gestiegen. Dazu müssten weitere Facetten vertieft werden, die hier als Forschungsdesiderat zum Schluss angezeigt werden können: die Frage nach Religion und seelischem Heil in ihrer interreligiösen Bedeu-

47 So eine Einschätzung des Präsidenten der Bundespsychotherapeutenkammer R. Richter in: St. von Borstel, Arbeit macht immer mehr Menschen krank, in: http://www.welt.de/politik/deutschland/article6895681/Arbeit-macht-immer-mehr-Menschen-krank.html (abgerufen am 06.12.2014).

48 Vgl. A. Frances, »Wir ignorieren die wirklichen Krankheiten«, im Interview mit A. Freund, in: http://www.faz.net/-hry-7jyuy (abgerufen am 17.12.2014).

tung,[49] die historische Genese der Vorstellung seelischen Heils[50] oder die emotionstheoretische Verortung seelischer Prozesse.[51]

[49] Vgl. M. Bakur Weiner, P.C. Cooper, C. Barbre (Hg.), Psychotherapy and Religion: Many Paths, One Journey, Oxford 2005, bieten eine biografische Einführung und Komparatistik zum Thema.

[50] Eine ideengeschichtliche Einordnung des Ansatzes von Tillich im Vergleich mit demjenigen von Gerhard Ebeling wäre hilfreich, vgl. G. Ebeling, Lebensangst und Glaubensanfechtung. Erwägungen zum Verhältnis von Psychotherapie und Theologie. Werner Jetter zum 60. Geburtstag, in: Wort und Glaube III. Band: Beiträge zur Fundamentaltheologie, Soteriologie und Ekklesiologie, Tübingen 1975, 362-387.

[51] Vgl. als Beispiel die theoretischen Impulse bei A. Damasio, Looking for Spinoza. Joy, Sorrow and the Feeling Brain, Orlando/Austin/New York/San Diego/Toronto/London 2003.

Ohne Himmel, fremd auf Erden?

Zwei Lesefrüchte zur Gottesfrage heute

Bernd Oberdorfer

Wer heute die Gottesfrage stellt, kann sich nicht auf die überkommenen Formeln und Sprachspiele zurückziehen (wenn das denn je überhaupt möglich war). Und wer wissen möchte, wie die Gottesfrage sich heute artikuliert, kann nicht mehr nur in den abgesicherten Gefilden der etablierten Religion auf die Suche gehen. In seiner weit ausgreifenden Analyse der säkularisierten Moderne entdeckt der kanadische Philosoph Charles Taylor inmitten der dominant gewordenen geregelten Normalität nüchterner innerweltlicher Lebensführung auch beim modernen Menschen die Ahnung einer »Fülle«, die über das Vorfindliche hinausweist. Diese Ahnung kann sich aber nur in einer »neuen Sprache« entfalten, die nicht an die vordergründige Alltagspragmatik gefesselt ist – und nicht formelhaft verblasst wie die traditionelle religiöse Semantik. Taylor findet solche »neue Sprache« vorwiegend in der Literatur und Poesie.[1] Literatur kann aber auch seismographisch sensibilisieren für die Deformationen religiöser Sprache und kirchlicher Praxis, die den Zugang zur Transzendenz eher verstellen, gerade durch die Weise, wie sie ihn erschließen wollen.

Was Ulrike Link-Wieczorek neben vielem anderem auszeichnet, ist ihre Unbefangenheit und Neugier. Mit dogmatischen ›Richtigkeiten‹ gibt sie

1 Vgl. Charles Taylor, Ein säkulares Zeitalter. Übersetzt von Joachim Schulte, Frankfurt a.M. 2009 (A Secular Age, Cambridge/MA 2007), 1248-1264, etwa 1252: »Eine neue dichterische Sprache kann dazu dienen, einen Weg zurück zum Gott Abrahams zu finden.«

sich nicht zufrieden und überschreitet Grenzen der Fachdisziplin und der Kultursphären, wenn es darum geht, Spuren der Gottesgegenwart und des Gottesbewusstseins in der Gegenwart zu entdecken und den christlichen Glauben in dieser Gegenwart glaubwürdig zu bezeugen. Vielleicht finden daher vor ihrem neugierigen Blick auch die zwei folgenden Lesefrüchte aus neueren Romanen Gefallen und Interesse. Beide Texte datieren das erzählte Geschehen an christlichen Hochfesten: Der eine wählt Himmelfahrt, Weihnachten der andere. Beide lassen den traditionellen religiösen Sinn dieser Feste anklingen und spiegeln ihn in deutsche Lebenswirklichkeit hinein. Sie beschreiben die konventionelle Erstarrung der Sehnsuchtsbotschaft des Glaubens – und schreiben die Sehnsucht nach »Fülle« genau dadurch fort.

I Himmelfahrt, gecancelt: Arnold Stadler

In dem autobiographisch inspirierten Buch »Sehnsucht. Versuch über das erste Mal« lässt der Schriftsteller Arnold Stadler den Ich-Erzähler, einen Mitt-Vierziger, der in einer zerbrechenden Ehe lebt, während einer Vortragsreise durch die norddeutsche Provinz zurückblicken auf seine Kindheit und Jugend.[2] Erzählt wird vor allem die *Entdeckung des Andersseins* in den Pubertätsjahren: Der Spross einer südwestdeutschen Jäger- und Waldbesitzerdynastie (Stadler selbst ist in Meßkirch aufgewachsen) kann mit den von ihm erwarteten ›männlichen‹ Rollen nichts anfangen, fühlt sich erotisch zumindest *auch* zum eigenen Geschlecht hingezogen. Das Empfinden der eigenen Fremdheit wird daseinsbestimmend, führt aber nicht zu einer festen (Gegen-)Identität, sondern zu einer unklaren, ungerichteten *Sehnsucht*, der die Erfüllung versagt bleibt, ja die nicht einmal genau weiß, was Erfüllung bedeuten würde. Auf der Vortragsreise hat der Erzähler in Fallingbostel an jenem christlichen Feiertag, der jetzt allgemein als Vatertag begangen wird, auf einmal das Bedürfnis, nach vielen Jahrzehnten (in der Kindheit war er Messdiener) wieder einmal einen Gottesdienst zu besuchen (für den Nachmittag ist der Aufenthalt in einem Swinger-Club eingeplant). Nach längerem Suchen findet er auch die (katholische) »Kirche, in einem Neubaugebiet, […], mehr ein Würfel als ein Haus, im Treppenhaus-Stil […], der wenig Hoffnung ausstrahlte.« (64) Der Priester begrüßt ihn an der Tür – »wie

[2] Vgl. Arnold Stadler, Sehnsucht. Versuch über das erste Mal. Genehmigte und vom Autor überarbeitete Taschenbuchausgabe, o.O. 2004 (Erstveröffentlichung Köln 2002). Seitenangaben im Text beziehen sich auf diese Ausgabe.

bei den Protestanten«, stellt er irritiert fest – »und war mit mir per Sie. Nur mit Gott war er per Du. Gott war noch der einzige, mit dem er per Du war. Und ganz kumpelhaft. Das gefiel mir überhaupt nicht. Denn ich war Gott bisher nicht begegnet und konnte nicht Du zu jemandem sagen, den ich überhaupt nicht kannte, wenn ich mich auch nach ihm sehnte, wie nach niemandem sonst« (65), jedenfalls gelegentlich: »Wenn ich meine Tage hatte.« (ebd.) Obwohl der Priester im Gottesdienst mit »seinem Gott [...] ganz vertraulich geworden (ist), ganz intim, wie am Tresen, ganz gewöhnlich, so redete er dahin«, will er mit seinem Glauben nicht aufdringlich sein. Er »bat uns auch«, so heißt es weiter, »wir sollten nicht so laut singen, gleich nach dem ersten CHRISTUS IST ERSTANDEN. Denn es könnte sein, dass Nachbarn noch schliefen oder Andersgläubige oder Ungläubige dies hörten, und wir wollten sie in ihrem Glauben doch nicht verletzen. Wir waren ja in einem Neubaugebiet.« (65) Überhaupt schien der Priester freilich – so der Eindruck des Erzählers – »nicht mehr so recht zu wissen, was er mit der Message des Tages [...] eigentlich anfangen sollte« (ebd.). »Das Lieblingslied dieses Pfarrers« – so merkt der Erzähler sarkastisch an – »war wohl IMAGINE, und er hätte das auch noch an diesem Tag einer Himmelfahrt von der Gemeinde singen lassen: Imagine there's no heaven, above us only sky« (64), und er denkt: »Gewiss gab es Theologen, die dieses Lied für das Evangelische Gesangbuch vorschlugen, weil es so schön war.« (67) Warum aber – so fragt er weiter – »Warum wollten selbst die Kirchen den Menschen die schöne Vorstellung, dass ein Mensch in den Himmel gekommen war, wegnehmen und wegerklären, als wären sie der Aufklärung (die doch den Himmel verdunkelt hat, wie die Reaktionäre – die Sehnsüchtigen unter den Reaktionären – sagen) verpflichtet und den neuesten Forschungsergebnissen. Aber das war doch auch nichts als Scholastik, Theologie von heute. Oder war den Menschen mittlerweile die ›embryonale Stammzellenforschung‹ verständlicher als die Auferstehung von den Toten oder Christi Himmelfahrt und andere Wunder?« (66) Und fast trotzig setzt der Erzähler den »Theologen, die diesen Tag wegerklären wollten« die Überzeugung entgegen: »Ich hielt diese Himmelfahrt auf einmal nicht für unmöglicher als das Zwanzigste Jahrhundert. Ich glaubte immer noch an Dinge, die nicht sichtbar waren in dieser Welt. Wenn ich auch nicht jeden Tag glaubte, so glaubte ich doch, wenn ich glaubte. Und hoffte, dass das Unsichtbare mehr war als das Sichtbare.« (66f.)

II Inkarnation, ausgelagert: Julia Franck

Julia Francks Roman »Lagerfeuer«[3] spielt in der zweiten Hälfte der Siebzigerjahre und stellt aus der je unterschiedlichen Perspektive mehrerer Personen das Leben im Westberliner Notaufnahmelager Marienfelde dar. Der Roman endet nicht nur mit einer Weihnachtsfeier, er hat auch eine fast weihnachtliche Unterströmung. Für die Flüchtlinge ist (noch) »kein Platz in der Herberge« des gelobten Landes im Westen, sie müssen sich im Lager zurechtfinden. Leitmotivisch tönt immer wieder aus irgend einem Radio der Schlager der Saison – die nicht mehr ganz Jungen werden sich erinnern: *By the Rivers of Babylon* der Gruppe »Boney M«, eine – wie soll man es nennen – fröhlich-unbekümmerte Version des 137. Psalms: »An den Wassern zu Babel saßen wir und weinten, wenn wir an Zion gedachten.« Das Lied in seiner trällernden Lustigkeit klingt fast, als hätte sich die Gruppe die höhnische Aufforderung der Unterdrücker der Israeliten zu eigen gemacht: »Denn die uns gefangen hielten, hießen uns dort singen und in unserem Heulen fröhlich sein: ›Singt uns ein Lied von Zion!‹ Jedenfalls spiegelt sich in dem aufgedonnerten Sound des Liedes für die Bewohner des Lagers zugleich der Glanz der Wohlstandsgesellschaft und die Tristesse des Lagerlebens, in der das Sehnsuchtsziel nur noch als wertlose Fata Morgana gegenwärtig ist. Selbst das Leiden wird zur tanzbaren Dutzendware banalisiert. »Das Volk, das im Finstern wandert, sieht ein großes Licht« – aber das Licht ist zur billigen Attrappe geworden. Billig wie jener von Elektrokerzen erleuchtete Weihnachtsbaum auf der armseligen Lagerweihnachtsfeier, bei der wohlhabend-hochmögende Bürger ihre caritative Großzügigkeit eitel inszenieren; auch sie fordern im Übrigen von den Lagerbewohnern gleichsam ein »Lied von Zion«: Nur die Kinder, die etwas vorsingen können, sollen eine Geschenktüte bekommen. Am Ende geht aufgrund eines Kurzschlusses der Baum in Flammen auf, ein wahres »Lagerfeuer«, das vielleicht mehr Wärme und ein größeres Licht erzeugt als die ›intakte‹, aber kühle und glatte Pracht, die es zerstört.

III Die nicht sedierbare Sehnsucht

Merkwürdig genug: Während bei Stadler Lennons religionskritisch-utopische Verabschiedung des Himmels gleichsam in der Kirche gedankenlos mitgesummt wird, wird bei Franck der Notschrei des Gottesvolks

[3] Julia Franck, Lagerfeuer, Köln 2003.

ebenso gedankenlos in die Welt hineingeträllert. Und doch lebt vielleicht ausgerechnet in jener Gedankenlosigkeit, grotesk verzerrt, umso mehr aber im Gefühl der Unstimmigkeit, die die Erzählung davon beim Leser auslöst, jene Sehnsucht fort, dass die Welt nicht so bleiben soll, wie sie ist, oder – mit Stadler gesagt – dass das Unsichtbare mehr ist als das Sichtbare. Und noch in Stadlers bitterer Abrechnung mit einer Kirche, die dem Unsichtbaren nicht mehr traut und nichts mehr zutraut, ebenso wie in der Implosion der zynische Konvention gewordenen Glaubenssymbole bei Franck zeigt sich eine – vielfach enttäuschte, dennoch nicht zerstörte – Erwartung, dass diese Symbole tatsächlich etwas zu sagen haben über das wahre Leben, das mehr ist als das vorfindliche. Wenn man sie nur sprechen lässt.

Glaubenskrise? – Gotteskrise? – Kirchenkrise? Versuch einer aktuellen Standortbestimmung

Johanna Rahner

I Glaubenskrise? Paradise lost

»Wir können nicht redlich sein«, so schreibt einmal Dietrich Bonhoeffer »ohne zu erkennen, dass wir in der Welt leben müssen ›etsi deus non daretur‹. Und eben dies erkennen wir – vor Gott! Gott selbst zwingt uns zu dieser Erkenntnis. So führt uns unser Mündigwerden zu einer wahrhaftigeren Erkenntnis unserer Lage vor Gott. Gott gibt uns zu wissen, dass wir leben müssen als solche, die mit dem Leben ohne Gott fertig werden«[1]. Die weltliche Nicht-Notwendigkeit Gottes und seine mangelnde Erfahrbarkeit in der Welt bilden die entscheidende theologische Herausforderung in unserer späten Moderne. Das ist der Kern der ›Gotteskrise‹ unserer Zeit, deren zentrales Kennzeichen die Krise des Glaubens an den personalen Gott ist. Denn der Glaube an einen personalen Gott, der den Menschen als Individuum und Du gegenübertritt, der als Herr der Geschichte und Hoffnung jenseits dieses Lebens erwartet wird, ist der Moderne gehörig abhandengekommen. Er hat sich im Feuer der neuzeitlichen Religionskritik, insbesondere in der Theodizeeproblematik in Asche verwandelt, in der man vergeblich die Glut des Glaubens sucht. Oder aber er fällt aktuell dem postmodern-beliebigen ›Was Gott ist, bestimme ich‹ und seinen latent monistisch-pantheistischen Tendenzen zum Opfer, die menschliches Heil in einem von den östlichen Religio-

1 D. Bonhoeffer, Widerstand und Ergebung, in: ders., Werke Bd. 8, Gütersloh 1998, 191f.

nen inspirierten ›Abschied vom göttlichen Konkretum‹ samt ›Abschied vom personalen Ich‹ metaphysisch legitimieren.
Sicher, wenn man die Gesellschaft der späten Moderne nur nach ihren Verfallserscheinungen wahrnimmt, könnte man den Eindruck gewinnen, dass sie nur einem reinen Diesseitskult frönt und – wenn man von Werten spricht – nur an ein Laissez-faire denkt. Indes ist eine solche Wahrnehmung nicht nur einseitig, sie führt auch zu einem völlig verzerrten Bild der Wirklichkeit. Denn die Sehnsucht der Menschen nach Gott ist nicht einfach verschwunden. Sondern die Frage nach Gott wird »in der Gegenwartskultur [...] mit Nachdruck gestellt, aber: nicht mehr ungebrochen, nicht mehr ohne Irritation durch die Abgründigkeit der Welt«[2]. Wer daher die ›Freiheitsleidenschaft der Moderne‹ »auf einen Beliebigkeitsrelativismus reduziert, hat von dieser Leidenschaft noch nichts verstanden«[3].
Wenn daher Glaube und Welt auf Dauer nicht weiter einfach nebeneinander her leben, sondern wieder in einer lebendigen Beziehung zueinander stehen sollen, dann gilt es deutlich zu machen, dass es keinen Gegensatz zwischen den Fragen der Welt und des Glaubens geben kann. Die zunehmende kirchliche ›Berührungsangst‹ vor dem modernen Menschen droht sonst in eine sektiererische Mentalität abzugleiten, dem Marsch ins Ghetto, der nur durch eine zelotisch angeschärfte Bekenntnissprache und eine verständigungsunfähige Militanz verbrämt wird.[4] Stattdessen gilt es an folgender Grundeinsicht festzuhalten: Die Mitte unseres Glaubens ist eine sakramentale Wahrheit und keine sakrale. Sie ist keine weltlose Wahrheit, sondern eine Wahrheit in und für die Welt, die hier zeichenhaft auch erfahrbar werden kann. Sie verbannt die Rede von Gott nicht in die Tabuzone des Heiligen und Erhabenen, sondern traut auch der säkularen Welt nicht nur zu Gott zu suchen, sondern auch ›Gottes fähig‹, ja ›Gott trächtig‹ zu sein. Damit entfällt die verurteilsvolle Option, dass die Welt ›da draußen‹ ja nur von der Wahrheit abgewichen wäre, eine Gesellschaft des Verfalls und des alles zersetzenden Relativismus. Ihr Bekenntnis zur Ungesichertheit ihrer Existenz ist eben kein Zeichen von Gottlosigkeit. Indes wusste das schon Romano Guardini als er angesichts der Situation des 20 Jh. meinte: »Vielleicht ist Gott

2 M. Striet, Was ist »katholisch« Ein Bestimmungsversuch im Horizont ›der‹ Moderne, in: M. Heimbach-Steins/G. Kruip/S. Wendel (Hg.), »Kirche 2011: Ein notwendiger Aufbruch«. Argumente zum Memorandum, Freiburg 2011, 58-70, 62.
3 Ebd. 68.
4 Vgl. J. B. Metz, Memoria passionis, Ein provozierendes Gedächtnis in pluralistischer Gesellschaft, Freiburg [4]2011, 115.

unserer frostigen Zeit näher als dem Barock mit der Pracht seiner Kirchen, dem Mittelalter mit der Fülle seiner Symbole, dem frühen Christentum mit seinem jungen Todesmut; nur empfinden wir es nicht. Er aber erwartet, daß wir nicht sagen: ›wir fühlen keine Nähe, also ist kein Gott‹ – sondern daß wir ihm durch die Ferne hin die Treue halten«[5]. Dazu aber ist eine Theologie vonnöten, die Brücken baut und Grenzen einreißt. Denn man ist nicht gegeneinander, sondern miteinander unterwegs.

Die erste und eigentliche Herausforderung einer Theologie, die das Paradies einer ›selbstverständlichen Gottesrede‹ verloren hat, ist daher die Frage, wie unsere metaphysisch ernüchterte Gegenwart zu einer ›neuen Heimat‹ der Glaubenden und vor allem der Suchenden werden kann. Dies kann sicher nicht jenseits des Bruchs geschehen, der Gott so rigoros aus unserer Welt verbannt hat. Der zunehmende Verlust der Resonanzfähigkeit einer Gottesrede, die das versucht, wird dort offensichtlich, wo die religiösen und die theologischen Begriffe uns – so noch einmal Dietrich Bonhoeffer – wie ›Pilze im Mund‹ verfallen. Hier wird Gottesrede zur Fremd-Sprache, die allenfalls noch ›Kirchisch‹ spricht! Ist es hier nicht ehrlicher zu sagen, dass wir eben nie schon wissen, wer und was wir eigentlich sind, was wir glauben, und vor allem wer oder was ›Gott‹ etc. bedeutet? So gilt für die Theologie heute, dass sie weniger die richtigen Antworten zu liefern hat, als mit der Welt die richtigen Fragen zu stellen bereit sein muss. Sie muss sich dabei eingestehen, dass ihr die letzte Gewissheit auch in Sachen Gott abhandengekommen ist. Das ist sicher der biblischen Gottesrede viel näher als ein allzu genaues Bescheid wissen, dass ebenso Katechismussicher wie verblüffungsresistent und damit erschütterungsfrei auftritt. Denn biblisch »betrachtet darf das Dunkel sein, auch das bleibende Dunkel, weil es ausgehalten werden kann im Licht einer ausstehenden Zukunft, die – so der gemeinsam immer wieder zu vergewissernde Glaube – Gott selbst verheißen hat«[6].

Eine Beobachtung sei hier bereits vorweggenommen: Die veränderte Artikulation der Gottesfrage bedingt, dass man »die Kirche nur dann mit der Frage nach Gott, ja Gott selbst nur dann mit der Kirche identifiziert, wenn man sie als einen Ort vermutet, an dem die Gottesfrage in ihrer ganzen Ambivalenz und damit als Frage angesichts der konkreten Le-

[5] Romano Guardini zitiert nach A. Gerhards, Jenseits von Traditionalismus und Zentralismus – die Liturgie der Kirche, in: Heimbach-Steins, Marianne (u.a.) (Hrsg.), Kirche 2011: ein notwendiger Aufbruch. Argumente zum Memorandum, Freiburg 2011, 205.

[6] Striet, Katholisch (s. Anm. 2), 68f.

benswirklichkeiten der Menschen von heute gestellt werden darf und wird«[7]. Dass diese ungesicherte, eher suchendtastende, denn gewisse Gottesrede keine moderne Infragestellung des Glaubens darstellt, sondern gerade darin das Herz des biblischen Gottesglaubens schlägt, sei in einem nächsten Schritt erläutert.

II Gotteskrise kontrafaktisch – oder: Die notwendige Krisis jeder Gottesrede

Andreas Benk[8] hat die Notwendigkeit einer zurückhaltenden Gottesrede einmal in den provozierenden Buchtitel gepackt: ›Gott ist nicht gut und Gott ist nicht gerecht!‹ Er nötigt dadurch an der Einsicht festzuhalten: »Alle unsere Begriffe, Bilder und Vorstellungen sind unangemessen für Gott. Sie sind ausdrücklich zurückzunehmen um der Unverfügbarkeit Gottes willen zu negieren – dies ist das Anliegen negativer Theologie«[9]. Gott entzieht sich notwendig und unvermeidlich »all unseren Vorstellungen und unseren Versuchen, ihn zu begreifen«[10]. Dabei ist immer wieder ins Gedächtnis zu rufen, dass es gerade das biblische Bilderverbot ist, das jeden Versuch, Gott auf den Punkt zu bringen, in seiner Fraglichkeit vor Augen hält.
Dieser Satz – Gott ist anders – umschreibt die entscheidende Grunderfahrung einer biblisch orientierten Theologie der Bilder. Die Götzen werden nicht einfach gestürzt, sondern die Frage nach dem Gottesbild, das diese Andersheit wahrt, wird zur Wahrheitsfrage. Mit dem Anderssein Gottes verbindet sich notwendig die Frage nach der Wahrheit. Die Frage nach dem wahren Gottesbild bricht gerade dort auf, wo die weltlichen Selbstverständlichkeiten, wo allzu menschliche Bilder zerbrechen. Die Wahrheit dieses einen Gottes gegen die anderen Götter und Götzen der Welt ist eine befreiende Wahrheit. Wer sie einebnet, kann leicht einer Immunisierungsstrategie erliegen, die allein der Legitimierung dessen dient, was in der Welt ›Sache‹ ist. Dagegen verlangt Wahrheit ›Geltung des Richtigen‹ und bildet so die Gegeninstanz dem, ›was Sache ist‹ und dem ›wie alles am besten funktioniert‹. Mit dem biblischen Bilderverbot aber verbindet sich eine grundlegende Sensibilität für die

[7] Striet, Katholisch (s. Anm. 2), 62.
[8] A. Benk, Gott ist nicht gut und nicht gerecht – Zum Gottesbild der Gegenwart, Düsseldorf 2012.
[9] Ebd. Umschlagseite vorne.
[10] Ebd. 9.

›Gebrochenheit‹ jedes göttlich-menschlichen Machtkontinuums. Daher dementiert es jeden Automatismus einer Identifikation von Herrschaft und Heil. »Der transzendente Gott lässt sich prinzipiell nicht einbinden in menschliche Interessen«[11]. Die Transzendenz Gottes, von der die Bibel spricht, bedeutet daher zunächst einmal ›Nicht-Vereinnahmbarkeit‹. Transzendenz ereignet sich hier als ›privative Präsenz‹[12]. Gottes Transzendenz wehrt sich gegen jegliche »funktionalistischen Immanzenzideologien und die von ihnen legitimierten Realitäten«[13]. Demgegenüber zeichnet sie sich gerade in ihrem Ereigniswerden in eine »Kultur der Alternitätsmarkierungen‹ ein, die eine vereinnahmende Identifikation nicht mehr zulässt«[14].
Mit dem Bilderverbot verbindet sich daher so etwas wie eine immanente Aufklärung über Gott und über die Welt. Dort aber, wo dieser Gott in der Welt sichtbar und wirksam wird, da erweist er sich als der ganz andere; eine Theologie unterm Bilderverbot kultiviert daher diese ›Kultur des ganz Anderen‹. Das begründet sich letztlich im biblischen Gottes*verständnis* selbst: Dieser Gott, der aus der Kritik an den selbstgemachten Göttern stammt, hat keinen Namen wie diese. Hätte er einen, könnte er mit ihnen in eine Reihe gestellt oder gar mit ihnen verwechselt werden Die Gottesvorstellung Ex 3,14 ist der entscheidende Verweis auf einen Gott, der sich in einer ganz einzigartigen Weise als der Anwesende zeigt; einfach als der: Ich-bin-der-ich-bin-Da. Sprachlich ist dieser Gottesname eine Leerstelle, ein Name über allen, ja jenseits aller Namen und Benennungen.
Gottesrede und Gottesbilder im Gefolge des biblischen Gottesglaubens sind daher notwendig ›unbefriedigend und ungesättigt‹; denn der biblische Gottesglaube ist und bleibt eine ›Religion der nicht aufgehenden Rechnungen‹[15]. Denn sie beinhaltet einen gewaltigen Schuss negativer Theologie. Hier verschafft sich ein aufklärerisches Verständnis Gottes und damit eine Dekonstruktion jeder Gottesrede den Durchbruch, wie

[11] J. Werbick, Absolutistischer Eingottglaube? Befreiender Polytheismus? In: Ist der Glaube Feind der Freiheit? Hrsg. v. T. Söding, Freiburg (u.a.) 2003, 142-175, 170.

[12] Vgl. Werbick, Absolutistischer Eingottglaube? (in Anspielung auf N E. Nordhofen, Die Zukunft des Monotheismus, in: Nach Gott fragen. Über das Religiöse, Sonderheft ›Merkur. Deutsche Zeitschrift für europäisches Denken‹, hrsg. v. K.H. Bohrer [u.a.], Berlin 1999, 828-846, hier 845).

[13] Ebd.

[14] Ebd. Der biblische Monotheismus etabliert sich daher ausdrücklich als ›Gegenbesetzung‹ des religiösen Funktionalismus und damit auch jeglicher politischer Instrumentalisierung von Religion.

[15] Nordhofen, Zukunft (s. Anm. 12), 842.

er in bisheriger Weise nicht vorfindbar war. Daher ist der biblischen Gottesrede auch und gerade eine apophatische, eine negative Theologie angemessen, weil sie »den Gottesbegriff reinigt wie auch die Rede von Gott und der Gottesbeziehung des Menschen im theologischen und pastoralen Bereich vor Bagatellisierungen oder Instrumentalisierungen bewahrt«[16]. ›Negative Theologie‹ bedeutet den kritischen Blick zum Prinzip zu erklären; die dialektische Grenzziehung von Transzendenz und Immanenz als ›Basisgrammatik‹ zu begreifen, ohne die Theologie in ein vorkritisches Stadium zurückfallen würde.[17] Dieser Herausforderung zur Entmächtigung und der bleibenden Verpflichtung zur Selbstaufklärung muss sich heute jede Gottesrede stellen oder sie verdient diesen Namen nicht!

Glaube ist von Anfang an ein Ringen um einen konsistenten Gottesbegriff, der vor der Realität der eigenen Lebenswelt zu verantworten war.[18] Freilich war dieses Ringen stets auch von einem grundlegenden Zweifel begleitet. Allzu naheliegenden Identifikationen – ›So ist Gott!‹ ,– wird ein deutliches ›Nein, so nicht, sondern ganz anders!‹ entgegensetzt, verbunden mit der Bereitschaft, die mitunter allzu fest zementierten Begriffe auch wieder aufbrechen ja zerbrechen zu lassen. Damit muss sich jedes Bild zunächst einmal einer grundlegenden Kritik unterziehen. ›Negative Theologie‹ bedeutet diesen kritischen Blick zum Prinzip zu erklären. Die Frage nach Tragfähigkeit der gesetzten Begriffe ist »angesichts neuer Lebensverhältnisse und Wissenswelten« immer wieder neu zu stellen. Dazu sind Kritik und Argumente erforderlich. Dass christliche Gottesrede heute in die Krise gekommen ist, liegt sicher auch daran, nicht konsequent genug diese theologische Grundeinsicht vertreten zu haben, sondern immer noch so zu tun, als wisse man über alles und jedes bis ins Kleinste hinein genau Bescheid; als verfüge man immer und überall über letzte Gewissheiten. Theologie ist heutigen Zeitgenossen vielfach dadurch unglaubwürdig geworden, weil sie zu viel zu genau wusste! Daher darf man mit Magnus Striet festhalten[19]: Es ist die entscheidende Herausforderung für Theologie und Kirche heute die Unterscheidung zwischen dem »wahren Logos des Glaubens«, dem unaufgebbaren Kern des Christlichen und dem, was historisch hervorgebracht

[16] E. Faber, Negative Theologie heute: zur kritischen Aufnahme und Weiterführung einer theologischen Tradition in neuerer systematischer Theologie, ThPh 74 (1999), 481-503, hier 502f.

[17] Vgl. G. M. Hoff, Die Neuen Atheismen, Regensburg 2009, 84.

[18] Vgl. Striet, Katholisch, (s. Anm. 2), 65.

[19] Vgl. ebd. (s. Anm. 2), 65.

und lange Zeit vielleicht system- und glaubensstützend war, heute aber genau das verhindert, was seine eigentliche Aufgabe ist: Glaube zu erzeugen.

Das aber ist nun die Schnittstelle, an der die Glaubenskrise der späten Moderne in die Kirchenkrise übergeht, denn wenn »kirchliche Strukturen Menschen daran hindern, sich Gott zuzuwenden, weil sie das Antlitz Gottes verdunkeln, dann ist die Krise der Struktur eine Krise des geglaubten Gottes. [...] Darin, dass die konkrete Sozialgestalt der Kirche es vielen Menschen verunmöglicht, sich auf den Weg zu Gott zu machen, liegt das eigentlich Dramatische der Kirchenkrise«[20]. Gerade deshalb muss auch und gerade angesichts der Glaubenskrise nach der Kirche selbst gefragt werden, denn »es muss danach gefragt werden, unter welchen strukturellen Bedingungen der Glaube an diesen Gott seine Lebendigkeit in den sich verändernden Lebenswelten entfalten kann. Deshalb ist auch der Dialog über notwendige Veränderungen zu führen, wenn die verfasste Gestalt der Kirche den Raum dazu nicht mehr zu bieten vermag, den Glauben in sich verändernden Gesellschaften lebendig werden zu lassen«[21]. Daher können und müssen auch Strukturfragen gestellt werden und zwar gerade um der Kirche selbst willen. Gerade weil Kirche keine der Welt enthobene Gemeinschaft ist, »müssen sich alle, die ihr angehören, immer wieder neu kritisch fragen, wo, wann und auf welche Weise kirchliches Handeln und kirchliche Strukturen der Bestimmung und dem Auftrag der Kirche entgegenstehen, Zeichen und Werkzeug der Freiheit Gottes und der Menschen zu sein. Denn eine Kirche, deren Wesen nicht Freiheit und Gerechtigkeit ist, verdunkelt und verstellt ihr eigens Zeugnis und ihren eigenen Grund und Ursprung. Sie versündigt sich an ihrer Aufgabe und ihrem Auftrag, den freien Gott freier Menschen zu bezeugen. Zudem vertraut sie nicht auf diejenige Kraft, die sie doch in ihrem Innersten bestimmt und ausmacht: die Kraft des Geistes Gottes, der an alle ergeht, und der alle zur Freiheit befreit«[22].

20 I. Müllner, Das Memorandum ›Freiheit‹ und seine kommunikativen Horizonte, in: J. Könemann, (u.a.) (Hg.), Das Memorandum. Positionen im Für und Wider, Freiburg 2011, 134-141, 137.

21 Striet, Katholisch (s. Anm. 2), 64f.

22 S. Wendel, Kirche – Zeichen und Werkzeug der Freiheit Gottes und der Menschen, in: M. Heimbach-Steins (u.a.) (Hg.) Kirche 2011: ein notwendiger Aufbruch. Argumente zum Memorandum, Freiburg 2011, 91-101, 97.

Hierzulande hat im Frühjahr 2011 das Memorandum ›Kirche 2011 – ein notwendiger Aufbruch‹ für reichlich Wirbel gesorgt. Der Streit um die Interpretationshoheit des Katholischen wurde ebenso medienöffentlich wie medienwirksam ausgetragen. Daher fällt es nicht leicht, hinter den streitbaren und im Einzelnen sicher auch bestreitbaren Reformvorschlägen die eigentliche Tiefendimension der Auseinandersetzung deutlich zu machen. Es ist ein seismisches Alarmsignal für jene tektonische Verwerfung, die sich seit längerem unter der Oberfläche der Katholischen Kirche aufgebaut hat. Für viele Gläubigen in Deutschland äußert sie sich in einer spürbar wachsenden Diskrepanz von Lebenswelt, Glaube und Kirche. Die Moderne samt ihren eigenen Herausforderungen und Ungewissheitsbewusstsein ist längst in der Kirche angekommen. Autonomie und Selbstbestimmung haben sich in der späten Moderne als zweischneidiger erwiesen als gedacht; Freiheit droht in Wertelosigkeit abzudriften und nach einer tragfähigen Basis für Neues sucht man vergeblich. Aus dem Verlust der traditionellen Identität folgen Unsicherheit und Fremdheit. Die Entfremdung bzw. die gewaltsam-künstliche Trennung von den eigenen Wurzeln, der Root Shock, nötigen zur Suche nach neuen, sekundären Identitäten. Die Erfahrung des Root Shock trifft die katholische Kirche besonders nach dem II. Vatikanischen Konzil. In einem Anfall von Euphorie und Optimismus[23] hatte man sich während und nach dem Konzil der Moderne geöffnet und sie mit offenen Armen angenommen zu einem Zeitpunkt, an dem diese sich selbst nicht mehr über den Weg traute. Es kommt in der Folge zu einem doppelten Heimatverlust, der bis heute nicht überwunden ist. Darum geht der Konflikt letztlich um die »als Reaktion auf diese Ungewissheitserfahrungen zu interpretierenden Bewältigungsstrategien. Und vor allem: Wer entscheidet darüber, was für die Identität des Katholischen unverzichtbar ist«[24]. Fast augenblicklich haben genau an diesem Punkt unterschiedliche Gruppierungen in ihrer Kritik am Memorandum kübelweise Häme über deren Verfasser ausgegossen. Über den Stil dieser Kommentare dürfte man eigentlich kein weiteres Wort verlieren. Indes entscheidet sich an scheinbaren ›Stilfragen‹ doch Grundsätzliches. Was verbirgt sich hinter der immer wieder durchscheinenden angestrengt-konfessorischen Rhetorik einer ›unaufgebbaren Identität‹ des Katholischen, die nach Eindeu-

[23] J. Ratzinger, Theologische Prinzipienlehre - Bausteine zur Fundamentaltheologie, München 1982, 398.

[24] Striet, Katholisch (s. Anm. 2), 65.

tigkeit und Abgrenzung ruft? Identität gewinnt hier ihr Profil dadurch, dass sie andere ausschließt, sich abgrenzt: als das *entscheidend* Katholische wird nur das *unterscheidend* Katholische definiert. Was hier zu Identitäts-Marken stilisiert und mitunter metaphysisch aufgeladen wird, trägt von vornherein die Signatur der Exklusion in sich – sei es das Thema Zölibat oder die Exklusivität bestimmter Frömmigkeitsformen, sei es eine hierarchische Konturierung von kirchlichen Strukturfragen, die ein Hauch von Sehnsucht nach dem verlorenen Paradies des Sakralen verbreitet. Der risikobesetzten Komplexität einer modernen, pluralen und säkularen Gesellschaft wird hier das Ideal einer abgeschotteten Sicherheit unter Gleichgesinnten entgegengesetzt. Das reduziert mögliche Herausforderungen, da es potentielle Reibungsflächen von Differenzen zugunsten einer gefestigten, weil nach außen klar abgegrenzten, sekundären Identität weitestgehend reduziert. Denn es sind doch immer nur die, mit denen man sowieso einer Meinung ist, die man angesichts der spätmodernen Unübersichtlichkeit gerne um sich schart. Daher werden die dramatischen Veränderungsprozesse der Individualisierung und Pluralisierung werden durch Uniformisierung und eine exkludierende Profilierung zu ›bewältigen‹ versucht.

So wird aus der Tatsache, dass das in der Welt und mit der Welt Agieren der Kirche nach dem II. Vatikanischen Konzil auch zu einer ›Schleifung der Bastionen des Katholischen‹ geführt hat, ein neuer antimodernistischer Affekt. Er richtet eine grundsätzliche Differenz von Kirche und Welt erneut zur Schibboleth des ›wahrhaft Katholischen‹ auf. Man begreift sich daher als bewusste Opposition zu jener Option der Öffnung des Katholischen, für die die ›andere Seite‹ steht, und die man als ›Anbiederung an den Zeitgeist‹, Indifferenz und drohende Selbstsäkularisierung des Katholischen deutet. An der Unversöhnlichkeit beider Ansätze wird kaum gezweifelt.

Timothy Radcliffe, ehemaliger Ordensmeister der Dominikaner, hat beide Optionen einmal treffend als spiegelbildliche Reaktionen auf die gleiche Erfahrung der Entwurzelung in der späten Moderne beschrieben.[25] In einem Anfall von Euphorie und Optimismus hatte sich die katholische Kirche während und nach dem Konzil der Moderne geöffnet und sie mit offenen Armen angenommen zu einem Zeitpunkt, an dem diese sich selbst nicht mehr über den Weg traute. Es kommt in der Folge zu einem doppelten Heimatverlust der Glaubenden, der bis heute nicht überwunden ist. An der Frage, wie darauf angemessen zu reagieren sei,

[25] Vgl. T. Radcliffe, What is the Point of Being a Christian? London 2005, bes. 164ff.

scheiden sich die Geister und etablieren sich die gegensätzlichen Identitäten. Da Radcliffe politische Zuweisungen wie liberal und konservativ, progressiv und traditionalistisch für unangemessen hält, hat er beide Antwortversuche mit dem Programm zweier nachkonziliar entstandenen Zeitschriften – ›Concilium‹ und ›Communio‹ identifiziert: ›Kingdom Catholics‹ und ›Communion Catholics‹. Ihre beiden Grundprinzipien ›öffnende Integration‹ bzw. ›abgrenzende Identität‹ stehen in einer unaufgebbaren und unaufhebbaren Dialektik zueinander. Dennoch gehören, so Radcliffe, beide Optionen zur spannungsvollen Dynamik der einen Kirche.[26] Ein entscheidender Fehler wäre es, hier die Differenzen verschweigen zu wollen. Im Nichtaussprechen steckt die eigentliche Gefahr für die Kirche; im Nichts-Sagen und schweigend-etwas-anderes-Denken.[27] Die Freiheit der Kinder Gottes sieht anders aus – so Radcliffe. Und daher verbindet er diese Feststellung mit der Forderung, Räume zu schaffen, in denen die unterschiedlichen Meinungen offen ausgesprochen und der darüber notwendige Streit ebenso offen ausgetragen werden kann. An dieser Fähigkeit zum Gespräch wird sich entscheiden, ob wir noch eine Kirche sind.[28] Denn erst dort, wo der wohlwollende Streit, das sich gegenseitige Aneinanderreiben und Abarbeiten und damit auch die ständige Herausforderung des Eigenen durch das Andere zur Selbstverständlichkeit wird, ist eine umfassende, eben ›katholische‹ Sicht der Dinge möglich. Das zu erkennen, ist freilich eine Tugend, die in der katholischen Selbstwahrnehmung erst wieder zu erlernen wäre.
Für die Bewertung des weiteren Weges dürfte folgende Beobachtung Franz Xaver Kaufmanns nicht von der Hand zu weisen sein, dass es nämlich bei all diesen Fragen darum geht: Was wird aus dem II. Vatikanischen Konzil: »Wer das I. Vatikanische Konzil für das bisher letzte Wort einer geistgeleiteten Kirche ansieht, wird [diese Frage] anders beantworten als diejenigen, die im II. Vatikanischen Konzil das Wirken göttlichen Geistes vermuten, wie es auch die Konzilsväter selbst geglaubt und deshalb auch Kompromissen zugestimmt haben, die nicht ihrer persönlichen Auffassung entsprachen. Mit dieser Vorentscheidung verbunden ist zwar nicht denknotwendig, aber de facto eine zweite, ob man nämlich die eine Kirche als eine von den historischen Veränderungen wesenhaft unabhängige, in sich notwendig gleich bleibende Größe ansieht, oder aber sie als an der Menschheitsgeschichte Teilhabende und sich in ihr stets Erneuernde versteht [...] Auch wenn das Konzil sein Augenmerk

[26] Vgl. Radcliffe, Christian. 166ff.
[27] Vgl. ebd. 181ff.
[28] Vgl. ebd. 191f.

im Wesentlichen auf den geistigen Charakter des in der Geschichte der Menschen pilgernden Gottesvolkes legt, negiert es damit nicht, dass ›dem Fleische nach‹ die Kirche an den Peripetien der jeweiligen ›Weltzeit‹ teil hat«[29]. Wer dies alles als Nebensache abtut, verweigert sich der eigentlichen Herausforderungen, die an Glaube und Kirche in unserer Zeit gestellt sind und er nimmt das Kirche-Sein selbst nicht ernst genug, denn wer »die Strukturfragen der katholischen Kirche thematisiert, insbesondere die traditionellen Mechanismen einer Immunisierung des römischen Selbstverständnisses gegen die Geschichte, nimmt den Heilswillen Gottes mit seiner Kirche ernst und hält auch größere Veränderungen nicht für ausgeschlossen«[30].

Angesichts der im Konzil eindrücklich benannten theologischen ›Tiefendimension‹ von Ideen wie ›Dialog‹, ›Subsidiarität‹, und ›Teilhabegerechtigkeit‹ gewinnt das in den letzten Jahren offensichtlich gewordene strukturelle Defizit, d.h. der ›Reformstau‹ in der katholischen Kirche nicht nur an existentieller Dramatik. Es erweist sich in der Folge als fatal, dass es die theologische Wiederentdeckung des *sensus fidelium* im Konzil in der nachkonziliaren Entwicklung nicht geschafft hat, sich auch in die notwendigen, partizipatorischen Strukturen und Prozeduren umzusetzen und damit systemgestaltend und -verändernd zu wirken. Dazu wäre indes nicht nur eine innere Umkehr des Geistes, sondern eine grundlegende Veränderung des kirchlichen Rechts im Sinne der Grundprinzipien von Repräsentativität, differenzierter Entscheidungsbefugnis und geteilter Verantwortung dringend vonnöten. Aufs Engste damit verbunden ist die Gestaltung von Kommunikationsstrukturen, die dialogfähig sind.[31] Dialogbereitschaft bedeutet nicht nur Lernbereitschaft, sondern auch den »Mut« zu einem auch strukturell wirksam werdenden »Antagonismus in der Kirche, zu einem echten Pluralismus der Charismen, der Aufgaben und Funktionen«[32]. ›Checks and Balances‹ heißt das magische soziologische Zauberwort, damit wirklich gilt: »Das Normale und Ordentliche in der Kirche muss die kollektive und dialogische Wahrheitsfindung sein«[33]. Wer die Welt davon überzeugen will, dass

[29] F. X. Kaufmann, Dimensionen der Kirchenkrise, in: J. Könemann, (u.a.) (Hg.), Das Memorandum. Positionen im Für und Wider, 157-182, 169f.

[30] Ebd. 177f.

[31] H.-J. Pottmeyer spricht eindrücklich von der fehlenden Dialogkultur (vgl. ders., Die Mitsprache der Gläubigen in Glaubenssachen. Eine alte Praxis und ihre Wiederentdeckung, in: IKaZ 25 (1996)134-147, 146).

[32] K. Rahner, ›Löscht den Geist nicht aus!‹, in: ders., SdZ Bd. VII, 77-90, 88.

[33] W. Kasper, Die Lehre von der Tradition in der Römischen Schule, Freiburg/Basel/Wien 1962, 65.

Christsein es heute noch wert ist, wird indes nicht darum herum kommen, sich den vermehrt an die Kirche herangetragenen Fragen nach lebensweltlich plausiblen Kriterien der eigenen Glaubwürdigkeit offen zu stellen. Angesichts dieser Krise muss Kirche neu lernen, jenen Raum zu bieten, wo die Strukturen des Miteinander so lebensdienlich und -tauglich erfahren werden, dass sie eben nicht Glauben verhindern, weil Kirche durch ihre eigene Anstößigkeit das Antlitz Gottes eher verdunkelt und so der neuen Bewusstwerdung der Frage nach Gott im Wege steht. In einer moderne- und demokratiekompatiblen (d.h. anschlussfähigen) Antwort darauf zeigt sich daher keine Anbiederung an den Zeitgeist, sondern es stellt sich die theologische Wahrheitsfrage. Indes ist das nur einer der notwendigen Schritte.

IV Gottesrede neu – wofür es immer noch einzustehen lohnt

Das Gottesverständnis der Bibel ist nicht einfach das eines ›transzendenten‹, ewigen, jenseitigen, absoluten, sich selbst genug seienden Gottes, wie dies ein philosophischer Gottesbegriff nahe legen würde. Gott ist hier und jetzt in seiner Schöpfung da, weil er als tätiger Gott, als handelnder, in der Geschichte wirksamer Gott erfahren wird. Es ist ein Gott der Beziehung, weil er ein kommunikativ handelnder und seinen Heilswillen durchsetzender Gott ist. Aber diese zentrale Gottes-Erfahrung ist keine ungebrochene. Denn die ›Rückseite‹ dieser ›Erfahrung‹ aber macht sich an der alten Frage Hiobs fest: Warum? Warum Leid, warum Tod? Warum so eine Welt und keine andere? Wo ist Gott? Die biblische Tradition verbietet es, diese bohrende Frage stillzulegen. Sie lässt die Frage explizit als Frage an die Existenz Gottes zu. Sie tut das, indem sie gegen Gott rebelliert und zugleich auf ihn hofft. Diese dialektische Gotteserfahrung sprengt alle bisherigen Gottesbilder, zwingt zu neuen Bildern, zu Umdeutungen, zu Neuinterpretationen und gibt der biblischen Gottesvorstellung daher eine Signatur, die sich deutlich von anderen unterscheidet.

Die Rede vom Engagement Gottes für die Welt, von seiner Liebe zur Welt kennt daher notwendig auch den Stachel der Theodizee. Dieser Gott ist kein Gott nur für die Schönwetterzeiten. Es ist ein Gott, der in Abgründe seiner Nicht-Erfahrbarkeit, seines Fehlens und Vermissens führt, und auch dort seine Anwesenheit zugesagt hat, ebenso wie er verheißen hat, aus diesen Abgründen wieder herauszuführen. Je entschiedener von seiner Liebe und Treue gesprochen wird umso tiefer ist die Erfahrung des Vermissens. Dieser Gott hält die Fragen nach der Brüchigkeit der Welterfahrung offen und er hält sie auch aus. Ihm angemessen ist eine Spiritualität, die die Frage Hiobs nach dem ›Wozu‹ einübt.[34] Und die auch der Klage und Anklage Gottes, seinem Fraglichwerden, dem Zweifel an ihm und seiner Ablehnung ebenso ihr Recht einräumt, wie der Hoffnung in Not und Elend nicht allein zu sein. Kurz und bündig: Die Rede vom Zweifel an der Existenz Gottes, die Ablehnung, das Hadern, die ungelösten Fragen – all das gehört unaufgebbar zur Gottesrede heute dazu. Gläubigen führen den Zweifel mit im Gepäck.[35] Gott ist Mensch geworden, lautet eine entscheidende Grund-Metapher unseres Glaubens. Eine Theologie der Menschwerdung beruht auf der Wahrheit, dass sich das Göttliche im Menschlichen zeigt, dass dieses Leben hier und jetzt eine göttliche Würde hat. »Christen bekennen von ihrem Gott, dass er sich nicht zu gut war, einer der Menschen, einer unter unendlich vielen zu werden, er, der einzige und einmalige schlechthin. [...] Genau dieser Gottesgedanke ist es, was den christlichen Glauben einzigartig macht: Er macht feinfühlig dafür, dass etwas so Unbedeutendes, Kleines, Überflüssiges, Zerbrechliches, wie es der Mensch seiner Natur nach ist, zugleich einmalig sein kann«[36]. Damit ist der Glaube in einem zentralen Punkt anschlussfähig an die Grundsignatur der Moderne, die gerade in der Würde, ja ›Sakralisierung‹ der menschlichen Person ihre Mitte findet. Chancen mit der Gottesrede das richtige zu sagen, haben wir also schon! Doch worauf müsste sie ihren besonderen Kontrapunkt setzen?

»Das gelebte Christentum der Gegenwart ist vor allem ein Weihnachts-Christentum. Es versteht sich maßgeblich von Weihnachten her, von den einprägsamen Stimmungen und Eindrücken der Zeit und der Geschichte der Geburt in Bethlehem. [...] Weihnachten ist nicht nur das ›Fest der Feste‹, Weihnachten – und nicht Karfreitag oder Ostern – ist *das* ›Christfest‹. Im Gegenzug haben Karfreitag und Ostern [...] an Bedeutung verloren [...]. An die Stelle des Kreuzes ist die Krippe getreten, und mit ihr die Geschichte von dem kindgewordenen Gott im Stall zu Bethlehem«[37]. Was bedeutet es, dass Weihnachten zum ›christlichen Fest der Moderne‹ schlechthin geworden ist? Es handelt sich um einen Typus von Religiosität, dessen Grundorientierung am Gedanken der

[34] Vgl. M. Striet, Weltzugewandte Spiritualität, in: Arntz, Klaus (Hg.), Religion im Aufwind. Eine kritische Bestandsaufnahme, Regensburg 2007, 50-67, 65.

[35] Vgl. Striet, Katholisch (s. Anm. 2), 68.

[36] K. Müller/B. Stubenrauch, Geglaubt – Bedacht – Verkündigt, Regensburg 1997, 162.

[37] M. Morgenroth, Weihnachts-Christentum. Moderner Religiosität auf der Spur, Gütersloh 2002 11f.

Menschwerdung Gottes zugleich die eigene religiöse Grundstruktur als eine am Leben ausgerichtete, individualisierte, privatisierte Religiosität mit Familienbezug beschreibt und die eine ästhetisch orientierte ›festlich-atmosphärische Religionspraxis‹ bevorzugt. Sie macht sich nicht an Katechismuswissen oder einer konfessorischen Dogmatik fest – »Weihnachtsreligiosität ist vor allem eine Stimmungsreligiosität, keine Bekenntnisschrift. Das Weihnachtschristentum ist eine Festreligion, keine Glaubensreligion«[38].

Doch sollte man nun nicht den Fehler begehen, die beschriebenen Phänomene mit dem Hinweis abtun, solche Weihnachtschristen seien doch gar keine echten Christen; Weihnachten sei hier nur noch ein bürgerlich-kommerzielles Versatzstück ohne religiöse Bedeutung und theologische Tife. Das hieße nämlich, die zentrale Grunderkenntnis der Theologie nach der Aufklärung – dass nämlich jede Theologie immer auch notwendig Anthropologie zu sein hat (Karl Rahner) –, in der Frage der theologischen Relevanz aktueller religiöser Praxis nicht wirklich ernst zu nehmen und sich an deren Herausforderung vorbeizumogeln. Eines fällt auf: »Das Weihnachts-Christentum denkt [...] vom Anfang her, von der Geburt, es denkt vom Leben her, nicht vom Tod, es denkt für ein Leben diesseits des Himmels«[39]. Diese Art Heil und Erlösung zu denken, hat nicht nur die breite Tradition der alttestamentlichen Überlieferung hinter sich, die sich Heil nie anders vorstellen kann, als ein weltlich und geschichtlich wirksames und spürbares Heil, als Heil der Welt und in der Welt. Auch das Christentum war nie eine Jenseitsreligion (obgleich es in manchen Epochen darauf verkürzt wurde). Daher muss die sich hier andeutende Idee einer Erlösung mitten im Leben und mitten ins Leben hinein zum Nachdenken zwingen. Vielleicht noch stärker als von der schöpfungstheologischen Begründung her steht hier die Würde des Menschen im Mittelpunkt. Das geschieht, ohne dabei die vorhandenen Runzeln und Makeln einfach wegzuwischen. Aber diese haben eben nicht das letzte Wort, sondern bergen die Möglichkeit eines geschenkten Neuanfangs. Gott selbst wird zum Vorbild wie zur Hebamme wahren menschlichen Lebens. Ein solches Modell von Erlösung traut dem Menschen etwas zu. Es zeigt den Menschen als Lebewesen, »das um seinen Anfang weiß. Um die Kunst des Anfangens weiß. Der immer wieder neu anfängt. Der Möglichkeiten hat. Der umkehren und von neuem begin-

38 Morgenroth, Weihnachts-Christentum, 128.
39 Ebd. 141.

nen kann«[40]. »Das Wunder«, so formuliert Hannah Arendt, »besteht darin, dass überhaupt Menschen geboren werden, und mit ihnen der Neuanfang, den sie handelnd verwirklichen können kraft ihres Geborenseins«[41]. Seine Geburtlichkeit konstituiert den Menschen als das Wesen der Freiheit, das beginnen, handeln, eingreifen, verändern, das Verantwortung tragen kann. »Dass man in der Welt Vertrauen haben kann und dass man für die Welt hoffen darf, ist vielleicht nirgends knapper und schöner ausgedrückt als in den Worten, mit denen die Weihnachtsoratorien ›die frohe Botschaft‹ verkünden: ›Uns ist ein Kind geboren‹[42].

Eine dieser Erfahrung angemessene Gottesrede aber hofft mehr als sie weiß. Sie tut das indem sie zeigt, dass sie auch die Abgründigkeit und die Endlichkeit menschlicher Existenz ernst nimmt, dass sie die Fragen nach Sünde, Schuld, Ungerechtigkeit, Leid und Tod nicht dadurch ›löst‹, dass sie sie ignoriert. Sie leistet das dort, wo die im Inkarnationsbekenntnis gründende Sehnsucht nach Vollendung in einer noch unvollendeten Welt offengelegt wird; wo die Hoffnung auf Frieden in einer friedlosen Zeit und den Glauben an Gerechtigkeit auch angesichts erfahrener Ungerechtigkeit als die Orte benannt werden, an denen sich für heutige Menschen die Frage nach Heil und Erlösung artikuliert; wo sie solche Suchbewegungen als Orte identifiziert, an denen der Mensch heute noch die Sehnsucht nach Heil spürt, weil er die eigene Heillosigkeit wie die Geschundenheit der Welt als eine Herausforderung erfährt, auf die er alleine keine Antwort weiß, bzw. sie sich nicht (mehr) zutraut. Genau hier erweist sich der Mensch nämlich als erlösungsbedürftig und vollendungsfähig zugleich. Das sind Orte, wo für heutige Menschen Gott, seine Transzendenz, erfahrbar werden kann. Solche Spuren gilt es aufmerksam zu lesen. Aber es bleibt eine Spurenlese. Denn wer hier wieder zuviel weiß, wird unglaubwürdig!

Theologie und mit ihr die Kirche wird daher in Zukunft dort am überzeugendsten sein, wo sie von authentischem Menschsein spricht und dabei hinhört auf das, was Menschen zu sagen haben, über sich, die Welt, über ihre Sehnsüchte und Hoffnungen. Es sind die unaufgebbaren Fragen, die den Menschen immer wieder dort treffen, wo er spürt, dass er in dieser Welt nicht ganz zuhause ist. Johann Baptist Metz spricht hier in einer seiner jüngsten Veröffentlichungen im Anschluss an Karl

40 M. Morgenroth, Heiligabend-Religion. Von unserer Sehnsucht nach Weihnachten, München 2003, 64.

41 H. Arendt, Vita activa oder Vom tätigen Leben, München[11] 1999, 317.

42 Ebd.

Rahner anschaulich von einer ›natürlichen Gotteskompetenz‹ eines jeden Menschen.[43] Sie spielt sich jenseits jener so bedenklichen ekklesiologischen Verschlüsselung, ja Vereinnahmung der Gottesrede ab, die wir ganz zu Beginn skizziert haben, und die sicher vieles zur aktuellen Sprachlosigkeit von Theologie und Kirche beigetragen hat. Stattdessen setzt sie auf das zuhören können; sie fordert heute in Gestalt der ›Fremdprophetie‹ einer unaufgebbaren Sehnsucht nach authentischem Menschsein Kirche und Theologie zu einer Antwort heraus. Diese Sehnsucht erweist sich aber bei näherem Hinsehen nicht einfach nur als die kleine Münze christlicher Hoffnung, sondern sie ist heute das gängige Zahlungsmittel. Sicher, manchmal sind auch falsche Fünfziger darunter, aber anders kann sich christliche Hoffnung in der späten Moderne nicht mehr auszahlen.

Das alles entgrenzt Glaubenssprache und Gottesrede notwendigerweise. Nur in dieser bleibenden Selbstentfremdung und Selbstentzogenheit, die die eigene Identität im Dienst am Anderen bestimmt, kann Glaube erneut Heimat bieten. Die inkarnatorische Logik des Christlichen Glaubens selbst zwingt ihn mitten hinein in die Ungesichertheit einer geschichtlichen Existenz, die auf jede Selbstvergewisserung verzichtet. Dort, wo es gelingt, um der Dynamik der Menschwerdung Gottes willen, Fremdes und Eigenes im Ringen um Heil und Heilung zusammenkommen und Selbstentzogenheit zum Identitätskriterium werden zu lassen, wäre tatsächlich ein neues Modell von Gottesrede entwickelt. Wer sich aber darauf einlässt, dem muss klar sein: Die Identität der Gottesrede zerrinnt ihm unter der Hand, bzw. er kommt nicht umhin, um diese und sein Bekenntnis dazu und Glauben daran stets neu ringen zu müssen. Eine Glaubens- und Kirchenrhetorik, »die das Fehlen Gottes, den antwortlos bleibenden Schrei nach ihm, den Zweifel nicht in sich aufnimmt, wird unglaubwürdig«[44]. Glaube ist in der Suche anschlussfähig und nicht im Wissen. Denn es »gibt auch eine Moderne, die sich der Melancholie aussetzt, indem sie einerseits das Glück als solches genießt, zugleich jedoch seine Zerbrechlichkeit, seine Endlichkeit nicht verdrängt und gerade deshalb an der Gottesoption festhält. Damit zeigt sie sich sensibel für das zerbrochene Leben, das danach verlangt, dass die Geschichte offengehalten wird. Eine solche Moderne sucht weiterhin, aus dem Glauben an die Gnade, die Gott selbst ist, zu leben«[45].

43 Vgl. Metz, Memoria passionis (s. Anm. 4), 108ff.

44 M. Striet, In der Gottesschleife: Von religiöser Sehnsucht in der Moderne, Freiburg 2014, 143.

45 Ebd. 117.

Doch »wenn man sich von dem Fehlen Gottes berühren lässt, wenn man die Schrecken der Welt nicht ausblendet, so verlangt man nach keiner die Alltagssorgen beruhigenden Spiritualität mehr, sondern nach einem Gott, der leidenschaftlich für den Menschen ist. Und nicht nur dies. Dann bricht die Sehnsucht nach einem Gott aus, der Gerechtigkeit schafft und – auch die Lust am Leben, seine Schönheiten sollen und dürfen nicht verschwiegen werden, um das von Menschen gelebte Leben nicht zu verraten – der für das Begonnene eine Zukunft schafft«[46]. Hüten wir uns indes vor der Illusion, dass das ein ungefährlicher Weg sei und dass er gar noch attraktiver für die Welt wäre, als die selbstgewisse und gesicherte Identität der verblüffungsresistenten, erschütterungsfreien, und darum letztlich harmlos-ungefährlichen, Katechismusantworten auf die Frage ›Wer ist Gott?‹. Aber seien wir auch zuversichtlich, denn solche Katechismusantworten bieten letztlich nur die Illusion einer ›Heimat Glaube‹, die niemals war. Der Glaube an Gott provoziert mit der Zusage, dass sich die Lücke zwischen dem, was ist, und dem, was als Erhofftes sein könnte, nicht durch unser Zutun, sondern durch das eines ganz Anderen schließen wird. Glaube gründet und begründet sich in einem ›Funken von außen‹, einem Gegenüber, das ein Leben zusagt, das weder verdient noch erarbeitet werden kann. Freilich diesen Gott und diesen Glauben hat man nicht einfach. Vielleicht müssen wir erst wieder lernen, dass Sinn etwas ist, das wir nicht ›machen‹ können, sondern das sich gibt, bzw. uns gegeben wird. Die Abgründe der Theodizee wie die notwendige Offenheit der Geschichte konfrontieren den Glauben in der späten Moderne mit einer Hoffnung auf das, was da sein soll, aber irgendwie doch nicht sein kann. Aber gerade in diesem Modus der Hoffnung und nur in diesem – Immanuel Kant würde sagen: im Postulat Gottes – wahrt der Glaube am Ende das entscheidende ›Humanum‹.

[46] Striet, Gottesschleife, 144.

Christus in einem Nepalesischen Thangka Gemälde

Gudrun Löwner

Manchmal kann die Kunst eine prophetische Rolle spielen. So beobachtet der Heidelberger Missionswissenschaftler und Kunstexperte Theo Sundermeier zu Recht, dass die Linolschnitte des südafrikanischen Künstlers Azaria Mbatha bereits in nuce eine schwarze Befreiungstheologie dargestellt haben, lange bevor der Begriff einer solchen Theologie erfunden war. Nach seiner zwölfjährigen Lehrtätigkeit in Südafrika und Namibia hat Sundermeier die Linolschnitte von A. Mbatha in Deutschland publiziert unter dem Titel: »Südafrikanische Passion«[1]. Dort sieht man z.B. Die Tötung der unschuldigen Kinder durch König Herodes. Es verwundert nicht, dass der schwarze Künstler die Soldaten weiß darstellt und die Kinder schwarz. Christus wurde in verschiedener Weise dargestellt, besonders beeindruckend als Zeichen der Versöhnung ein Christus, dessen Gesicht halb weiß und halb schwarz ist und der jeweils schwarze und weiße Tränen vergießt. Der Christus erinnert an eine Maske, die in Südafrika Symbol für die Ahnen ist. Christus am Kreuz hat bei Mbatha auch eine weiße und eine schwarze Hand.
Dieser schwarz-weiße Christus wurde seit den 70er Jahren des letzten Jahrhunderts legal und illegal auf Tausenden von Plakaten im Kampf gegen die Apartheid benutzt und gedruckt in Südafrika und im Ausland. Er wurde zum Symbol des Kampfes gegen die Apartheid. Linolschnitte

1 Das Buch erschien 1977 in Westdeutschland, kurz darauf in Ostdeutschland als viel begehrter Raubdruck. Weitere Bilder von A. Mbatha finden sich in Werner Eichel, Im Herzen des Tigers, Vereinte Evangelische Mission Wuppertal 1986.

sind preisgünstig und können schnell vervielfältigt werden. Durch die schwarz-weiße Technik waren sie ideal im Kampf gegen die Rassentrennung. Mit den Linoldrucken drückten die schwarzen Christen ihren Wunsch aus, als gleichwertige Menschen unabhängig von ihrer Hautfarbe anerkannt zu werden. In Rock's Drift, einem Zentrum der Schwedischen Mission waren zahlreiche Künstler in diese Protestkunst involviert. Der Nobelpreisträger Desmund Tutu sagt: »Durch Kunst und Kreativität transzendieren schwarze Menschen die Klaustrophobie ihrer physischen Umgebung. So wie sie atmen müssen, genauso wichtig ist ihnen das künstlerische Schaffen. Schwarze sind auch Menschen und eines Tages werden sie von dem befreit, was sie jetzt noch als geringer einstuft.«[2] Und tatsächlich das Ende der Apartheid kam 1994.

Ähnlich wie sich die Befreiungstheologie in der südafrikanischen Kunst erfolgreich ausdrückte, so hat sich in Asien besonders in Indien das Evangelium in einheimischen Formen inkulturiert. Dies wurde besonders sichtbar in den Miniaturen mit christlichen Themen, die durch die Begegnung der Jesuiten mit dem islamischen Mogulkaiser Akbar entstanden. Akbar war so fasziniert von den Renaissance Madonnen, dass er sie als farbige Miniaturen malen ließ.[3] Von Anfang an hatten die katholischen Missionen ein größeres Interesse an Kunst als die protestantischen, die sich mehr auf das Übersetzen des biblischen Wortes konzentrierten.

Anfang des 20. Jahrhunderts entdeckten viele indische Künstler Christus als Prototyp des Leidenden und sahen in ihm die Verkörperung des Leidens ihrer Mitmenschen. Die hinduistischen und muslimischen Künstler durchbrachen die Konventionen, die besagen man stellt nur Schönes in der Kunst dar, und produzierten zahlreiche ästhetisch wenig ansprechende Bilder besonders in Bengalen. Zahlreiche Sammelbände erschienen in Asien, aber in allen sucht man vergeblich nach einer nepalesischen Darstellung Christi.[4]

Warum fehlt eine nepalesische Christusdarstellung?

Zunächst einmal ist das Christentum in Nepal eine Minigruppe, die aber ständig anwächst, seitdem es trotz erheblicher Einschränkungen immerhin möglich ist, als Christ in Nepal zu leben. Die katholische Kirche wächst stetig, aber auch der Protestantismus. Insgesamt sind ca. 1-1,5%

[2] Tutu in der Einleitung zu dem Buch Gavin Younge, Art of the African Townships, London 1988.

[3] Vgl. Anand Amaladass, Gudrun Löwner, Christian Themes in Indian Art from the Mogul Times till today, New Delhi 2012.

[4] Vgl. Ron O'Grady, Christ for all People, WCC Geneva, Auckland 2001.

der Bevölkerung Christen. Der einzige große sichtbare zentrale Punkt des Christentums in Nepal ist die katholische Kirche in der Nähe des Dhobi Ghat (öffentlicher Waschplatz). Ihr Bau wurde ermöglicht durch die großzügige Unterstützung des Bistums Köln. Die Kirche wird von einem Garten umgeben, der gleichzeitig als Friedhof dient. Anders als überall sonst in Asien, wo Katholiken und andere Christen, ihre Toten in der Erde bestatten, haben die katholischen Christen in Nepal die Form der Verbrennung von den Hindus und Buddhisten übernommen. Abweichend von Hindus und Buddhisten werfen die katholischen Christen die Asche aber nicht in den Fluss, sondern sammeln die Asche und bewahren sie in Wänden auf, die in kleine Plätze aufgeteilt sind. Davor wird jeweils der Name des Verstorbenen/der Verstorbenen geschrieben und ein hervorstehender Ziegel wird mit weißen Seidenschals geschmückt. Angehörige zünden Räucherstäbchen an so wie man es traditionell in nepalesischen Häusern vor dem Bild der verstorbenen Personen tut. Von außen erinnert die Kirche, die seit 2007 als Kathedrale genutzt wird, an einen Hindutempel mit zwei Eingangswachtürmen. Von innen ist die Kirche überwiegend leer. Alle betreten barfuß oder auf Socken die Kirche und setzen sich auf den Fußboden. Nur am Rande gibt es wenige Plastikstühle.
Die Architekturform ist das Kreuz und alle Wände sind bemalt wie bei der Biblia Pauperum. Da viele Menschen im Mittelalter nicht lesen und schreiben konnten, erzählten ihnen die Glasfenster und die Gemälde der Kirchen die biblischen Geschichten. In ähnlicher Weise ist diese katholische Kirche gestaltet. Alle wichtigen biblischen Geschichten von der Geburt Christi über Kreuzigung und Auferstehung sind mit vielen Details in großen Wandgemälden dargestellt. Jedes Bild ist etwa zwei bis drei Meter lang und der Newaristil wurde verwandt. Generell benutzt man ihn in Nepal nicht für religiöse Kunst, sondern um die Schönheiten der Landschaft darzustellen. Religiöse Kunst wird normalerweise im Thangkastil repräsentiert. Gelegentlich sieht man auch in den Straßen von Thamel, dem Bazarviertel Kathmandus Marienbilder im Newaristil, die uns aber eher »kitschig« erscheinen. Das ist aber nicht der Fall bei den Bildern in der Kirche.
Die protestantischen Christen in Nepal haben wie auch in Indien nur wenig oder gar keine künstlerischen Darstellungen ihres Glaubens. Seitdem das Christentum, wenn auch mit Einschränkungen, seit etwa 1950 in Nepal erlaubt ist, haben sich protestantische Missionen und Kirchen seit 1954 zusammengeschlossen in der United Mission to Nepal. Sie sind sehr stark engagiert in den Bereichen Gesundheit, Erziehung und Umwelt. Momentan gehören dazu 20 overseas Partner und 60 Partner-

organisationen im Land.[5] Sie dürfen ihren Dienst als christliche Organisation ausführen, aber nicht zur Konversion aufrufen. Im Sinne der Ökumene finden die Gottesdienste dieser Expatgemeinde häufig auch in der Kathedrale statt, was zu vielen Diskussionen geführt hat. Von Deutschland aus engagiert sich die Gossnermission in Berlin in der United Mission to Nepal.

1999 fand ich zufällig eine Nepalesische Weihnachtskarte in Thamel, Kathmandu. Der nepalesische Künstler Lawrence Sinha hatte das Original gemalt. Damals machte ich mich auf die Suche und fand den Künstler, der selbst protestantischer Christ war und seine Kunst als seine Mission sah. Er wendet sich mit seiner Kunst an zwei Gruppen, nämlich an die Nepalis unabhängig von ihrer Religion und zweitens an die Touristen. Im Interview sagte er: »Die meisten Touristen sind Christen, aber sie nehmen als Souvenir mit Thangkas mit dem Leben des Buddha oder Buddha als Heiler, weiße oder grüne Taras, Mandalas etc. Ich möchte ihnen eine weitere Option eröffnen. Durch meine Kunst können sie das Leben Christi oder die Geburtsszene mit nach Hause nehmen.« Ohne Zweifel war er von seiner Mission überzeugt, aber er hatte auch einen Nischenmarkt gefunden. Die Preise seiner christlichen Thangkas waren schon damals weit höher als die üblichen, und es überraschte mich nicht zu hören, dass er zahlreiche amerikanische Kunden habe. Auch Missio Aachen hat eines seiner Werke veröffentlicht.[6]

Inzwischen gibt es weitere jüngere christliche Thangkamaler wie Bisol Lal Chsing, der einen kleinen Laden hat in der Nähe des Sees in Pokhara. Er ist ein typisches Beispiel für einen Hindu, der sich durch einen langsamen Prozess und die Begegnung mit vielen jüngeren Christen in Zeiten der Not und durch ihr Gebet, entschlossen hat, sich einer der pentekostalen Gruppen anzuschließen. Obwohl der Pfarrer kein Problem darin sieht, dass er weiterhin Buddhas für seinen Lebensunterhalt malt, da das die traditionelle Beschäftigung seiner Familie ist, hat er sich aus eigenem Antrieb überlegt, dass er seinen neu gefundenen Glauben in seiner Kunst ausdrücken möchte. Er malt jetzt u.a. sehr meditative Mandalas mit christlichen Sprüchen in der Form von Mantras mit einem kleinen Christus oder einem englischen Christuswort in der Mitte. Das

5 Vgl. http://www.umn.org.np/page/who-we-work-with, (abgerufen am 30.3.2015).

6 Vgl. Ron O'Grady (Hrsg.), Christus für viele Völker, Aachen Missio 2003. Nicht identisch mit der englische Ausgabe des Buches.

Wort wird dann unendlich wiederholt in Kreisform. Ebenso malt er Thangkas mit dem Leben Christi.[7]
Aber bereits im Jahre 2002 habe ich bei Spaziergängen in Thamel, dem Bazarbezirk von Kathmandu, christliche Thangkas gesehen. »Thangkas« sind traditionell Bilder, die auf Baumwolle oder Seide gemalt werden, nachdem der Untergrund vorbehandelt wird. Er wird geglättet, dann wird eine Umrisszeichnung gemacht und bei billigeren Thangkas auch oft einfach das Design durchgepaust. Dann wird in Handarbeit entsprechend einem traditionellen Farbkanon das Thema gestaltet. Wenn das Gemälde fertig ist, wird es nach dem Trocknen traditionellerweise in Seide eingenäht, bekommt oben einen Stock und Bänder, so dass es als Rollbild verwandt werden kann. Um das Bild vor dem Verstauben zu schützen oder vor dem Ruß der Butterlampen, hat es in der Regel vorne eine zusätzliche Abdeckung in gelber Farbe, die man nach hinten hängen kann, so dass die Thangka gut sichtbar ist. Thangkas sind niemals Kunst um der Kunst willen, sondern immer sichtbare Repräsentation von der Religion, an die man glaubt. Traditionellerweise haben Pilger und Kaufleuchte ihre Thangkas mit sich auf Reisen getragen, sozusagen als ihre Hausaltäre. Da die Rollen so einfach transportiert werden können, wurden sie zum idealen Artikel der Souvenirindustrie in Nepal.
Thangkas wurden in Nepal traditionellerweise von den buddhistischen Newaris gemalt. Als die Tibeter nach Nepal flohen, brachten sie kostbare Thangkas aus ihren Häusern und Klöstern mit und verkauften sie. Ebenfalls brachten sie das Wissen um die Herstellung der Thangkas mit und begannen damit ihren Lebensunterhalt zu verdienen. Sie malten Thanghas für ihren eigenen Gebrauch, für ihre Klöster und für die Touristen. Für die Tibeter ist eine alte Thangka mit wunderschönen Pflanzenfarben nicht wertvoller als eine neue in schrillen Kunststoffneonfarben. Ganz im Gegenteil, ein Thangka mit vielen Gebrauchsspuren verliert unendlich an Wert und wird schließlich verbrannt. Deswegen kauften die Kenner unter den Touristen die Thangkas aus dem 16. bis 19. Jahrhundert und die Gläubigen bestellten neue Thangkas bei den Malern. Neue Klöster entstanden und die Thangkamaler hatten neue Aufträge. Individualität spielt bei den Thangkas keine Rolle, weder im Stil noch im Thema. Es geht um die sorgfältige malerische Gestaltung des Bekannten. Thangkas haben eine streng festgelegte Ikonographie, nur so können sie eine religiöse sichtbare Hilfe für den Glaubenden darstellen. Sie werden

[7] Vgl. http://ahamot.org/en/meeting-with-the-christian, (abgerufen am 30.3.2015). Dort auch zahlreiche Abbildungen.

auch als Schutz wie eine Art Amulett gesehen.[8] Die Themen wiederholen sich ständig wie etwa die Drucke von Jesus als dem Guten Hirten in den Schlafzimmern des 19. Jahrhunderts. Sie müssen sich natürlicherweise wiederholen, da jeder/jede in seinem/ihrem Haus ein Bild vom Leben des Buddha haben möchte. Die Qualität und der Preis wird bestimmt von der Genauigkeit des Details, von dem Gebrauch von Gold und der Exaktheit der Ausführung. Manchmal ist der Strich so fein, dass der benutzte Pinsel nur ein einziges Haar hat, ähnlich wie bei der indischen Miniaturmalerei. Traditionellerweise bestellt der Gläubige z.B. eine Thangka, weil jemand krank ist oder verstorben, meist mit der Abbildung des Schutzgottes oder der Schutzgöttin für den/die die Thangka gedacht ist. Manchmal wünscht man sich ein besseres Karma oder mehr Erfolg im Leben und spendet deswegen eine Thangka für ein Kloster. Die Klöster selbst bestellen riesige Thangkas, die bei Festen über die Hauswände der Klöster gerollt werden. Das Wort *thangka* stammt aus dem Tibetischen und bedeutet etwas, was aufgerollt wird. In den Touristenläden finden sich vornehmlich Themen wie: Das Leben des Buddha, Kalachakra Mandalas, Padmasambhava, der große Missionar des Tibetischen Buddhismus, der im Nyingma Order als fast so wichtig angesehen wird wie der Buddha, Lebensräder, Medizinbuddhas etc. Weit weniger sieht man die schrecklichen Aspekte wie Heruka, eine Yidam Gottheit oder Dyani Buddhas, die aussehen wie Teufelsmasken.[9] Traditionellerweise sind Thangkas anonyme Kunstwerke, die nicht mit dem Namenszug des Künstlers gekennzeichnet werden. Diese Praxis ist im Wandel begriffen. Es gibt inzwischen in Nepal jüngere stolze Künstler, die ihre Arbeiten mit ihrem Namenszug versehen und auch Innovatives wagen, wie z.B. Gyan Bhakta Lama, der 2006 einen jungen Meister der Meditation, der lange unter einem Baum meditierte, in einem realistischen live Porträt einschließlich Buddha darstellte, d.h. eine Mischung zwischen Gegenwart und Traditionellem schaffte.[10]
Mitten in den vielen Thangkas in Thamel sah ich zufällig ein wunderschönes christliches Exemplar, so gut ausgeführt, dass es würdig wäre in einer Kirche aufgehängt zu werden. Der Besitzer des Ladens erzählte

8 Vgl. Ben Meulenbeld, Buddhist Symbolism in Tibetan Thangkas. The story of Siddharta and Other Buddhas, Havelte, Holland 20011, S. 1.

9 Vgl. Meulenbeld, Buddhist Symbolism, 77.

10 Vgl. Palden Dorje (Name des Meditierenden) von Gyan Bhakta Lama, 2006, 170x84 cm, Private Sammlung, abgedruckt inIan Alsop, Traditional Religious Painting in Modern Nepal. Seeing the Gods with New Eyes. In: Deepak Shimkhada, Nepal, Nostalgia and Modernity, Marg, Bombay Vol. 63, Nr. 1. 2011, 54 und Titelbild.

mir dazu folgendes. Der Künstler sei ein Buddhist, namens Kunsang Lama. Das christliche Krankenhaus in Patan hätte einen Maler gesucht, der eine christliche Thangka malen könnte. Eine Ärztin habe damals Kunsang Lama ausführlich die biblischen Geschichten erzählt, und er habe sie selbst in eine Thangka umgesetzt und ausgewählt. Weitere buddhistische Thangkas von demselben Künstler waren auch in sorgfältiger Ausführung im Laden erhältlich.[11] Leider konnte ich den Künstler nicht persönlich kennenlernen.[12]

Wenn man eine traditionelle Thangka mit dem Leben des Buddha betrachtet, ist sofort klar, dass dies das Vorbild ist. Die Komposition ist üblicherweise symmetrisch mit der Hauptfigur in der Mitte als vertikale Achse. Die Hauptperson, der Guru, wird groß gemalt, die Nebenfiguren immer kleiner, abhängig von ihrer Bedeutung bis sie zu einer anonymen Masse werden. Genauso wie der Buddha oder der spirituelle Führer im oberen Bereich der Thangka dargestellt würde, so ist Christus auch im oberen Bereich gemalt. Der Hierarchie der Größe folgend, wird die wichtigste Figur, Christus als ein Mandala in einem Kreuz, bestehend aus zwölf Mandalas dargestellt. Christus wird aber überraschenderweise nicht am Kreuz hängend dargestellt, sondern als lehrender meditierender Guru, der wie der Buddha sitzt. Sein Mandala ist anders als die anderen elf Mandalas, die alle identisch sind und lediglich abstrakte symmetrische Muster repräsentieren. Sie sind die Struktur des Kreuzes und der mit einem großen Nimbus versehene auf einer Lotusblüte sitzende Christus ist der Mittelpunkt des Geschehens. Sein Mandala ist in einem Quadrat positioniert, was die Achse des Kreuzes darstellt, ein neues Konzept. Gemäß der Wichtigkeit der zentralen Figur, wird sie über dem Kreuz wiederholt, d.h. Christus thront im Himmel als der Auferstandene. Lotusblüten sind das Zeichen der Reinheit, deswegen ist es das Privileg der Erleuchteten und der Götter auf ihnen dargestellt zu werden, wie hier Jesus in eine kostbare Seidenrobe gehüllt auf einer pinkfarbenen Lotusblüte meditierend sitzt. Sein Haar ist schwarz und lang ohne die Locken des Buddha. Statt der Erleuchtungszeichen des Buddha sehen wir den Nimbus, aber die langen Ohrläppchen des Buddha, die für seine reiche Herkunft stehen, wo man Ohrringe trug, die das Ohrläppchen durch ihr Gewicht verlängerten, sind übernommen. Dies passt nicht zu

11 Der Name des Ladens ist Image Art and Handicraft. Religious Thangka Painting Centre, Thamel Kwapukha, Kathmandu, Nepal.

12 Die Geschäftsbesitzer vereiteln das Treffen zwischen Künstlern und Kunden, um ihre Provision nicht zu verlieren.

Jesus in unserem Sinne. Buddha und Jesus werden beide folgerichtig als die erleuchteten Lehrer dargestellt.
In den traditionellen Leben des Buddha Thangkas werden zwölf Themen behandelt:

1. Traum der Königin Maya
2. Die Geburt des Prinzen Siddharta
3. Der junge Prinz
4. Das Leben am Hofe in seiner Schönheit und Nichtigkeit
5. Die vier Begegnungen mit Krankheit, Alter, Askese und Tod
6. Siddharta verlässt den Palast
7. Leben in Askese
8. Mara's Angriff des Bösen
9. Erleuchtung
10. Beginn der Lehre
11. Besondere Ereignisse
12. Parinirvana[13]

Es sieht so aus als ob Jesus dargestellt wird mit der Handhaltung der Lehre (Mudra) mit einer Hand. Die zentrale christliche Idee, dass Jesus sein Leben am Kreuz gibt, wird hier nicht aufgegriffen. Asiaten haben generell Schwierigkeiten mit dem Kreuz und so verwundert es nicht, dass es hier von der Zentralität an die Seite gerückt wird, in eine kleine Darstellung rechts vom Kreuzesquerbalken. Damit folgt der Thangkamaler unbewusst der Tradition der Miniaturmaler am Hofe des Mogulkaisers Akbar, die zahlreiche christliche Miniaturen malten, aber nur ganz wenige mit dem Kreuz. Mit den Worten von Collins ist dies eine »unintentional indigenisation« im Gegensatz zu einer lang geplanten Indigenisierung. Beides finden wir in dieser Darstellung. Der Beginn der Darstellung ist nicht die Geburt Christi, sondern die Schöpfungsgeschichte, die sich auf der linken Seite des Kreuzes unterhalb des Kreuzesbalkens befindet. Der größere Adam mit der kleineren Eva werden nackt dargestellt, etwas verdeckt von Bäumen und Dschungel. Sie scheinen schon von dem Baum der Erkenntnis gegessen zu haben, denn sie bedecken ihre Blösse mit Blättern und den Händen. Nur eine weitere alttestamentliche Episode ist sichtbar, nämlich die Opferung des Isaak. Ein großer Steinhaufen ist präsent mit einer Schlange. Alle anderen Geschichten sind dem Neuen Testament entnommen.

[13] Siehe Ben Meulenbeld, 7f.

Die Geburtsgeschichte wird nicht im Stall dargestellt, sondern wird verlegt in eine wunderschöne Landschaft mit stilisierten Bäumen in blauen und goldenen Farbschattierungen. Direkt neben dem Kreuz sehen wir Maria mit dem Heiligenschein, die das Baby Jesu trägt, was aber eher als ein Erwachsener aussieht als ein echtes Baby. Auf der anderen Seite des Kreuzes hält Maria wie eine Königin Hof und Menschen kommen von allen Himmelsrichtungen um Jesus anzubeten. Im oberen Teil der Thangka sieht man wie in einem Kinderbuch das Böse repräsentiert als eine Seeschlange, die versucht, Jesus in Versuchung zu führen, aber er wird von den Schutzengeln behütet, die in die gleichen braunen Brokatgewänder gekleidet sind wie er selbst. Ein wichtiger Engel hält Geschenke in seinen Händen, ein anderer trägt das Kreuz als Symbol.
Im unteren Teil des Thangka werden viele Szenen aus dem Leben Jesu dargestellt wie: Jesus wäscht seinen Jüngern die Füße, Jesus als der Gute Hirte mit stilisierten Schafen, eine Frau erbittet etwas von Jesus, Jesus besänftigt den Sturm aber auch die Geschichte vom verlorenen Sohn. Auf der rechten Seite des Kreuzes wird die Kreuzigung selbst dargestellt mit Maria und dem Lieblingsjünger Johannes (beide stehend) und einer knienden weinenden Frau, Maria von Magdala. Dann sehen wir den Schutzengel an seinem Steinsarg und rechts näher am Himmel ähnlich wie in orthodoxen Osterikonen die Auferstehung. In der Mitte am oberen Rand sitzt der auferstandene Christus zur Rechten Gottes.
Diese christliche Thangka und andere die in Nepal gemalt wurden und werden sind höchst interessante Indigenisierungen und weit mehr als biblia pauperum. Durch die Auswahl der Geschichten und ihre Übersetzung in den neuen Kontext, geschehen hier erste Anfänge einer einheimischen nepalesischen Theologie – ähnlich wie damals in Südafrika als zuerst die schwarz-weißen Linolschnitte von Befreiung sprachen, bevor eine explizite schwarze Befreiungstheologie formuliert wurde.

»Botschafter der Versöhnung«

Die Verflechtungsgeschichte zwischen der US-amerikanischen Bürgerrechtsbewegung und dem Internationalen Versöhnungsbund

Andrea Strübind

»I have just had one of the most glorious, yet tragic interviews I have ever had. I spent a half hour with Martin Luther King, 27-year old pastor of the great Dexter Ave. Baptist Church in Montgomery, Alabama, and spiritual leader of the now famous ›Nonviolent-Protest‹ in the capitel city.«[1] Mit diesen Worten wandte sich Glenn E. Smiley (1910-1993) Ende Februar 1956 brieflich an einige Mitarbeitende der *Fellowship of Reconciliation* (FoR), als er in Montgomery (Alabama) eingetroffen war. Er war als engagierter Pazifist und methodistischer Pastor aus Texas von der FoR entsandt worden, um über die spektakulären Vorgänge und die Bewegung gegen die Rassentrennung in Montgomery zu berichten. »King can be a Negro Gandhi, or he can be made into an unfortunate demagogue destined to swing from a lynch mob's tree.« In einem dringlichen Appell bat er um Fürbitte für Martin Luther King, der seiner Ansicht nach von Gott auserwählt worden sei: »That is why I am writing more than two dozen people of prayer across the nation asking that they hold Martin Luther King in the light.« King könnte sich zu einem »Negro Gandhi« entwickeln oder aber an einem lynching tree enden. Diese dramatische Alternative stand dem erfahrenen Aktivisten der FoR vor Augen.

1 Glenn Smiley, Brief vom 29.2.1956, The Fellowship of Reconciliation Collection, Box 2 of 2, Folder Glenn Smiley Papers, correspondence, flyers, reports, etc. 1955-1956, The King Library and Archive.

Seit ein paar Jahren sind Ulrike Link-Wieczorek und einige andere Kollegen und Kolleginnen in einer Forschungsgruppe zum Thema »Erinnerung und Praktiken der Versöhnung« verbunden, dem ich ebenfalls angehöre. Der gewaltlose Widerstand der Bürgerrechtsbewegung wurde von mir im Kontext dieser gemeinsamen Forschungsarbeit auf seine versöhnungsstiftenden Potenziale, Grundlagen und Praktiken hin befragt, die sich vor allem in der durch die christliche Friedensethik gespeisten Aufhebung des Antagonismus von Freund und Feind zeigen. Im Folgenden möchte ich erste Ergebnisse vorstellen, die ich in diesem Zusammenhang während zweier Forschungsaufenthalte im King Center in Atlanta in den Jahren 2011 und 2012 gewonnen habe.
Die Vision einer gesellschaftlichen Transformation durch den Einsatz gewaltfreier Massenproteste hat nach meiner These ihren Ursprung bereits in der bekannten europäisch-pazifistischen Bewegung der FoR.

I Zur Geschichte der FoR

Die wissenschaftliche Beschäftigung mit der FoR verweist vor allem im deutschen Sprachraum auf eine deutliche Forschungslücke. Neben einigen Selbstdarstellungen[2] gibt es bisher nur wenige wissenschaftliche Beiträge, die sich mit der Entstehungsgeschichte und den Protagonisten der FoR auseinandersetzen, ohne dabei jedoch die Beziehungen zur angloamerikanischen Bürgerrechtsbewegung zu berücksichtigen.
Ausgangspunkt für die Gründung war die von der Church Peace Union initiierte internationale Friedenskonferenz in Konstanz.[3] Am 3. August 1914, einen Tag vor der offiziellen Kriegserklärung zwischen England und Deutschland, kam es zu dem berühmten Treffen Friedrich Siegmund-Schultzes mit Henry Hodgkin, einem englischen Quäker, auf dem

[2] Vgl. Konrad Lübbert (Hg.), Bilanz und Perspektiven. 75 Jahre Versöhnungsbund, Hamburg 1990.

[3] Vgl. Karl-Christoph Epting, Die erste internationale Konferenz der Kirchen für Frieden und Freundschaft in Konstanz 1914, in: ÖR 35 (1985), 7-25. Der von den Schweizer Kirchen einberufene Kongress im Frühjahr 1914 in Bern musste wegen mangelnder Akzeptanz bei den eingeladenen europäischen Kirchen abgesagt werden. Erst über die Vermittlung der Church Peace Union (USA), des Federal Councils sowie den »Vereinigten kirchlichen Komitees zur Pflege freundschaftlicher Beziehungen zwischen Großbritannien und Deutschland« gelang es, eine internationale Friedenskonferenz einzuberufen, an der aber nicht Delegationen von Kirchen teilnahmen, sondern Einzelpersönlichkeiten. Vgl. dazu Wolfram Weiße, Praktisches Christentum und Reich Gottes. Die ökumenische Bewegung Life and Work 1919-1937, Göttingen 1991, 63f.

Kölner Bahnhof.[4] Beide versprachen sich angesichts des beginnenden Krieges und nach der dadurch notwendig gewordenen Auflösung der Konferenz[5], dass sie auch in der Kriegszeit in Verbindung bleiben und nicht aktiv am Krieg teilnehmen wollten. Hodgkin, Sekretär der Gesellschaft der Freunde für Außenmission, traf sich nach seiner Rückkehr am 8. August 1914 mit Verantwortlichen der Gesellschaft der Freunde in England. Zugleich veröffentlichte er einen Aufruf, dass die christliche Liebe angesichts des drohenden Krieges, der aufgrund unchristlicher Motive verursacht worden sei, den Hass überwinden sollte.
Vier Monate später lud Hodgkin zusammen mit Richard Roberts, einem Geistlichen der presbyterianischen Kirche in Crouch Hill zu einer Konferenz ins Trinity College in Cambridge ein, an der 130 pazifistisch gesinnte Christen und Christinnen teilnahmen. Auf der Tagung wurde die FoR offiziell gegründet. Die Wahl des Namens wurde von Roberts dadurch begründet, dass Frieden nach dem Verständnis der Gründer nicht nur eine Abwesenheit von Krieg bedeute, sondern den aktiven Prozess und die Praxis umfasse, in denen aus Feinden Freunde würden.[6] Nach 2Kor 5,17-19 hätten Christen und Christinnen in diesem Sinne das »Amt der Versöhnung«. Aus diesem Grund wurde die neue pazifistische Organisation bewusst mit dem Terminus »Versöhnung« überschrieben, der zugleich ihren Auftrag und ihr Leitmotiv ausdrückte. Vom 4.-11. Oktober 1919 fand in Bilthoven (Holland) eine Konferenz statt, auf der schließlich der Internationale Versöhnungsbund gegründet wurde.[7]

4 Vgl. Richard Deats, Introduction: The Rebel Passion. Eighty-five Years of the Fellowship of Reconciliation, in: Walter Wink (Hg,), Peace is the Way. Writings on Nonviolence from the Fellowship of Reconciliation, New York 2000, XV; Betty Lynn Barton, The Fellowship of Reconciliation: Pacifism, Labor, and Social Welfare, 1915-1960, Florida 1974, Microfilm Michigan 1982, 1.

5 Vgl. Christoph Demke, Friedrich Siegmund-Schultze als christlicher Pazifist, in: Hein-Elmar Tenorth/Rolf Lindner/Frank Fechner/Jens Wietschorke (Hg.), Friedrich Siegmund Schultze (1885-1969). Ein Leben für Kirche, Wissenschaft und soziale Arbeit, Stuttgart 2007, 109.

6 Vgl. Barton, Fellowship, 10.

7 Vgl. Hildegard Goss-Mayr, Der Internationale Versöhnungsbund. Bilanz und Perspektiven, in: Konrad Lübbert (Hg.), Bilanz und Perspektiven. 75 Jahre Versöhnungsbund, Hamburg 1990, 12.

II Der Zweig der FoR in den USA

Im November 1915 wurde auf einer Konferenz in Garden City, New York, der amerikanische Zweig der FoR gegründet. Hodgkin und Roberts waren als Initiatoren und Vermittler tätig, denn sie hatten auf ihrer Rundreise durch die USA, auf der sie Vorträge zur pazifistischen Friedensethik hielten, zu dieser Versammlung eingeladen.[8] In den ersten Veröffentlichungen der FoR stand die klare Absage an den Krieg aufgrund des Leitmotivs christlicher Gewaltlosigkeit und des Prinzips der Nächsten- bzw. Feindesliebe im Vordergrund. Während des Kriegs hielten die Mitglieder trotz der demonstrativen Aufforderungen zur Loyalität seitens der kriegsführenden Nationen an dieser pazifistischen Haltung fest, die den Krieg dezidiert ablehnte. Sie setzten sich für Kriegsdienstverweigerer ein, die aufgrund ihrer pazifistischen Haltung während des Ersten Weltkriegs mit langen Haftstrafen belegt wurden.[9] Das führte dazu, dass das Kriegsende und seine verheerenden Folgen im Gegensatz zu vielen Institutionen – u.a. auch für die die ökumenische Bewegung – die FoR nicht zu einer inhaltlichen Kursänderung nötigte.

Die Zentrale der nordamerikanischen FoR hatte ihren Sitz in New York und entwickelte sich rasch zur bedeutendsten pazifistischen Organisation der USA. Bald nach ihrer Gründung schlossen sich Pazifisten und reformorientierte Personen aus dem ganzen Land an, darunter Oswald Garrison Villard, ein bekannter Journalist und neben W.E.B. DuBois einer der Gründer der »National Association for the Advancement of Colored People« (NAACP). In seiner Familie, die väterlicherseits deutschstämmig war, gab es von beiden Elternteilen aus ein bedeutsames Engagement in Sachen Frauenemanzipation und Abolitionismus.[10] Durch diese personelle Überschneidung lässt sich die früheste Verbindung zur Bürgerrechtsbewegung feststellen, in der die NAACP eine zentrale Rolle einnahm.

Die leitende Persönlichkeit der FoR war A. J. Muste[11], der von 1916 an bis zu seinem Tod 1967 der FoR angehörte und sie wie kein anderer prägte. Von 1940-1953 wirkte er als Generalsekretär und konnte gerade in dieser Zeit entscheidende inhaltliche Weichenstellungen im Sinne

8 Vgl. Barton, Fellowship, 2.

9 Vgl. Deats, Introduction, XVI.

10 Vgl. Robert L. Gale, Villard Oswald Garrison, in: American National Biography Online, February 2000.

11 Vgl. Leilah Danielson, American Gandhi. A. J. Muste and the History of Radicalism in the Twentieth Century, Philadelphia 2014; Net Hentoff, Peace agitator: the story of A. J. Muste, New York 1963.

einer religiösen bzw. christlichen Fundierung der Bewegung vornehmen.
Die FoR engagierte sich in den gesellschaftlichen Kämpfen für die Bürgerrechte und die Überwindung des Rassismus, aber auch für ein gerechtes Wirtschaftssystem. Die Bewegung war von Anfang an überkonfessionell und strebte nicht danach, eine neue Konfession oder eine eigene Kirche zu gründen. Sie verstand sich vielmehr als Organisation, die sich aufgrund ihrer Unabhängigkeit von den etablierten Kirchen wesentlich einflussreicher für Frieden und Versöhnung einsetzen konnte.[12] Dennoch entwickelte die FoR ein engmaschiges Kontaktnetz zu verschiedenen Kirchen und Religionsgemeinschaften, wobei die zunächst innerprotestantische Ausrichtung später ökumenisch und dann auch interreligiös ausgeweitet wurde. Diese Haltung führte dazu, dass in den 60er Jahren auch Juden und Katholiken aktive Mitglieder in der FoR wurden.[13] Viele Mitglieder waren zudem eine Doppelmitglieder, in der FoR und einer weiteren konfessionellen Friedensorganisation.

III Stellungnahmen der FoR zum Rassismus

Auf biblischer Grundlage entwickelte die FoR in den USA die Leitidee, wonach alle Menschen zu einer Rasse und zu einer gemeinsamen Familie gehörten, in der aller Nationalismus überwunden werden sollte.[14] Interessanterweise entsprach es dem Selbstverständnis der FoR, dass sie sich als Gemeinschaft und Organisation ansah, in der sich Menschen unterschiedlicher Rasse, Religion und Kultur zusammenschlossen.[15] Hier kann bereits die Vision der »Beloved Community«, die Martin Luther King zutiefst prägte,[16] als Grundlage der FoR identifiziert werden.
Die FoR in den USA führte auch eigene Kampagnen zur Einübung und zum Training der Praxis des gewaltlosen Widerstands durch. Sie entsandte »peace teams«, um Friedens- und Bürgerrechtsbewegungen vor Ort zu unterstützen. Der Einfluss der Veröffentlichungen, der Vortags-

12 Vgl. Barton, Fellowship, 22.
13 Vgl. ebd. 24.
14 Vgl. ebd. 12.
15 Vgl. ebd. 23.
16 Vgl. Andrea Strübind, »Widerstandsrecht« als elementares Thema in den freikirchlichen Traditionen, in: Martin Leiner/Hildigund Neubert/Ulrich Schacht/Thomas A. Seidel (Hg.), Gott mehr gehorchen als den Menschen. Christliche Wurzeln, Zeitgeschichte und Gegenwart des Widerstands, Göttingen 2005, 137-168.

und Reisetätigkeit der Sekretäre und die vielen Konferenzen übten großen Einfluss auf die Bewegung aus und sind für ihre weitere Entwicklung kaum zu überschätzen.[17]

IV Die Verbindungen der FoR zur Bürgerrechtsbewegung

Die FoR engagierte sich bereits vor der Formierung der klassischen Bürgerrechtsbewegung aktiv zur Überwindung der Rassentrennung. In diesem Zusammenhang ist zunächst die Verbindung zwischen der FoR und dem gewaltfreien Widerstand Mahatma Gandhis herauszustellen, die wiederum wesentliche Rückwirkungen auf die Praktiken der späteren Bürgerrechtsbewegung auslöste. Schon in den 30er Jahren beschäftigten sich prominente Mitglieder der FoR mit Gandhi und seiner erfolgreichen Protestbewegung gegen die koloniale Herrschaft.[18] Sie engagierten sich dafür, dass eine erste Autobiographie Gandhis und eine Auswahl seiner Werke in den USA veröffentlicht werden konnten.

Der Jurist Richard Bartlett Gregg, der seit den späten 30er Jahren des letzten Jahrhunderts eine bedeutende Rolle in der FoR der USA spielte, avancierte zum Interpreten von Gandhis Theorie und Methodik des gewaltlosen Widerstands.[19] 1934 veröffentlichte er das Buch »The Power of Non-Violence«, das sich zu einer »Bibel der Gewaltlosigkeit« entwickelte und großen Einfluss auf die US-amerikanische und europäische Friedensbewegung ausübte (u.a. auch auf die Peace Pledge Union in England).[20] Glenn Smiley bezeichnete in diesem Zusammenhang das Buch von Krishnalal Shidharani, einem Anhänger Gandhis, »War without Violence« (1939), das in den USA von Aktivisten gegen die Rassentrennung rezipiert wurde, als eine bedeutende Weichenstellung.[21]

Nach dem Zweiten Weltkrieg war in der FoR eine junge Generation von Mitarbeitenden tätig, zu denen die zukünftigen Leitfiguren der Bürgerrechtsbewegung gehörten.[22] Eine zentrale Rolle als Bindeglied zwischen diesen Aktivitäten und der späteren Bewegung kam Bayard Rustin[23] zu,

[17] Vgl. Barton, Fellowship, 28.

[18] Vgl. Joseph Kip Kosek, Acts of Conscience. Christian Nonviolence and Modern American Democracy, New York 2009, 86f.

[19] Vgl. ebd. 88ff.

[20] Ebd. 110.

[21] Vgl. ebd.179.

[22] Vgl. ebd. 147.

[23] Vgl. Jerald Podair, Bayard Rustin, American Dreamer, Lanham 2008; Nicole Hirschfelder, Opression as process. The case of Bayard Rustin, Heidelberg 2014.

dem zu Beginn wohl einflussreichsten Mitarbeiter Kings, der seit 1942 hauptamtlich für den FoR beschäftigt war. Er wurde laut Smiley mit zwei weiteren Mitarbeitenden von der FoR beauftragt, die Methode des gewaltlosen Widerstands nach Mahatma Gandhi auszuprobieren und im Kampf gegen die Rassentrennung zu kontextualisieren.[24] Aufgrund dieser Beschäftigung mit Gandhis Methoden entstand eine erste Organisation des gewaltfreien Widerstands.

Diese drei Mitglieder der FoR gründeten 1942 den Congress for Racial Equality (CORE), eine sehr einflussreiche Basisbewegung gegen die Segregation vor allem im studentischen Milieu, die sich später mit der Massenbewegung unter der Leitung von Martin Luther King vernetzte.[25] Im Rahmen von CORE wurden die ersten Sit-ins gegen die Rassentrennung in Cafés, Restaurants und öffentlichen Schwimmbädern (u.a. in Chicago, Denver, St. Louis und Los Angeles) organisiert.[26] In dieser Zeit stieß auch Smiley zu den Aktivisten, die versuchten, Gandhis Methodik auf den Kampf gegen die Rassentrennung zu übertragen.[27]

Die dort entwickelten Protestformen etablierten sich in der späteren Massenbewegung. 1947 unternahmen 16 Studenten – darunter auch Bayard Rustin – als ein sogenanntes »interracial team« eine Versöhnungsreise (»Journey of Reconciliation«) durch die Südstaaten, die zum Vorbild für die späteren Freedom Rides der Bürgerrechtsbewegung avancierte und von der FoR finanziert wurde. Im engen Schulterschluss mit dem Internationalen Versöhnungsbund wurden offensichtlich die Formen und Praktiken des gewaltlosen Widerstands entwickelt und ausgebildet, die später in den Massenprotesten aufgegriffen werden konnten.

Die FoR unterstützte die Aktivisten während der Proteste durch Trainingskurse zur Einübung von Methoden und Praktiken des gewaltlosen Widerstands. Sie stellte zahlreiche Redner und Vortragende zur Verfügung, schuf eigene Medien, die über die Bewegung Auskunft gaben und unterstützten die Opfer der gewaltsamen Übergriffe und Attentate (u.a. ausgebrannte Kirchen) auch finanziell.

[24] Vgl. Glenn Smiley, How Nonviolence works, in: Walter Wink (Hg,), Peace is the Way. Writings on Nonviolence from the Fellowship of Reconciliation, New York 2000, 54.

[25] Vgl. Deats, Introduction, XVII.

[26] Vgl. Smiley, Nonviolence, 55; vgl. Kosek, Acts, 188f.

[27] Vgl. ebd. 55.

V Die Bedeutung der Black Church für die Bürgerrechtsbewegung

In meiner eigenen Forschungsarbeit habe ich mich bisher mit der Trägerschaft des von Martin Luther King angeführten Protestes und mit der Rezeptionsgeschichte des gewaltlosen Widerstands befasst, wie er von King vertreten und praktiziert wurde. Dabei konzentrierte ich mich auf die Frage nach der Bedeutung der »Black Church«, nach ihren religiösen Traditionen sowie ihrer Sozialgestalt für die Bürgerrechtsbewegung Kings. Sie ist nach meiner Einschätzung als der generative ›Machtfaktor‹ anzusehen, der hinter der Massenbewegung des gewaltlosen Protestes stand und für ihren Erfolg maßgeblich verantwortlich war.[28] Die Strategie des gewaltlosen Widerstands wäre ohne diese gut organisierte, christlich motivierte Trägerschaft und spirituelle Gemeinschaft innerhalb der afroamerikanischen Bevölkerung nicht durchsetzbar gewesen, was sich anhand der Entwicklungsgeschichte der Bürgerrechtsbewegung aufzeigen lässt.[29]

In einer Rede vom Januar 1963 führte King zur Frage nach der Trägerschaft der Bürgerrechtsbewegung aus: »I am happy to say that the nonviolent movement in America has come not from secular forces but from the heart of the Negro Church.«[30] Während sich in Montgomery der Massenprotest formierte und etablierte, konnte King sich auf die schwarzen Gemeinden, ihre Mitglieder, ihre Strukturen und ihre Ressourcen verlassen, die Gebetskreise bildeten und Streikposten stellten. Schwarze Gemeinde standen hinter den neu entstehenden Organisationen, wie etwa der Montgomery Improvement Association oder der Southern Christian Leadership Conference. Sie gewährten finanzielle und personelle Unterstützung und stellten das Gros der Demonstranten, deren auswärtige Sympathisanten sie zudem mit Essen und Quartieren

[28] Hier stimme ich ganz mit Michael Haspels Ergebnissen überein, der in seiner sorgfältigen Vergleichsstudie die Rolle der evangelischen Kirchen in der DDR im Rahmen der Friedlichen Revolution von 1989 und die Bedeutung der Black Church für die Bürgerrechtsbewegung in den USA untersuchte. Vgl. Michael Haspel, Politischer Protestantismus und gesellschaftliche Transformation. Ein Vergleich der evangelischen Kirchen in der DDR und der schwarzen Kirchen in der Bürgerrechtsbewegung in den USA, Tübingen/Basel 1997.

[29] Vgl. Andrea Strübind, Die Macht der Gewaltlosigkeit. Martin Luther King und die »Black Church« als Trägerin der Bürgerrechtsbewegung, in: KZG 17 (2004), 500-518.

[30] Martin Luther King zit. nach: Lewis V. Baldwin, Martin Luther King, Jr., The Black Church and the Black Messianic Vision, in: David J. Garrow (Hg.), Martin Luther King, Jr. and the Civil Rights Movement, Bd. 1, New York 1989, 6.

versorgten. Schwarze Gemeinden unterstützen auch aktiv alle anderen Organisationen gegen die Rassentrennung.

Die »Black Church« bildete eine mächtige Institution, in der sich eine unterdrückte Minderheit organisierte und entwickelte, die vom öffentlichen Leben der Gesellschaft vielfach ausgeschlossen war. Diese in allen Bereichen wichtige Rolle der Black Church sollte bei der Untersuchung der Verflechtungsgeschichte von Bürgerrechtsbewegung und FoR nicht vernachlässigt werden.

VI Stationen der Einflussnahme und Unterstützung der FoR in der sich bildenden Bürgerrechtsbewegung

Vor dem Busboykott in Montgomery hatte es noch keine erfolgreiche Ausdehnung der antirassistischen Aktionen der FoR im Süden der USA gegeben.[31] Martin Luther King war zwar während seiner Studienzeit mehrfach mit Repräsentanten der FoR in Berührung gekommen, und auch einige seiner Lehrer (Benjamin Mays, Mordecai Johnson, Howard Thurman) waren mit den theologischen und friedensethischen Positionen der FoR vertraut; aber King war zu Beginn noch kein Teil des FoR-Netzwerkes, dessen Mitglied er erst 1958 wurde und in der er zudem nie eine leitende Funktion wahrnahm.[32] Eine bedeutende Rolle in der Organisation des Boykotts spielte Bayard Rustin, der 1956 nach Montgomery kam, aber aufgrund seiner öffentlich gewordenen Homosexualität nicht länger in der FoR arbeiten konnte.[33] Dennoch blieb er als führender Berater Kings im ständigen Kontakt mit A. J. Muste, dem Generalsekretär der FoR, wurde aber aus taktischen Gründen durch Glenn Smiley ersetzt.

Glenn Smiley wurde Mitte Februar 1956 vom Exekutiv-Komitee der FoR beauftragt, nach Montgomery zu fahren.[34] »During his time in the South Glenn should be on the lookout for a Southern pacifist who is much concerned about the situation and who would want to work at it if the

[31] Vgl. Kosek, Acts, 212.

[32] Vgl. Protokoll vom 16.12.1958, in: Protokolle des Exekutiv Komitees der FoR ab November 1955, Collection The Fellowship of Reconciliation, Box 1 of 1, The King Library and Archive.

[33] Vgl. Kosek, Acts, 213.

[34] Vgl. Protokoll vom 13.2.1956, in: Protokolle des Exekutiv Komitees der FoR ab November 1955, Collection The Fellowship of Reconciliation, Box 1 of 1, The King Library and Archive.

way opens «.[35] Im März berichtete er dem Komitee über die Entwicklung des Busstreiks, woraufhin er gebeten wurde, möglichst viel Zeit in Montgomery zu verbringen, um die Bewegung zu unterstützen.[36] Im April gab Smiley einen weiteren Bericht über seine Zusammenarbeit mit den Streikenden, insbesondere mit King, aber auch über Kontaktaufnahmen zur weißen Bevölkerung. »Close contacts were made with Martin Luther King and other leaders, meetings were held with white ministers, and a general effort was made to understand the factors creating the Protest.«[37]

Smiley blieb ab Februar 1956 permanent in Montgomery und unterstützte im Auftrag der FoR King und seine Mitarbeitenden.[38] In einem ersten Gespräch waren King und Smiley übereingekommen, dass der Funktionär der FoR ihn über Gandhis Methode unterrichten sollte, da er bisher nur wenig davon wusste. Smiley wollte zudem zur Frage des gewaltlosen Widerstands mit den leitenden Verantwortlichen in den Kirchen und in der Öffentlichkeit in Montgomery sprechen und den Busboykott fördern. Weiterhin sollten neue Zentren für den Protest in den Städten des Südens gesucht und dann vernetzt werden. Smiley wollte darüber hinaus die Verbindung zur weißen Bevölkerung (white community) in Montgomery aufbauen und beobachten. Die FoR war nach seiner Meinung die einzige Organisation, die der lokalen Bürgerrechtsbewegung in Montgomery helfen konnte, denn ihre Anführenden »are desperately in need of guidance and help in this time of crisis.«[39] Es ist noch nicht abschließend einzuschätzen, ob diese Einschätzung Smileys voll zutreffend ist. Die Bemerkung könnte auch die Hervorhebung seiner eigenen Rolle gegenüber der FoR zum Ziel gehabt haben. Voller Enthusiasmus schrieb er im selben Bericht an das Hauptquartier in New York: »It is my firm conviction that the FOR was created for such an hour, and I pray that we may be as adequate as possible«[40]

[35] Protokoll vom 13.2.1956.

[36] Vgl. Protokoll vom 21.3.1956, in: Protokolle des Exekutiv Komitees der FoR ab November 1955, Collection The Fellowship of Reconciliation, Box 1 of 1, The King Library and Archive.

[37] Protokoll vom 19.-20.4.1956, in: Protokolle des Exekutiv Komitees der FoR ab November 1955, Collection The Fellowship of Reconciliation, Box 1 of 1, The King Library and Archive.

[38] Vgl. zur Rolle von Glenn Smiley: Kosek, Acts, 215ff.

[39] Memo aus Montgomery, Alabama vom 7.4.1956 von Smiley an den Staff der FoR, in: The Fellowship of Reconciliation Collection, Box 2 of 2 Folder Glenn Smiley Papers, correspondence, flyers, reports, etc. 1955-1956, The King Library and Archive.

[40] Memo aus Montgomery, Alabama vom 7.4.1956.

Die weitere Berichterstattung Smileys zeigte die rastlose Tätigkeit des Funktionärs der FoR während der Zeit des Boykotts. Er hielt zahllose Reden, knüpfte Kontakte, unterrichtete in Workshops, organisierte gezielte Trainingseinheiten, um das gewaltlose Verhalten nach einer möglichen Desegregation in den Bussen mit den Teilnehmenden einzuüben. Die von ihm initiierten Workshops bestanden »Discussion – Sociodrama – Research – Laboratory Techniques« und wurden von der FOR gesponsert.[41] Er war auch einer der ersten, der an der Seite von King in einen desegregierten Bus stieg.

Der gewaltlose Protest weitete sich sukzessiv im Süden aus, wozu die engagierte Schulungsarbeit von Smiley entscheidend beitrug. Zugleich entwickelte er sich zu einer Art Mediator für die verschiedenen Gruppierungen und Akteure, die an der Bürgerrechtsbewegung beteiligt waren.[42] Allerdings gestaltete sich diese Vermittlungstätigkeit nicht immer konfliktfrei, wie u.a. ein großer Skandal während einer Kampagne in Birmingham zeigte.[43]

Ab Ende 1957 wurde Smileys Aufgabenbereich über die Einrichtung eines Teams durch die FoR personell verstärkt.[44] »The team will encourage the development of nonviolent leadership in potential tension situations, and be available for immediate call to tension spots.« Das Team arbeitete in den kommenden Monaten sehr effizient und führte unzählige Veranstaltungen und Schulungen durch. Führende Mitglieder der Bürgerrechtsbewegung wie Ralf Abernathy oder Fred Shuttlesworth (Birmingham) erhielten Schulungsaufenthalte durch die FoR in deren Hauptquartier in New York. Das FoR-Zentrum entwickelte sich auch zur Clearing-Stelle bei inneren Konflikten in der Bürgerrechtsbewegung.[45]

Die FoR trug durch ihre Unterstützung zudem maßgeblich dazu bei, dass der Boykott ein Medienereignis wurde und dass sich die spezielle Bildwelt der Bürgerrechtsbewegung weltweit einprägen konnte. Hinzu ka-

41 Vgl. Brief Glenn Smiley an Rev. Lawrence W. Bottoms vom 11.7.1956, in: The Fellowship of Reconciliation Collection, Box 2 of 2 Folder Glenn Smiley Papers, correspondence, flyers, reports, etc. 1955-1956, The King Library and Archive.

42 Vgl. Bericht/Memo von Bayard Rustin im Dezember 1958, in: Folder: General Race Relations 1957-1963 (Birmingham), The King Library and Archive.

43 Vgl. Korrespondenzen mit Fred Shuttlesworth, in: Folder: General Race Relations 1957-1963 (Birmingham), The King Library and Archive.

44 Vgl. Protokoll vom 13.12.1957, in: Protokolle des Exekutiv Komitees der FoR ab November 1955, Collection The Fellowship of Reconciliation, Box 1 of 1, The King Library and Archive.

45 Vgl. Protokoll vom 18.11.1958, in: Protokolle des Exekutiv Komitees der FoR ab November 1955, Collection The Fellowship of Reconciliation, Box 1 of 1, The King Library and Archive.

men die Veröffentlichungen und die Zeitschriften der FoR, in denen King und seine Mitstreitenden selbst zu Wort kamen, aber auch Berichte über die Ereignisse durch Glenn Smiley.[46] King berichtete über den Busboykott im Mai 1956 in der Zeitschrift »Fellowship«. Die Veröffentlichung der Montgomery Story – war sehr schnell in über 100.000 Exemplaren verkauft und das Buch wurde durch die FoR flächendeckend verbreitet.[47] Besonders einflussreich war in der Medienkampage auch der Film: »Walk to Freedom«, der King, Gandhi und die Ideale der FoR in eine Reihe stellte.

Rückblickend beschrieb Glenn Smiley, dass die Methodik des gewaltlosen Widerstands gegen die Rassentrennung in Anlehnung an Gandhi bereits vor dem Montgomery Busboykott in zahlreichen Projekten und in verschiedenen Teilen des Landes erfolgreich umgesetzt worden war.[48] Dabei weist er nachdrücklich auf die entscheidende Rolle der Black Church als Massenbasis der Bewegung hin, die zum großen Erfolg des einjährigen Boykotts beigetragen habe.

Zusammenfassend lässt sich festhalten, dass die FoR einen bedeutenden Einfluss auf die frühe Bürgerrechtsbewegung und damit auch für die Ausgestaltung der Bürgerrechtsbewegung ausübte. Die FoR brachte das Knowhow zur Praxis des gewaltlosen Widerstands nach Montgomery. Sie ließ dabei der örtlichen Bewegung genügend Freiraum, um eigene Formen und Praktiken des Protests zu entwickeln, die eng mit der kirchlichen Bindung und dem spirituellen Hintergrund zusammenhingen. Die Strategie und Methodik des gewaltlosen Widerstands war nirgendwo so deutlich sichtbar und öffentlich erfolgreich geworden wie im Montgomery Busboykott.

Die Massenbewegung gegen die Segregation wurde in erster Linie von Kirchen, vorwiegend von baptistischen und methodistischen, getragen. Smiley berichtete, dass King nach einem Bombenattentat auf sein Haus die aufgebrachte Menge zur Gewaltlosigkeit ermahnte: »From this moment the movement of protest became church-centered, led by the clergy, and even the mass meetings, held each Monday and Thursday nights with from 2.000-4.000 people present, are now called prayer meetings, with prayers starting about 3.30 in the afternoon and continuing until

46 Vgl. Collection Fellowship of Reconciliation, Box 3, The King Library and Archive.

47 Vgl. Protokoll vom 24.2.1958, in: Protokolle des Exekutiv Komitees der FoR ab November 1955, Collection The Fellowship of Reconciliation, Box 1 of 1, The King Library and Archive.

48 Vgl. Smiley, Nonviolence, 55.

the beginning of the formal meeting at 7.00 p.m. Hymns and prayers are the heart of the whole movement.«[49]

In einem Brief fasste ein Pastor aus Montgomery die Bedeutung der FoR und die Rolle von Glenn Smiley treffend zusammen (Mai 1957): »There is one organization that stands out in the minds of the Negro people of Montgomery and those white people who are friendly to the cause. That is your own Fellowship of Reconciliation. Through Glenn Smiley particularly you have made an important and lasting contribution to our movement in Montgomery, and very likely throughout the South.«[50] Den Verzicht auf Gewalt hätten King und die leitenden Verantwortlichen eigenständig in die Bewegung implementiert. »But most of the credit for giving form and substance to this principle must go to Glenn Smiley. Glenn did not come in with a program for us to adopt and put into practice. But he made himself aquainted with our leaders and gave them the necessary aid and counsel so that they themselves could carry the spirit of nonviolence into the hearts of our people.«[51]

Nach diesem kurzen Einblick in die Verflechtungsgeschichte von der FoR und der frühen Bürgerrechtsbewegung bleiben viele weitere Fragen für die zukünftige Forschungsarbeit offen. Dazu gehören etwa die bisher noch weitgehend unerschlossenen europäischen Entwicklungen der FoR und ihre Verbindung in die USA. Die FoR spielte jedenfalls in ideeller, materieller und organisatorischer Hinsicht eine zentrale Rolle in der sich entwickelnden Bürgerrechtsbewegung in den USA. Dennoch hat die Bürgerrechtsbewegung in Theologie, Praxis und Spiritualität ein ganz eigenes Gepräge und ein unverwechselbares Profil generiert, das unverrückbar mit der Black Church zusammenhängt. Das darf bei aller Berücksichtigung des Einflusses dieser großen pazifistischen Organisation der FoR nicht vergessen werden. Als Ralf Abernathy im Rahmen des Busstreiks danach gefragt wurde, ob es bei ihnen eine große Anhängerschaft Gandhis gäbe, antwortete er symptomatisch: »No, there are no followers of Gandhi, but there are followers of Christ.«[52]

49 Smiley, The Miracle of Montgomery von Glenn Smiley (1956?) – Manuskript mit vielen handschriftlichen Änderungen, Folder: Glenn Smiley Papers, Correspondence, Flayers, Reports etc. 1956-1960, The King Library and Archive.

50 Brief Robert Graetz (Trinity Lutheran Church) in Montgomery Alabama vom 15.5.1957 [handschriftliche Notiz von Hassler auf der Vorderseite: es handelt sich um einen weißen Pastor in einer schwarzen Gemeinde], Martin Luther King Papers, Primary Correspondence, 1955-1968, Subgroup A, Series I, SS I, Box 10, Folder 10.15, FOR von 1956-1962, The King Library and Archive.

51 Brief Robert Graetz vom 15.5.1957.

52 Ebd.

Luther und die Reformation im Kontext Orthodoxer Theologie: Von der Dialektik der Konfrontation zur Komplementarität einer ökumenischen Verständigung?

Athanasios Vletsis

I Orthodoxie, Luther und die Reformation: ein Desiderat?

»Für die orthodoxe Theologie ist und bleibt die Persönlichkeit Martin Luthers ambivalent. Einerseits fühlt sie sich Luther sehr nahe, kritisiert er doch den ›gemeinsamen Gegner‹ Rom, andererseits aber auch wieder sehr fern, denn er führt die Häresie des Westens noch weiter als die römisch-katholische Kirche. Wenn also für einen orthodoxen Fundamentalisten die römisch-katholische Kirche etwas Schlechtes ist, dann ist der Protestantismus etwas noch Schlechteres, weil er den westlichen Irrglauben noch auf die Spitze treibt.« Mit diesen Worten hat der (auch in Deutschland) bekannte Orthodoxe Theologe Marios Begzos, heute Dekan der Theologischen Fakultät Athen, seinen Vortrag zum Thema »Luther im Licht der Orthodoxen Theologie« bei einem Forum des Ökumenischen Instituts in Heidelberg begonnen.[1] Begzos gehört mit Sicherheit

[1] Online zu lesen unter: http://www.uni-heidelberg.de/md/fakultaeten/theologie/oek/-forum/14-2.pdf. Abgedruckt wurde der Aufsatz von Marios Begzos, Luther im Licht der Orthodoxen Theologie, in: Wissenschaftliches Jahrbuch der Theologischen Fakultät Athen 37 (2002), 467-479. Ders., Reformation und Ost-

nicht zu den Fundamentalisten in der Orthodoxie; er kann sich auch mit dem Titel einer früheren ökumenischen Veranstaltung für Luther anfreunden: »weder Ketzer noch Heiliger«[2]. Nichtdestotrotz wirft er dem Protestantismus, und hier konkret Luther vor, dass sie den Individualismus vorangetrieben haben, der sich »wesentlich« vom Personalismus der Orthodoxie unterscheidet: »In der Orthodoxie haben die Person und die Hypostasis ontologischen Vorrang vor dem Wesen und der Natur, während der Protestantismus das Individuum höher als die Person und das Wesen wertet«.[3] Ob mit dieser plakativen Unterscheidung, z.B. Person gegen Individuum, der Kern jeder theologischen Tradition korrekt und redlich erfasst wird, möchte ich bezweifeln.[4] Gewiss ist die Fragestellung Luthers »wie bekomme ich einen gnädigen Gott« im östlichen Christentum nicht so vertraut, tradiert wird aber diese Sorge um das »individuelle« Heil im bis heute bekannten monastischen Spruch: »Sag mir ein Wort Vater, damit ich gerettet werde«. Die unterschiedliche Akzentuierung von Fragen der Erlösungs-Soteriologie kann nicht ohne

kirche, in: Anna Madsen (Hg.), Glaube und Denken. Die Bedeutung der Theologie für die Gesellschaft. Festschrift für Hans Schwarz zum 65. Geburtstag, Frankfurt a.M. (u.a.) 2004, 329-334.

2 Geißer, H.F. (u.a.), Weder Ketzer noch Heiliger. Luthers Bedeutung für den ökumenischen Dialog, Regensburg 1982 (Ganz interessante Beiträge eines Kongresses in Tutzing 1981).

3 Begzos, a.a.O., 474. Eine kurze Besprechung dieses viel zitiert Axioms, zur Beziehung zwischen Natur und Person, das auf eine fragwürdige These von de Régnon zurückgeht, siehe in meinem Beitrag: Die immanente Trinität ist die »doxologische Trinität«. Die Entsprechung von »Theologia« und »Oikonomia« als Voraussetzung einer Überbrückung der Trinitätsmodelle zwischen Ost und West, in: Una Sancta 64 (2009), 8-28.

4 Die Attestierung einer – nicht unumstrittenen – Kluft zwischen einem »Individualismus« des Westens und einem »Personalismus« des Ostens kann ich in diesem Beitrag nicht weiter verfolgen. Ich will lediglich auf eine Äußerung eines evangelischen Kollegen verweisen, die eben dokumentiert wie ambivalent bzgl. dieser Begriffe die Argumentation zwischen Ost und West verlaufen kann: »Die für die moderne orthodoxe Theologie charakteristische Zentralstellung des Person-Begriffs beispielsweise verdankt sich nicht unerheblich dem Einfluss protestantischer Theologie des 19. Jahrhunderts«: Bernd Oberdorfer, Faszination und Befremden. Ökumenische Begegnung mit der Welt der Orthodoxie, in: International Journal of Orthodox Theology 3 (2012), 163-178, 170. Der Vorwurf des Individualismus wird jedenfalls nicht nur von Orthodoxen, sondern auch von Evangelischen Theologen mitgeteilt. Konstantin Delikostantis, Ende der Luthervergessenheit. Der »fremde« Martin Luther im Kontext der Orthodoxen Theologie, in: Wissenschaftliches Jahrbuch der Theologischen Fakultät Athen 39 (2004), 239-250, verweist als Belegstellen zum Individualismus-Vorwurf nicht nur auf das Werk von M. Farantos, sondern auch auf das Werk von F. Heyer: siehe S. 247-248.

eine gründliche Untersuchung des jeweiligen Kontextes der Entfaltung jeder Theologie interpretiert werden. Ebenso kann ich die Analyse zum geschichtlichen Kontext der Entstehung der Reformation von Marios Begzos nicht ohne weiteres teilen: »Das Schisma (zwischen Ost- und Westkirche) gibt im Voraus eine Erklärung für das Eintreten der Reformation (gemeint sind hier die Einsprüche der Ostkirche gegen den Jurisdiktionsprimat Roms); und die Reformation rechtfertigt das Schisma im Nachhinein. Luther kann als theologische Rechtfertigung des Photios angesehen werden«.[5] Diese Vermischung von so unterschiedlichen Zeitepochen, die sogar die kirchenpolitischen Faktoren außer Acht lässt, und die Reformation (sowie auch die Orthodoxie) lediglich unter dem Axiom der Ablehnung der Ansprüche Roms für die Gestaltung von kirchlichen Jurisdiktionen subsumiert, läuft Gefahr teilweise u.a. Wirkung mit Ursachen zu verwechseln.
Dass (eigentlich nicht nur) orthodoxe Theologen sich immer noch ähnlicher Stereotypen bedienen, die leider die Verständigung zwischen den zwei theologischen Traditionen weiterhin erschweren, kann als das Resultat einer Jahrhundert alten Entfremdung interpretiert werden: die Orthodoxie hat sich mit der Theologie der Reformation nur am Rande befasst und wenn überhaupt dann v.a. aus apologetischen Gründen.[6] In

5 Begzos, a.a.O., 473.

6 Bereits Ende des 19. Jh.s und dann in der ersten Hälfte des 20 Jh.s haben bekannte orthodoxe Theologen angefangen, sich konstruktiv, wenn auch damals im Geist einer dialektischen Gegenüberstellung, mit der Theologie der Reformation zu befassen. Die Tendenzen zum Abwehren von »westlichen Einflüssen«, die sich klar in der russischen Geistesgeschichte des abgehenden 19. Jh.s abzeichneten, wurden etwas systematischer ab dem erstem Kongress der Orthodoxen Theologischen Fakultäten in Athen erfasst, der die Orthodoxe Theologie in eine neue Epoche geführt hat (bekannt unter den Orthodoxen auch als »Neoorthodoxie«). In verschiedenen Beiträgen dieses Kongresses wurden die »äußeren Einflüsse« auf die orthodoxe Theologie untersucht, darunter auch die Einflüsse aus der Welt des Protestantismus. Die Beiträge zu diesem Kongress siehe in: H.S. Alivisatos (Hg.), Procès-Verbaux Verbaux du Premier Congrés de Théologie Orthodoxe à Athènes. 29. Nov.-6. Dec. 1936, Athen 1939. In dieser Zeit hat z.B. der renommierte orthodoxe Theologe Ioannis Karmiris seinen ersten Beitrag zum Thema: Orthodoxie und Protestantismus, Athen 1937 (griech.) geliefert, wobei nach dem Krieg mehrere Publikationen von ihm in diese Richtung folgten (einige auch in deutscher Sprache). Insbesondere jedoch nach der Gründung des ÖRK (1948) und der allmählichen Beteiligung von Orthodoxen Kirchen in der ökumenischen Bewegung beginnt eine eher systematische und sicherlich ausgewogenere Beschäftigung der Orthodoxen Theologie mit Themen reformatorischer Theologie, wovon interessante Tagungen mit Beteiligung einer breiteren Schicht auch von orthodoxen Theologen ein Zeugnis abgeben: siehe z.B. die Beiträge im Band von E. Benz- L. A. Zander (Hg.), Evangelisches und orthodoxes

der Zeit der Reformation und bis in die Anfänge des 20. Jh.s, teilweise sogar bis zum letzten Jahrzehnt des vorigen Jh.s, war sie in ihrer eigenen Welt, zum größten Teil durch die profane Geschichte bedingt, abgeschottet, so dass eine ernsthafte Auseinandersetzung insbesondere mit dem Reformator immer noch ein »Desiderat« darstellt, was in der Parole von M. Begzos anschaulich wird: »Ja zum Reformator, aber Nein zum Protestanten«.[7]

Christentum in Begegnung und Auseinandersetzung, Hamburg 1952 (Beiträge einer Tagung in Marburg 1951). Vgl. auch Ioannis Kalogerou, Die Tätigkeit der Orthodoxen Kirche bei ihrer ersten Begegnung mit der Reformation. Ein Beitrag zum Verständnis der neueren Auffassungen, in: Wissenschaftliches Jahrbuch der Theologischen Fakultät Thessaloniki 1961, 61-102. Ein Beweis dafür, dass die Werke von Orthodoxen Theologen nicht nur einen apologetischen Charakter verfolgt haben, sondern durchaus einen kreativen Dialog führen können, liefert u.a. das Buch von Nikolaos Matsoukas, Orthodoxie und Protestantismus, Thessaloniki (griech.), 1995, was als Pflichtlektüre für die Studierenden der Fakultät empfohlen wird. Aus der Sicht evangelischer Theologie war Ernst Benz einer der ersten, der Pionierarbeit für eine redliche Wahrnehmung der östlichen Theologie geleistet hat, z.B. in seinen Beiträgen: Die Ostkirche im Lichte der protestantischen Geschichtsschreibung von der Reformation bis zur Gegenwart, Freiburg-München 1952; Ders., Wittenberg und Byzanz, Zur Begegnung und Auseinandersetzung der Reformation und der östlich-orthodoxen Kirche, Marburg 1949 (2. Ausgabe: München 1971). Ferner hat sich Edmund Schlink konstruktiv und liebevoll mit der Orthodoxie befasst: Umwandlungen im protestantischen Verständnis der Orthodoxie, in: Ders., Der kommende Christus und die kirchlichen Traditionen, Göttingen 1962, 221-231. Einen kurzen Überblick zur Beziehung insbesondere der russischen Orthodoxie zum Luthertum lieferten die folgenden Beiträge: Hans-Dieter Döpmann, Zum Verhältnis von Orthodoxie und Luthertum, in: Die Zeichen der Zeit 42 (1988), 121-126; W. Hryniewicz, Martin Luther und die Orthodoxie. Ökumenische Erwägungen, in: Ostkirchliche Studien 36 (1987), 154-177.

7 Begzos, a.a.O. 478. Delikostantis hat Recht, selbst im Jahr 2004 von einem »Desiderat« zu sprechen, konkret bzgl. einer systematischen Lutherforschung aus der Sicht orthodoxer Theologie: Konstantin Delikostantis, Ende der Luthervergessenheit (s. Anm. 4), 243; Ders., Wandlungen der Lutherdeutung in der Orthodoxen Theologie. Anmerkungen zum orthodox-protestantischen Gespräch, in: Diakonia. In Memoriam B. Stogiannos, Wiss. Jahrbuch der Theologischen Fakultät Thessaloniki 1988, 393- 405. Zu einer Intensivierung der Lutherforschung, sicherlich auch aus der Sicht Orthodoxen Theologie, hat das Lutherjubiläum 1983 (500 Jahre nach Luthers Geburt) beigetragen. Eine interessante Sammlung auch von orthodoxen Beiträgen siehe im Band einer Tagung in Chambésy/Genf: Luther et la Réforme Allemande dans une perspective oecuménique, in: Les Études théologiques des Chambésy, Bd. III, (ed. du Centre orthodoxe, du Patriarchate oecumé), Chambésy-Genève 1983. Vgl. auch die Beiträge im Band zitiert in der Anm. 2. Weitere interessante Aufsätze, die einen Beitrag zu einer Annäherung zur Person und Werk des Reformators und der Reformation und damit auch zur gegenseitigen Verständigung leisten: Damaskinos

Was kann nun ein orthodoxer Theologe mit Luther und der Reformation anfangen, zumal die Orthodoxie in ihrer eigenen Geschichte bis heute diese Erfahrung einer Reformation nicht gemacht hat?[8] Was haben die vielfältigen ökumenischen Dialoge, denen sich die Orthodoxie seit geraumer Zeit gestellt hat, zur Verständigung mit dem Gesprächspartner beigetragen? Dieser Aufsatz[9] kann nur mit Stichworten kurz zu den eben gestellten Fragen eingehen, in der Hoffnung einen kleinen Beitrag zu einer heutigen Standortbestimmung des Dialogs zu leisten:[10] weg von der Dialektik der Konfrontation hin zu einer mehr komplementären Sicht der Beziehungen zwischen Luthertum bzw. Reformation und Orthodoxie. Das Reformationsjubiläum 2017 könnte eine neue Welle des Interesses für die Kirchen der Reformation und für den Reformator selbst erwecken.

Papandreou, Martin Luther in Orthodoxer Sicht, in: Ders., Gesammelte Aufsätze, Hg. von W. Schneemelcher, Stuttgart (u.a.) 1986, 177-190; Viorel Mehedintu, Martin Luther und die Ostkirche, in: Ökumenische Rundschau 32 (1983), 291-309; Johannes Panagopoulos, Die Orthodoxie im Gespräch mit Martin Luther 175-200, in: Weder Ketzer, noch Heiliger (s. Anm. 2), Ders., Luther außerhalb des Luthertums: Orthodoxe Sicht, in: Concilium 12 (1976), 497-501. Auch anderen Personen der Reformation haben Orthodoxe Forscher ihre Aufmerksamkeit geschenkt: Daniel Benga, Philipp Melachthon und der christliche Osten. Bis heute unbekannte Begegnungen Melanchthons aus den Jahren 1541 und 1556 mit den orthodoxen Christen, in: Orthodoxes Forum 16 (2002), 19-38.

8 Vgl. Vasileios Makrides, Ohne Luther. Einige Überlegungen zum Fehlen eines Reformators im Orthodoxen Christentum, in: H. Medick- P. Schmidt (Hg.), Luther zwischen den Kulturen, Göttingen 2004, 318-333.

9 Die Widmung des Beitrages zum 60. Geburtstag von Ulrike Link-Wieczorek ist ein Ausdruck meiner tiefen Verehrung und Wertschätzung für die großen Leistungen der Kollegin gerade zum ökumenischen Dialog und ein kleines Zeichen der herzlichen Verbundenheit im Geist der Liebe unseres Dreieinen Gottes und im Dienst für unsere christliche Ökumene.

10 Ich begrenze mich in diesem Beitrag auf die Person des Reformators Martin Luther und der Reformation im Allgemeinen, die auch Gegenstand von mehreren Untersuchungen orthodoxerseits geworden sind. Die Orthodoxen Beiträge zu Calvin und dem Calvinismus sind im Vergleich sehr spärlich: David J.C. Cooper, The theology of image in Eastern Orthodoxy and John Calvin, in: Scottish journal of theology 35 (1982), 219-241; Jan Günter Jackisch, Der Geist, Christus und die Kirche: John Zizioulas, Georges Florovsky, Martin Luther und Johannes Calvin im Dialog, Norderstedt 2003. Zur Geschichte eines schwierigen Kapitels, der Bekenntnisschrift des Patriarchen Kyrillos Lukaris, der orthodoxerseits Calvinismus vorgeworfen wird, gibt es von orthodoxen Autoren mehrere Beiträge, insbesondere von I. Karmiris. Einer der letzten:Vasileios Tsakiris, The »Ecclesiarum Belgicarum Confessio« and the attempted »Calvinisation« of the Orthodox Church under Patriarch Cyril Loukaris, in: The Journal of ecclesiastical history 63 (2012), 475-487.

II Wie kann ein Dialog überhaupt zustande kommen?
Die Ungleichzeitigkeiten in den Konfessionsfamilien

Die Ähnlichkeiten bezüglich der Ablehnung des päpstlichen Primats von den Reformatoren sollte Orthodoxe Theologen nicht übereilig dazu verleiten, in der Reformation einen Verbündeten gegen Rom zu konstatieren. Der geschichtliche Rahmen der allmählichen Entfremdung zwischen Ost und West lässt sich nicht einfach durch die Ablehnung des Primats des Papstes begründen, obschon die Ansprüche des Primats des Bischofs von Rom eine ausschlaggebende und vordergründige Erklärung für gewisse kirchenpolitische Vorkommnisse und Zwistigkeiten liefern kann (wie z.B. das Schisma in der Zeit des Patriarchen Photios, Mitte des 9. Jh.s).[11] Unterschiedlich jedoch ist der Rahmen der Entfaltung der Profan- und der Kirchengeschichte des Ostens und des Westens, unterschiedlich auch der geostrategische Raum, wo sich die Entfremdung zwischen den Kirchen Konstantinopels und Roms abspielte, unterschiedlich schließlich die gesellschaftlichen, ökonomischen und soziokulturellen Faktoren, die jeweils zum Schisma zwischen Rom und Konstantinopel und die Entstehung der Reformation beigetragen haben. Wenn dies alles nicht gebührend zur Kenntnis genommen wird, ist jeder Vergleich zwischen Reformation und Orthodoxie verfehlt.
Die Welt des byzantinischen Reiches und seine Bedrohung durch neue Nationen (Reiche), die mit Macht und Schwung das Portal der Geschichte Europas durchkreuzen (wollen), wie der Islam im Süd-Osten und Süden dieses Reiches oder die Stämme ostasiatischer Herkunft im Nord-Osten, kann nicht direkt mit der Welt der germanischen Länder im Bund des hl. Römischen Reiches Deutscher Nation verglichen werden. Die gesellschaftliche Strukturierung in Byzanz weist ebenso erhebliche Unterschiede zu dem frisch erwachten, selbstbewussten Bürgertum der neuen Zeit (sogar nach der Renaissance) in den Städten Westeuropas auf. Die philosophischen Strömungen in Zentraleuropa, die die Suche nach der Würde und dem Wert »individuellen« Lebens im neu justierten Kulturraum begünstigt haben, setzten sich mit ganz anderen Fragen

11 Die Spaltung der Christlichen Kirchen des Ostens und des Westens, im Anfang des zweiten Jahrtausends wird heute eher als ein wachsender Prozess der Entfremdung wahrgenommen und nicht unmittelbar mit einem konkreten Datum der Kirchengeschichte in Verbindung gebracht, obschon tragische Ereignisse zumal der Profangeschichte diesen Prozess der Entfremdung beschleunigt haben: Siehe dazu die Beiträge einer Tagung im Band von Th. Nikolaou (Hg.), Das Schisma zwischen Ost- und Westkirche. 950 bzw. 800 Jahre danach (1054 und 1204), Münster 2004.

auseinander, als die mystisch- und eschatologisch orientierte Theologie (und Philosophie) des abgehenden byzantinischen Reiches, die längst auf einer Person orientierten Ontologie fundiert war. Selbst bezüglich der Ablehnung der päpstlichen Macht hat sich die erste Euphorie einer angeblichen Gemeinsamkeit (zwischen Ostkirchen und Reformation) ins Gegenteil gewendet: Martin Luther hat sich von seiner ursprünglichen Berufung auf die Kirchen des Ostens als Verbündeten gegen Rom (so jedenfalls bei der Leipziger Disputation von 1519 mit Johannes Eck) später nicht nur distanziert, sondern gerade den Fall Konstantinopels unter den Türken als ein Zeichen ihres Verfalls in der Herrschaft des Teufels auf Grund ihres Streits mit Rom um den Primat interpretiert.[12]
Trotzdem wurde sogar in den ersten Jahren nach der Reformation der Versuch eines Dialoges und einer Annäherung zwischen den Reformatoren und der Kirche von Konstantinopel unternommen, leider ohne Erfolg. Die zwei Gesprächspartner, der ökumenische Patriarch Jeremias II. und die Tübinger Theologen hatten in ihrem Briefwechsel in den Jahren 1573-1581 einfach aneinander vorbei geredet. Zu unterschiedlich waren die Fragestellungen, die Methodologie, die Interessen und überhaupt der Rahmen dieses Dialogs.[13] Im Jahrtausend der Konfessionalisierung und der kirchlichen Spaltungen, wie das 2. christliche Millennium in die

[12] Die Forschung verweist auf eine Modifizierung der ursprünglich positiven Haltung Luthers den Kirchen des Ostens gegenüber, wenn z.B. er (Luther) in seinem späteren Werk »von den Conziliis und Kirchen« (1539) auf die Rivalität zwischen Rom und Konstantinopel zu sprechen kommt: Rom und Konstantinopel stritten miteinander »umb den nichtigen Primat bis sie der Teuffel alle beide gefressen hat, die Kirche zu Constantinopel durch Türken und Mahomet, die zu Rom durch das Bapstum und seine Decreten«, zitiert bei Hryniewicz (s. Anm. 6), 158.

[13] Dieser erste Dialog zwischen Orthodoxie und Protestantismus wurde bereits gründlich erforscht. Siehe v.a.: Dorothea Wendebourg, Reformation und Orthodoxie. Der ökumenische Briefwechsel zwischen der Leitung der Württembergischen Kirche und Patriarch Jeremias II. von Konstantinopel in den Jahren 1573-1581, Göttingen 1986. Vgl. auch: Gunther Wenz, Den Griechen ein Grieche? Die Confessio Augustana Graeca von 1559 und der Briefwechsel der Leitung der Württembergischen Kirche mit Patriarch Jeremias II. von Konstantinopel in den Jahren 1573-1581 im Kontext der Konkordienformel von 1577, in: Th. Nikolaou (Hg.), Das Schisma zwischen Ost- und Westkirche (s. Anm. 11), 115-141. Theodor Nikolaou, Zur Diskussion über die Confessio Augustana aus orthodoxer Sicht, in: Una Sancta 35 (1980), 154-160. Weitere Literaturangaben zu diesem Dialog siehe in den hier zitierten Werken. Darüber hinaus hat Andreas Müller die Dialogmöglichkeiten jener Zeit zwischen der Reformation und der Orthodoxie v.a. auf dem Gebiet des heutigen Rumänien erforscht: Humanistisch geprägte Reformation an der Grenze von östlichem und westlichem Christentum. Valentin Wagners griechischer Katechismus von 1550, Cambridge 2000.

Geschichte eingegangen ist, konnte die Idee eines offenen, ehrlichen und unvoreingenommenen ökumenischen Dialogs (noch) nicht reifen. Die Entfremdung war zu groß: was nicht nur kirchliche Strukturen einschloss, sondern und vor allem die theologische Sprache und Argumentation, die Themen des Dialogs und überhaupt die Wahrnehmung des Gesprächspartners in seiner eigenen besonderen Welt.[14]
In den folgenden Jahrzehnten und Jahrhunderten nach dem Beginn der Reformation sollte sogar der Graben noch tiefer werden, wenn durch die Missionierung von protestantischen Kirchen (ab dem 19. Jh. v.a. amerikanischer Herkunft) in Gebieten (wie z.B. in Kleinasien), in denen traditionell die Ostkirchen beheimatet waren, das Misstrauen, ja die Feindschaft zwischen den getrennten Kirchen die Stelle des Dialogs und der Annäherung einnahm.[15] Erst in den Anfängen des 20. Jh.s konnten wieder ernsthafte Versuche eines offenen Dialogs unternommen werden, wobei dem ökumenischen Patriarchat von Konstantinopel die Ehre zukommt, zu den Ersten zu gehören, die die Notwendigkeit einer Überwindung der Differenzen und der Spaltungen durch den Dialog vorgeschlagen hat. [16]
Inzwischen können die Kirchen nicht ohne (eine gewisse) Zufriedenheit und Genugtuung auf eine fast hundertjährige ökumenische Anstrengung, jedenfalls bestimmt auf 60 Jahre intensive ökumenische Kooperation im

14 Wendebourg (s. Anm. 13), 334, sieht die »unterschiedliche Bewertung der kirchlichen Tradition« als die »Grunddifferenz zwischen Tübingen und Konstantinopel«. In diese Richtung kommentiert diesen Dialog auch Makrides (s. Anm. 8), 328f., der den Unterschied noch spezifischer in der Kategorie der Anstrengung der Reformation nach »Innovation« festlegt, die von der Ostkirche stets (jedenfalls nach dem 6. Jh.) abgelehnt wurde. Die Frage der Methodologie bzw. der Begründungsinstanz der Argumentation im Briefwechsel (1573-1581) ist sicherlich wichtig, würde ich aber nicht so zentral stellen, nicht zuletzt, bekräftigen vor erst die Reformatoren ihre Treue zur Tradition der Kirche, wenn auch der Kirche der Ursprünge. Die Rechtfertigungslehre, wie sie von den Tübinger Theologen vorgetragen wurde, parallel zu vielen weiteren Differenzierungen, die das alltägliche ekklesiale Leben tangierten, bereiteten den östlichen Theologen größere Schwierigkeiten, sie überhaupt nachzuvollziehen.

15 S. z.B. die Enzyklika einer Synode in Konstantinopel aus dem Jahre 1836 gegen die protestantischen Missionaren. Der Text in: I. Karmiris, Dogmatica et symbolica Monumenta orthodoxae catholicae Ecclesiae, Graz ^{2}1968, 951-972.

16 Das Ökumenische Patriarchat von Konstantinopel hat in seiner legendären Enzyklika von 1920 »an die Kirchen Christi auf der ganzen Welt«, in der die Gründung einer »Koinonia der Kirchen« vorgeschlagen wurde, die Hoffnung geäußert, durch die ökumenische Zusammenarbeit u.a. die Überwindung des Proselytismus zu erreichen, der zu Kosten seiner Gläubigen getrieben wurde. Siehe den Text in: Athanasios Basdekis, Orthodoxe Kirche und Ökumenische Bewegung. Dokumente - Erklärungen - Berichte 1900-2006, 16-20.

Rahmen des Ökumenischen Rates der Kirchen (ÖRK) zurückblicken: was haben sie von einander gelernt, wo stehen sie heute mit ihren alten klassischen Streitpunkten, wie näher sind sie sich gekommen? Selbstverständlich kann ich im Rahmen dieses kurzen Überblicks nur mit Stichworten einige dogmatische[17] Grundbegriffe aufgreifen, die für den Dialog der Orthodoxie mit den Kirchen der Reformation immer noch für Dissens sorgen.

III Entweder - Oder und sowohl als auch: Dissens- und Konsenspunkte zwischen Orthodoxie und Reformation

Was fällt einem Orthodoxen Theologen sofort auf bei einem theologischen Vergleich zwischen Orthodoxie und Protestantismus, wo liegen die Verständigungsschwierigkeiten?
Die Orthodoxen haben von Anfang an jenen absoluten Geist der Reformation kritisch wahrgenommen, wie er plastisch vor allem in den drei »sola« zum Ausdruck kommt: sola gratia, sola fide, sola scriptura. In diesen drei aphoristischen Eingrenzungen sehe vor allem ich den Geist der Orthodoxie herausgefordert, der in der Regel nach dem Motto agiert: »sowohl als auch«. Das sollte nicht als billiger Liberalismus missverstanden werden oder gar als synkretistische postmoderne Gleichgültigkeit des »anything goes«. In Sachen einer Festlegung der Grenzen kirchlicher Existenz – und damit des Glaubens der Kirche, können die Orthodoxen streng genug sein und in diesem Sinn exklusivistisch denken und agieren.[18] Jedoch pflegen sie in der Wahrnehmung göttlicher Offenbarung jene *gott-menschliche* Gemeinschaft zu kultivieren und aufrechtzuerhalten, die Christus als Inkarnation des göttlichen Wortes eingeleitet hat: sicher kommt die Erlösung von Gott allein, wie auch die Schöpfung sein eigenes Werk ist; die göttliche Gnade sucht jedoch beim Menschen, dem

[17] Zu den schwierigen Themen aus dem Bereich der Sozialethik kann in diesem Beitrag nicht eingegangen werden. Von allen strittigen Punkten betrachte ich, dass die Segnung von gleichgeschlechtlichen Ehen, gestaltet als ein konkreter kirchlicher Akt, insoweit dies als die offizielle Haltung einer ganzen Kirchengemeinschaft erklärt wird, ein Spaltungspotenzial birgt, was nicht unterschätzt werden sollte, wenn sich die Kirchen nicht der Gefahr aussetzen wollen, mit einem Schlag alle Fortschritte des Dialogs zu Fragen der »traditionellen« Dogmatik zunichte zu machen.

[18] Positiv wurde das kirchliche Selbstbewusstsein der Orthodoxen bei der dritten vorkonziliaren Konferenz in Genf (Chambésy) im Jahr 1986. Der Text in: A. Basdekis (s. Anm. 17), insbesondere 379 und 387.

Gesprächspartner Gottes, das Entgegenkommen. Das »sola gratia« – synonym oft mit »solus christus«– als die göttliche Initiative, was dann zu »sola fide« führt, als die Antwort des Menschen und somit beides die Fundamente der Rechtfertigungslehre liefern, als »articulus stantis et cadentis ecclesiae«, korrespondiert in der Orthodoxen Theologie mit der menschlichen Anstrengung, als den synergetischen Beitrag des Menschen zum Plan Gottes. Dies soll nicht als eine Überheblichkeit der Bestätigung menschlicher Leistung – in den guten Werken– missverstanden werden, sondern als der Erweis der geistbewirkten, nämlich durch den Hl. Geist aktivierten, willentlichen Teilhabe des Menschen am Heilswerk des Dreieinen Gottes. Oft wurde orthodoxerseits die Vergöttlichung als Gegensatz zur Rechtfertigung thematisiert, und damit die soteriologischen Modelle der zwei christlichen Traditionen kontradiktorisch erfasst.[19] Vergöttlichung wird als die Quintessenz der Soteriologie der Kirche des Ostens betrachtet, wie im Axiom des Athanasios v. Alexandrien: »Gott ist Mensch geworden, damit der Mensch vergöttlicht wird« immer wieder bis heute bezeugt wird.[20] Abgesehen jedoch davon, dass dieses Ziel der Vergöttlichung, als Ausdruck der ganz innigen Gemeinschaft zwischen Gott und Mensch, was erst im Reich Gottes zu ihrer Vollendung kommt, auch mit anderen sogar biblischen Begriffen – z.B. Vervollkommnung/teleiosis – in der langen Geschichte der Ostkirche erfasst wurde[21], scheint diese Kategorie, nämlich der Vergöttlichung, der Theologie des Reformators nicht ganz fremd zu sein, wie v.a. die Luther-Forschung in Finnland dieses Kapitel zu präsentieren versuchte.[22]

[19] Einen umfangreichen Vergleich der Soteriologie Luthers mit der Orthodoxie hat Dimitrios Tselengidis in seiner Monografie unternommen: Luthers Soteriologie. Ein Beitrag zur Erforschung der Theologie Luthers aus orthodoxer Sicht, Thessaloniki 1991 (griech.). Tselengidis hat doch einige grundlegenden Gemeinsamkeiten zwischen Luther und Orthodoxie aufgezählt (darunter bzgl. der Auffassung der Gnade, S. 73, der Zuordnung zwischen Werke und Gnade, S.219), die gesamte Arbeit durchzieht jedoch ein eher apologetischer Geist, obschon dem Autor der Versuch einer redlichen Auseinandersetzung mit der Theologie des Reformators nicht gänzlich abgesprochen werden darf.

[20] Vgl Athanasios v. Alexandrien, De incarnatione Verbi 54.

[21] S. meinen Beitrag: Vergöttlichung oder Vermenschlichung? Skizze einer christlichen Anthropologie der Vervollkommnung als Teilhabe am Leben Gottes aus der Perspektive orthodox-patristischer Theologie, in: Ökumenische Rundschau, 57 (2008), 144-167.

[22] Bahnbrechend in diese Richtung ist das Werk von Tuomo Mannermaa, der behauptet, dass der »im Glauben gegenwärtige Christus als der gemeinsame Schnittpunkt der Vergöttlichungs- und Rechtfertigungslehre angesehen werden kann«: Der im Glauben gegenwärtige Christus. Rechtfertigung und Vergottung. Zum ökumenischen Dialog, Hannover 1989, 185. Sehr interessant und weiter-

Sicherlich kann die lutherische Theologie nicht unter dem für die westliche Tradition interpretationsbedürftigen Begriff der Vergöttlichung subsumiert werden und andererseits sollte die Vielfalt der christlichen Tradition, auch zu diesem Punkt der Artikulierung der Soteriologie, als ein Reichtum wahrgenommen werden und nicht als ein Grund zur Spaltung, solange jedenfalls gewisse Konstante nicht ganz ignoriert werden: wie z.B. die ontologische Ebene und Verankerung des Erlösungswerkes.[23] Ohne hier die Theologie des Reformators in diesem Punkt aus orthodoxer Sicht vereinnahmen zu wollen, kann ich die Fundierung der Rechtfertigung oder lediglich ihre Relevanz auf der Ebene der Ontologie als eine wichtige Brücke zu einer gemeinsamen Erfassung der Soteriologie wahrnehmen.

Wie dem auch sei mit der Vergöttlichung, unterwegs zu diesem Ziel bleibt der Mensch nicht allein, sondern wird im Leib der Kirche in jener Gemeinschaft-Communio mit Gott und den anderen Menschen eingegliedert, die erst recht seinen Anstrengungen den richtigen Platz geben können. Das dritte solus, nämlich »sola scriptura« wird somit in diesem Fall durch das Leben in der Kirche ergänzt, was im Vokabular der Orthodoxie, und wohl auch des Katholizismus, als Leben in und gemäß der

führend sind die Lektüre des Bandes einer Tagung in Helsinki 1989 zu dieser Thematik: Joachim Heubach (Hg.), Luther und Theosis, Erlangen 1990.
Die Möglichkeit eines Vergleichs zwischen der orthodoxen Auffassung von Vergöttlichung und Luther hat Reinhard Flogaus stark in Frage gestellt: Theosis bei Palamas und Luther. Ein Beitrag zum ökumenischen Gespräch, Göttingen 1997. Die gründliche Arbeit von Flogaus, die auch einige Engpässe eines solchen Vergleichs richtig thematisiert, wie z.B. die Häufigkeit des Begriffes der Vergöttlichung im Werk von Luther, bewegt sich jedoch auf dem schmalen Pfad der Ablehnung des Apathie-Axioms der alten Kirche, und riskiert damit der Theologie Luthers die Wandelbarkeit des göttlichen Seins zu attestieren, was m.E. ein Anachronismus wäre, denn diese Diskussion über die Wandelbarkeit Gottes entspricht der Begrifflichkeit der neueren Zeit. Eine kurze aber sehr lehrreiche Zusammenfassung der Diskussion s. im Beitrag von Ulrich Asendorf, Rechtfertigung und Vergottung bei Luther und als Brücke zur Orthodoxie, in: Ökumenische Rundschau 41 (1992), 173-189. Das Thema hat auch Johannes Oeldemann aufgegriffen: Rechtfertigung und Theosis im Kontext des ökumenischen Dialogs mit der Orthodoxie, in: Catholica 56 (2002), 173-192, der besonders auf die positiven Ergebnisse des Dialogs zwischen der Evangelisch-Lutherischen Kirche in Finnland und der Russisch-Orthodoxen Kirche verweist.

23 Den real-ontischen Charakter der Gegenwart Christi unterstreicht gerade die finnische Forschung zur Entsprechung zwischen Vergöttlichung und Rechtfertigung. Asendorf (s. Anm. 23), 176, bemerkt in diese Richtung: »Luthers Rechtfertigungslehre beinhaltet also eine Seinsaussage. Hier gehören Theologie und Ontologie aufs engste zusammen«.

Tradition aufgefasst wird.[24] Die Orthodoxen können sich nicht mit jener Vorstellung identifizieren, die im ekklesialen Leben einen Verfall der ursprünglichen Reinheit der apostolischen Predigt der Urkirche sieht: der Raum der kirchlichen Tradition ist der Ort schlechthin, wo das Evangelium Jesu Christi jedes Mal neu Fleisch annimmt und dazu beiträgt, dass der Welt das Heilswerk Gottes anschaulich erfahrbar wird.[25] Unabhängig jedoch von diesen theologischen Akzentuierungen in der Wahrnehmung des Heilsangebots unseres Dreieinen Gottes, die alle ihre Berechtigung haben können, wenn der Rahmen ihrer Entfaltung geklärt wird, kann die große Leistung der Reformation nicht verschwiegen werden: ja, in Zeiten der Krise, wo die menschlichen Verkrustungen zu einer Verdunkelung des Zeugnisses des Evangeliums führen, ist das Wagnis des exklusiven, ja etwa einseitigen Verharrens in den grundlegenden Wahrheiten nicht nur lohnend, sondern gerade erforderlich. Einen solchen Exklusivismus der göttlichen Gnade vertritt auch die Orthodoxie wenn mit der Wiedergeburt durch die Taufe und die Teilnahme an den Sakramenten die Erlösung als eine neue »ontologische« Realität für das Sein der Kirche erfasst wird. Auf der Ebene der Ontologie des Heilswerkes, oder anders formuliert: auf der Ebene der Seinsordnung, würde auch die Orthodoxie ein entweder – oder vertreten wollen; auf der Ebene der anthropologischen Wahrnehmung der Heilsordnung (oder anders der Schöpfungsordnung – »Ökonomie«) kann sie dann den lutherischen Spruch »simul justus et pecator« durchaus vertreten.[26] Werden

[24] Zur einer Verständigung trägt die gründliche Arbeit von Viorel Mehedintu, Offenbarung und Überlieferung: neue Möglichkeit eine Dialogs zwischen der orthodoxen und der evangelisch-lutherischen Kirche, Göttingen 1980. Siehe auch den Verweis in der Anm. 33 zum erreichten Konsens beim Dialog zwischen Orthodoxen und Lutheranen zum Thema Schrift und Tradition.

[25] Vgl. meinen Beitrag zu einer kritischen Wahrnehmung des Traditionsbegriffs in der Orthodoxie: Tradition als Treue oder Restauration? Thesen und Fragen als Prolegomena zu einer orthodoxen Hermeneutik der Tradition, in: Bernd Oberdorfer, Uwe Swarat (Hg.), Tradition in den Kirchen. Bindung, Kritik, Erneuerung, (Beiheft zur Ökumenischen Rundschau Nr. 89), Frankfurt a.M. 2010, 77-92.

[26] Aus der Sicht orthodoxer Theologie siehe den Beitrag dazu von Konstantinos Papapetrou, Über die anthropologischen Grenzen der Kirche. Ein philosophisch-theologischer Entwurf zum Thema Simul justus et peccator aus orthodox-katholischer Sicht, Hamburg 1972. Zur Rechtfertigung weiterhin: Gregorios Larentzakis, Rechtfertigung aus der Sicht der Orthodoxen Kirche, in: Ökumenisches Forum 23/24 (2000/2001), 263-284.

nun nicht oft die zwei Ebenen undifferenziert vermischt, wie dies auch mit der Trinitätstheologie geschieht?[27]

Die Rückbesinnung auf die Ursprünge kirchlicher Existenz und der Aufruf zur Mündigkeit und zur Freiheit jedes Christmenschen kann in der Kirche zu jeder Zeit als eine sichere Orientierung gelten, was die menschlichen Unzulänglichkeiten zu überwinden vermag[28]. In diesem Sinne war die Reformation ein notwendiges und zugleich auch heilsames Aufwachen der Kirche. Auch wenn die Orthodoxie nicht beteiligt bei der Entstehung der neuen Kirchen war, kann sie den Erneuerungswillen der Reformatoren nicht nur gut gebrauchen und mutatis mutandis in ihre eigenen Strukturen integrieren, sondern kann sich auch von der Ernsthaftigkeit des Zeugnisses ihrer protestantischen Geschwister in ihrer Theologie und pastoralen Praxis inspirieren lassen[29]. Sie kann sich jedoch schlecht vorstellen, dass das Leben des einen Leibes Christi, d.h. seine Kirche, in unzähligen Denominationen zerteilt wird, die sich alle auf die Freiheit eines Christmenschen berufen, und die Verschiedenheit als oberstes Axiom erklären, wobei sie sich aber um die Einheit in der Katholizität des christlichen Zeugnisses in der Welt wenig kümmern oder sie lediglich in einer lockeren Form von bekenntnisverschiedenen Kirchen gebündelt werden. Jesus letztes Gebet, vor seiner Kreuzigung, war gerade die Einheit (Jh. 17, 20f.), jene Einheit, die im Dreieinen Gott ein Bild ihrer Communio im kirchlichen Leben abgewinnen kann. Welche sind nun die Modelle für die Kircheneinheit, wie können die verschiedensten Denominationen mit einander die eine heilige katholische und apostolische Kirche, die wir im Credo (Nizänokonstantinopoli-

27 S. dazu die Ausführungen in meinem Beitrag »Die immanente Trinität ist die doxologische Trinität« (Anm. 3).

28 Delikostantis fasst im Begriff der »Freiheit« den Beitrag Luthers und der Reformation zu einer Erneuerung des Christentums zusammen: »Wahrlich nie stand, seit Paulus, der Freiheitsbegriff im Zentrum der Theologie, wie bei Martin Luther«: Ende der Luthervergessenheit (s. Anm. 4), 245. Diese Ansicht wird jedoch nicht von allen Orthodoxen geteilt, die konkret in der Anthropologie des Reformators, nämlich in der Wahrnehmung des Verderbs der menschlichen Natur, eine Begrenzung gerade seiner Fähigkeit sehen, seiner Vernunft überhaupt Gebrauch zu machen. Vgl. Georgios Martzelos, Vernunft und Offenbarung in der Theologie Luthers und in der orthodoxen Überlieferung, in: Wissenschaftliches Jahrbuch der theologischen Fakultät Thessaloniki 1984, 255- 279.

29 Zu den ekklesiologischen Schlussfolgerungen aus der Reformation für die Orthodoxie s. den Beitrag von Nikos Nissiotis, Is there a Church ontology in Luther's ecclesiology, in: Luther et la Réforme Allemande dans une perspective oecuménique (s. Anm. 7), 403-427.

tanum) bekennen, zusammenbilden? Das ist die Aporie der Gegenwart und die große Aufgabe der Zukunft.

IV Das Zeitalter der Ökumenizität der Kirchen

Das Zeitalter der Konfessionalisierung hat längst seinen Platz in einer ökumenischen Öffnung und Gemeinschaft der Kirchen geräumt. Die Kirchen der Reformation und die Kirchen der Orthodoxie haben in der großen Gemeinschaft des Ökumenischen Rates der Kirchen (ÖRK) vielfältige Wege der Kommunikation miteinander gefunden und üben sich weiterhin in Geduld bei der Erfassung von Konsensdokumenten.[30] Inzwischen gibt eine Reihe von sehr gut fundierten gemeinsamen Studien ein beredtes Zeugnis von den erfolgten Fortschritten ab.[31] Gerade die

30 Der offizielle Dialog zwischen der Orthodoxen Kirche und dem Lutherischen Weltbund wurde in mehreren Beiträgen kommentiert, u.a. von Theodor Nikolaou, Der Offizielle Orthodox-Lutherische Dialog. Geschichtlicher Überblick und gemeinsame Texte, in: Orthodoxes Forum 4 (1990), 83-98; Ders., Der Orthodox-Lutherische Dialog. Geschichtlicher Überblick und gemeinsame Texte, in: Evmenios von Lefka u. a. (Hg.), Die Orthodoxe Kirche. Eine Standortsbestimmung an der Jahrtausendwende, Festschrift f. A. Kallis, Frankfurt a. M. 1999, 242-277. Einen Überblick aller Dialoge bis 2008 aus orthodoxer Sicht: Cosmin Daniel Pricop, From Espoo to Paphos: The Theological Dialogue of the Orthodox Churches with the Lutheran World Federation (1981-2008), Bukarest 2013. Für einen Überblick bis 1994 aus evangelischer Sicht siehe: Risto Saarinen, Faith and Holiness – Lutheran-Orthodox Dialogue 1959-1994, Göttingen 1997. Eine detaillierte Auflistung dieser Dialoge, begleitet mit allen Texten und Literaturempfehlungen, liefert auf seine Webseite das Mitglied des Dialogs Prof. Risto Saarinen: http://blogs.helsinki.fi/ristosaarinen/lutheran-orthodox-dialogue-2/. Im Anschluss dieses Beitrages habe ich einen tabellarischen Überblick mit allen Plenarsitzungen für den Dialog der Orthodoxen Kirche mit dem Lutherischen Weltbund erstellt.

31 Einen informativen Überblick über die bisherigen Dialoge zwischen Orthodoxie und Protestantismus, insbesondere jener auch auf der Ebene von Orts- (Autokephalen) Kirchen (wie z.B. zwischen EKD und Ökum. Patriarchat), selbst in den USA, liefern auch J. Oeldemann (s. Anm. 22) und Dagmar Heller, Der Dialog zwischen der Orthodoxie und den Kirchen der Reformation – Probleme und Perspektiven, in: Una Sacta 2001, 31- 41, fokussiert mehr auf die gegenwärtigen Schwierigkeiten des Dialogs, die, wie die Autorin auch recht sieht, auf der Ebene der Themen der Sozialethik liegen (v.a. Menschenrechte, Homo-Ehe); von den anderen klassischen Unterschieden thematisiert sie das Problem der Frauenordination. Ihr Vorschlag jedoch, die andere Kirche so anzunehmen, »wie sie durch die historische Entwicklung geworden ist« (S. 41), dürfte kaum auf Verständnis orthodoxerseits hoffen, wenn die Orthodoxe Theologie gerade einige von den neueren Entscheidungen in der »historische(n) Entwicklung« der Kirchen der

Akzeptanz der Konsensmethode bei der Entscheidungsfindung im ÖRK, wofür sich die Orthodoxen vehement eingesetzt haben,[32] kann ein sehr hilfreiches Instrument für die gemeinsame Bezeugung von Grundwahrheiten des Glaubens werden und zugleich für ein überzeugendes soziales Engagement für die Linderung der Not in der heutigen Welt.
Der sachliche theologische Dialog findet immer auf bilateraler Basis statt und hat bis jetzt konkrete Früchte der Verständigung zwischen den Dialogpartnern getragen: ich möchte in diesem Zusammenhang nur den Dialog zwischen Orthodoxen und Lutheranern und sekundär zwischen Orthodoxen und Reformierten erwähnen, mit denen die Orthodoxie bereits seit der Mitte der 80er Jahre und mit Erfolg einen offiziellen theologischen Dialog führt. In einer Reihe von in der Vergangenheit zwischen den zwei Kirchenfamilien als klassisch strittig markierten Themen konnten m.E. konsensfähige Formulierungen erreicht werden: Schrift und Tradition[33], die Rezeption von Ökumenischen Synoden[34], selbst der 7. ökum. Synode zur Ikonentheologie[35], Filioque-Frage[36], Sak-

Reformation als einen Alleingang und als einen substanziellen Bruch mit der Tradition selbst der Urkirche (z.B. zu Fragen der sog. Homo-Ehe) zurückweist (s. auch Anm. 17).

32 Siehe dazu: Final Report of the Special Commission on Orthodox participation in the WCC (abgerufen am 02.09.2002): http://www.oikoumene.org/en/ resources/ documents/central-committee/2002/final-report-of-the-special-commission-on-orthodox-participation-in-the-wcc.

33 Ich verweise in den folgenden Fußnoten auf die Publikation der Texte in deutscher Sprache in der Reihe »Dokumente wachsender Übereinstimmung«, konkret in den Bänden 2: 1982-1990, Frankfurt a.M. 1992; Bd. 3: 1991-2001, Frankfurt a.M. 2003; Bd. 4: 2001-2010, Paderborn (u.a.) 2012. Zitiert wird nach der Nummerierung des Dialogs gemäß dieser Publikation mit dem Datum des Dialogs und Verweis auf die Nr. des Absatzes, der m.E. den erreichten Konsens zu kontroversen Fragen besonders unterstreicht. Zu den Stichworten Schrift, Tradition, Offenbarung, Kanonbildung siehe: L-O/1: 1985, Abs. 4, 6, 12; L-O/2:1987, Abs. 2, 6, 8, 12; L-O/3: 1989, Abs. 4, 6, 11, 19. Vgl. auch aus dem Dialog mit dem Reformierten Weltbund: R-O/2: 1991, Abs. 18.

34 Zu den Stichworten: Autorität, Verbindlichkeit, Anerkennung und Rezeption von Ökumenischen Konzilien: L-O/3: 1989, Abs. 19; L-O/4: 1993, Abs. 2, 3, 4, 6, 7; L-O/5: 1995, Abs. 1.

35 Im Dokument L-O/4: 1993, Abs. 7 wird zwar die unterschiedliche Wahrnehmung der Beschlüsse der 7. Ökum. Synode von Nikaia 787 bestätigt, zugleich aber ein großes Stück Gemeinsamkeit formuliert, was die christologische Fundierung der Ikonentheologie anbetrifft.

36 Das Thema Filioque wurde im Orthodox-Lutherischen Dialog nicht ausführlich behandelt. Vgl. L-O/4: 1993, Abs. 7, wo es heißt, dass die Lutheraner das Nizänokonstantinopolitanum mit der Zufügung des Filioque rezipiert haben. Substanziell mehr in dieser Richtung hat der Dialog der Orthodoxen mit dem Reformierten Weltbund erreicht: siehe im Dokument R-O/2: 1991, Abs. 13.

ramententheologie[37], Eucharistielehre[38], und zur Natur und Sendung der Kirche[39]. Andererseits wurden auch offene bzw. differenzierte Betrachtungen zu den eben erwähnten Stichworten zur Kenntnis genommen, insbesondere zu Fragen der Anthropologie und der Rechtfertigungslehre, ohne aber damit einen programmatischen Widerspruch zwischen den verschiedenen Lehren zu artikulieren.[40] Zwei Fragen stellen sich jedoch mit Dringlichkeit bzgl. der Methodologie von bilateralen Dialogen: a. was geschieht mit dem erreichten oder nicht erreichten Konsens in den bereits vorliegenden gemeinsamen Dokumenten, welche Prozedur ist vorgesehen für die Rezeption dieser Texte und b. wie lange noch soll dieser Dialog geführt werden, damit die ersehnte Einheit der Kirchen festgestellt werden kann, und wie soll diese Einheit konkret aussehen, welche sind denn die Modelle der Kircheneinheit?[41] Welche Themen sollen noch aufgearbeitet werden, damit die Kirchen in der Lage sind, ihre Gemeinschaft am eucharistischen Kelch kosten zu können und damit sie auch gemeinsam ihr Zeugnis vor der heutigen Welt geben können? Auf diese Fragen sind jetzt die Kirchen aufgefordert eine Antwort zu leben, wenn sie gedenken, den theologischen Dialog glaubhaft weiter zu führen.

37 L-O/7: 2000, Abs. 2, 3, 4, 7; L-O/8: 2002, Abs. 1. bis 4. Bzgl. der Zahl der Sakramente werden einige Unterschiede im Abs. 5. markiert. Ebenso werden die Unterschiede in der Praxis der Initiationssakramente erwähnt, ohne dass sie aber als kirchenspaltend interpretiert werden: vgl. L-O/9: 2004, Abs. 1.-11.

38 Vgl. L-O/10:2006, insbesondere Abs. 1.-4. bzgl. einer Grundlegung des Eucharistiesakraments; weiterhin vgl. L-O/11:2008, insbesondere in den Absätzen 14.-17, zu den Schlussfolgerungen des Eucharistiesakraments für das gesellschaftliche-soziale Leben.

39 Die Texte der 15. Plenarsitzung (2011) wurden noch nicht ins Deutsch editiert. Ich verweise auf die Texte, wie sie auf der Homepage von Risto Saarinen (s. Anm. 30) zu lesen sind. Die Grundlegung einer Ekklesiologie (Stichworte dazu: Nature, Attributes and Mission of the Church) bringt viel mehr Gemeinsamkeiten ans Tagelicht als man vermuten konnte, gerade zu einem Thema, was stets kontrovers zwischen den zwei Kirchenfamilien diskutiert wurde. Eine Bewertung dieses grundlegenden Textes kann nicht weiter in dieser Fußnote erfolgen.

40 Zur Rechtfertigungslehre wurden gemeinsame Konstante formuliert, aber auch gewisse unterschiedliche Akzentuierungen erfasst, konkret was die anthropologischen Prämisse dieser Lehre anbetrifft: siehe im Dokument L-O/5: 1995, Abs. 6. bis 9; weiterhin und gründlicher bzgl. der Stichworte: Synergie, Gnade, im Dok. L-O/6: 1998, Abs. 2, 4, 5, 6.

41 Zu den Modellen der Kircheneinheit aus orthodoxer Sicht vgl. meinen Beitrag: Churches as parts of the One, Holy, Catholic Church? Orthodox ecclesiology in dialogue with other understandings of the nature of the Church, in: Pantelis Kalaitzidis (u.a.) (Hg.), Orthodox Handbook on Ecumenism, Volos/ Geneva/Oxford 2014, 601-608.

Ich finde, dass die Eigenschaften der drei Konfessionsfamilien, der Katholischen, der Orthodoxen und der Protestantischen, sich sehr gut ergänzen und zu einer Ganzheit christlicher Überlieferung beitragen können: wenn ich von den klassischen Stereotypen hier positiv Gebrauch machen darf, dann nur um zu zeigen, dass sie erst in ihrer Komplementarität ihrer Rolle und Intention in der Geschichte gerecht werden können. In diesem Sinne hat die mystisch-, personenorientierte und kirchlich verankerte orthodoxe Bezeugung des Glaubens die freiheitliche, individualistische und rationale Ergänzung des Protestantismus nötig und beide zusammen sind wiederum auf eine Universalität hin konzipierte ekklesiale Wirklichkeit der römischen Katholizität angewiesen: Damit kann aus den verschiedenen Strömungen christlicher Wahrnehmung und Existenz ein gemeinsamer Fluss entstehen, der in der Lage sein wird, aus seinen Gewässern den Durst der Welt nach Sinn und Wahrhaftigkeit zu stillen und ihr ein glaubhaftes Zeugnis für die Verkündigung des Reiches Gottes geben kann. Die Christen brauchen nicht zu fürchten, dass in diesem Delta ihrer kirchlichen Traditionen ihre eigene Identität verloren gehen wird. Sie wird mit Sicherheit nicht »ertrinken« bei der Zusammenkunft (oder auch der Verschmelzung) der Gewässer der drei Traditionen: Was im Delta von großen Flüssen untergeht und von oben vielleicht nicht sofort wiedererkannt werden kann, liefert doch dem Boden die notwendigen Nährstoffe, damit neues Leben entstehen kann. Die gegenseitige Bereicherung der Christen mit den Elementen der jeweils anderen kirchlichen Tradition kann dem Boden unserer Erde die nötigen geistlichen Nährstoffen liefern, damit die Welt mit dem Glauben genährt wird.

Evangelisch Frau Sein

Eröffnete ökumenische Lernwege

Dorothea Sattler

I Annäherungen an die Fragestellung

Als eine römisch-katholische Theologin bin ich sehr dankbar für die Weise, wie evangelische Christinnen Frau sein können. Frauen, die heute nach langen Jahrzehnten des theologischen Ringens um diese Thematik aufgrund ihrer Ordination den öffentlichen Dienst der Verkündigung des Evangeliums und der Leitung bei der Feier der Sakramente gestalten, ermutigen durch ihr Handeln römisch-katholische Frauen dazu, ihre kritischen Anfragen an die kirchenamtliche Argumentation in der eigenen Konfessionsgemeinschaft immer wieder neu zu stellen. Zwar kann seit dem Zweiten Vatikanischen Konzil eine höhere Aufmerksamkeit auf die beratende Stimme auch von römisch-katholischen Frauen bei synodalen Ereignissen festgestellt werden[1], gleichwohl verhindert der Ausschluss vom ordinierten Amt bisher grundsätzlich die Möglichkeit der Partizipation von römisch-katholischen Frauen an Prozessen verbindlicher Entscheidung im Blick auf die kirchliche Lehre.[2] Frauen in der Römisch-katholischen Kirche, denen an einer Gestalt der

[1] Vgl. Theologische Kommission des Katholischen Deutschen Frauenbundes (Hg.), Die Tür ist geöffnet. Das Zweite Vatikanische Konzil – Leseanleitungen aus Frauenperspektive, Münster 2013.

[2] Vgl. Marianne Heimbach-Steins, Welcher Anteil gebührt den Frauen? Zu einem uneingelösten Anliegen des Konzils, in: Konzil im Konflikt. 50 Jahre Zweites Vatikanum. Herder Korrespondenz Spezial 2012, 56-60.

Gemeinschaft in der Nachfolge Jesu Christi gelegen ist, die seinem Gedächtnis entspricht, möchten von der reformatorischen Tradition auf ihrem eigenen Weg der Suche nach einer angemessenen theologischen Argumentation lernen.
Die Aspekte, die sich mit der Frage nach dem spezifischen Beitrag von Frauen zur Ökumenischen Bewegung verbinden lassen, sind nicht auf einzelne Fragestellungen aus dem Bereich der Ämterlehre zu reduzieren; angesichts der hohen Bedeutung dieser Thematik erscheint es mir jedoch wichtig, den erreichten Stand der konfessionellen Überlegungen dazu im Überblick zu beschreiben (Abschnitt 2). Unter den möglichen Themen, die angesichts der engen Bezüge zwischen der Ökumenischen Bewegung und der in allen Konfessionsgemeinschaften gewachsenen Sensibilität für geschlechteranthropologische Fragestellungen aufzugreifen sind, möchte ich zwei herausgreifen, bei denen ich meine, Verbindungen zur Theologie von Ulrike Link-Wieczorek herstellen zu können: die Achtsamkeit auf Biographien von (evangelischen) Frauen (Abschnitt 3) sowie die veränderte Metaphorik in der Erlösungslehre durch die Aufnahme von Bildquellen aus dem weiblichen Lebenskontext (Abschnitt 4). Eine ökumenisch verbindende Zielsetzung könnte es sein, im Fazit perspektivisch ein Votum für eine geschlechteranthropologisch sensible Ökumene zu formulieren (Abschnitt 5).

II Frauen im ordinierten Amt

Die Kirchen, die ihre Identität mit dem Geschehen der Reformation im 16. Jahrhundert verbinden, haben seit der Mitte des 20. Jahrhunderts in ihrer Mehrheit einen zum Teil sehr mühsamen Weg beschritten, Frauen zu solchen amtlichen Leitungspositionen zuzulassen, bei denen die Ordination die Voraussetzung ist.[3] Am Anfang stand dabei die Not, in den Zeiten des Zweiten Weltkriegs nicht genügend Männer in den Gemeinden vorzufinden, die den Dienst der Verkündigung des Evangeliums tun. Aus reformatorischer Sicht kommen anthropologische Einwände, wie sie etwa auch Martin Luther vorbrachte, als er für seine Zeit die öffentliche

[3] Vgl. Christine Globig, Frauenordination im Kontext lutherischer Ekklesiologie. Ein Beitrag zum ökumenischen Gespräch, Göttingen 1994; Dagmar Herbrecht, Emanzipation oder Anpassung. Argumentationswege der Theologinnen im Streit um die Frauenordination in der Bekennenden Kirche, Neukirchen-Vluyn 2000; Ulrike Block-von-Schwartz (Hg.), Mit Phantasie und Tatkraft. 30 Jahre Frauenordination in der Ev.-luth. Landeskirche in Braunschweig, Braunschweig 1998.

Predigttätigkeit von Frauen ablehnte, dann nicht mehr zur Wirksamkeit, wenn die Verkündigung des Evangeliums in Gefahr steht. In Notzeiten sind Prioritäten zu setzen. Es gibt eine Hierarchie in den Erfordernissen, die die Kirche nach dem Willen Gottes zu erfüllen hat. Dabei steht die schriftgemäße Verkündigung des Evangeliums an oberster Stelle.

Heute gibt es in lutherischen, reformierten, anglikanischen, altkatholischen und vielen freikirchlichen Gemeinden Frauen im geistlichen Amt. Mehrere Bischöfinnen sind in evangelischen Landeskirchen in Deutschland derzeit tätig. Der Weg in ihr spezifisches kirchenleitendes Amt war noch in den 70er und 80er Jahren ein dorniger; auch in Teilen der Anglikanischen Kirchengemeinschaft sowie der Altkatholischen bzw. Christkatholischen Kirchen verbindet sich mit der Teilhabe von Frauen an der Episkopé (am übergemeindlichen, regionalen Dienst der »Aufsicht«) die Frage, ob damit nicht eine Preisgabe der »historischen Sukzession« der Apostel verbunden ist.[4] Noch wenig im Bewusstsein ist, dass der Apostelbegriff in neutestamentlicher Zeit nur im lukanischen Doppelwerk mit dem Kreis der zwölf Männer identifiziert wird. Paulus legt ein anderes Kriterium an: die Begegnung mit dem auferweckten Christus und das öffentliche österliche Bekenntnis. In diesem Sinne wird Maria von Magdala seit frühester Zeit an (unter Berufung auf Joh 20,11-18) als die »Apostelin der Apostel« bezeichnet: als die von Jesus Christus selbst als Zeugin für ihn zu den Aposteln gesandte Frau, die ihn erkannte, als er sie mit ihrem Namen ansprach.

Die Erfahrungen mit der Weise der Tätigkeit von Frauen in der öffentlichen Verkündigung des Evangeliums und ihre Teilhabe an der Kirchenleitung haben Auswirkungen auf die römisch-katholischen Gemeinden. Gewöhnungsprozesse treten im guten Sinne ein. Offene Fragen werden von Mitgliedern der Gemeinden formuliert: Warum sollte nicht auch eine Frau einer römisch-katholischen Liturgie vorstehen – zumal auch in römisch-katholischen Gemeinden Frauen im Altarraum inzwischen vielfältige Dienste als Lektorinnen, Kommunionhelferinnen, Katechetinnen in Kindergottesdiensten sowie vor allem als Leiterinnen von Wortgottes-

[4] Vgl. zur Thematik die dreibändige ökumenische Studie des Ökumenischen Arbeitskreises evangelischer und katholischer Theologen: Theodor Schneider/Gunther Wenz (Hg.), Das kirchliche Amt in apostolischer Nachfolge, Bd. I: Grundlagen und Grundfragen, Freiburg/Göttingen 2004 (Dialog der Kirchen, Bd. 12); Dorothea Sattler/Gunther Wenz (Hg.), Das kirchliche Amt in apostolischer Nachfolge, Bd. II: Ursprünge und Wandlungen, Freiburg/Göttingen 2006 (Dialog der Kirchen, Bd. 13); Dorothea Sattler/Gunther Wenz (Hg.), Das kirchliche Amt in apostolischer Nachfolge, Bd. III: Verständigungen und Differenzen, Freiburg/Göttingen 2008 (Dialog der Kirchen, Bd. 14).

diensten tun. In einzelnen Diözesen in Deutschland – vor allem in Limburg und Speyer – sind Frauen als »Pfarrbeauftragte« tätig.[5] Sie wohnen mit den Familien im Pfarrhaus. Sie sind die ersten Menschen, die in allen pastoralen Fragen konsultiert werden. Sie sind verantwortlich für die Gestaltung der Sakramentenkatechese. In spezifischen Bereichen sind sie die rechtlich zuständigen Vorgesetzten für die weiteren kirchlichen Angestellten.

Es ist römisch-katholischen Theologinnen und Theologen durch eine Weisung der Glaubenskongregation von 1995 untersagt, ergebnisoffen über die Frage nach einer möglichen Zulassung von Frauen zum ordinierten Amt nachzudenken.[6] Ich nehme diese Frage hier auf, weil ich meine, sie bei einer Gesamtsicht der Situation von Frauen in der römisch-katholischen Kirche nicht übergehen zu können. Ich weiß zugleich, dass die Päpste Paul VI. und Johannes Paul II. mit ihren Äußerungen zu dieser Thematik[7] einen lehramtlichen Standort bezogen haben, der in der näheren Zukunft der Römisch-katholischen Kirche kaum verändert werden wird, zumal auch der derzeitige Papst Franziskus diese spezifische ämtertheologische Fragestellung – bei aller grundlegenden Wertschätzung des Dienstes von Frauen in der Kirche – offenkundig als nicht ergebnisoffen und daher als nicht verhandelbar betrachtet.[8] Solche Einschätzungen der Sachlage sind von römisch-katholischen Christinnen und Christen zu achten; sie haben unabweisbar eine Folgewirkung – beispielsweise im Sinne der dann eher zu erwartenden Zurückhaltung im öffentlichen Widerspruch in kirchennahen Kreisen. Zugleich erheben Äußerungen eines Bischofs von Rom nur dann den Anspruch auf Ver-

[5] Vgl. Codex des Kanonischen Rechtes. Lateinisch-deutsche Ausgabe, Kevelaer 1983, hier Kanon 517,2. Vgl. zur Thematik: Michael Böhnke/Thomas Schüller (Hg.), Gemeindeleitung durch Laien? Internationale Erfahrungen und Erkenntnisse, Regensburg 2011.

[6] Vgl. Kongregation für die Glaubenslehre, Antwort vom 28.10.1995 auf den Zweifel bezüglich der im Apostolischen Brief »Ordinatio Sacerdotalis« enthaltenen Lehre, in: Walter Groß (Hg.), Frauenordination. Stand der Diskussion in der katholischen Kirche, München 1996, 128.

[7] Vgl. Johannes Paul II., Apostolisches Schreiben vom 22.5.1994 über die nur Männern vorbehaltene Priesterweihe (Ordinatio Sacerdotalis), in: Verlautbarungen des Apostolischen Stuhls Nr. 117, 3-7; vgl. auch den vorausgehenden Bezugstext: Kongregation für die Glaubenslehre, Erklärung vom 15.10.1976 zur Frage der Zulassung der Frauen zum Priesteramt (Inter Insigniores), in: ebd., 9-58.

[8] Vgl. Papst Franziskus, Apostolisches Schreiben »Evangelii Gaudium« über die Verkündigung des Evangeliums in der Welt von heute (24. November 2013), Bonn 2013, bes. Nr. 103-104 (Verlautbarungen des Apostolischen Stuhls, Nr. 194).

bindlichkeit, wenn sie auch in formaler Hinsicht mit der entsprechenden Autorität veröffentlicht wurden. Das ist bisher nach Einschätzung vieler Fachvertreter der Dogmatik (noch) nicht der Fall. Eine Meinungsäußerung in einem Apostolischen Schreiben von Papst Franziskus ist nicht als eine letztverbindliche Lehrentscheidung zu qualifizieren. Es ist daher geboten, weiterhin theologische Argumente vorzutragen.

In den lehramtlichen Dokumenten werden von römisch-katholischer Seite vor allem zwei Argumente gegen die Möglichkeit einer Ordination auch von Frauen herangezogen: (1) Jesus hat ausschließlich zwölf Männer bei seinem letzten Mahl versammelt; (2) von der frühesten Zeit an war in Traditionsgeschichte die Praxis unumstritten, nur Männer im ordinierten Amt aufzunehmen.

Zu diesen beiden Leitgedanken kommen weitere auf der Symbolebene hinzu: Der Priester handelt nicht in eigener Vollmacht, vielmehr »in persona Christi«. Diese bereits im christlichen Altertum geformte Rede möchte eigentlich den Dienstcharakter des Amtes schützen: Es geht bei ihm nicht um eine persönliche Höherstellung eines Menschen aufgrund seiner Gaben und Verdienste; vielmehr sollen die Amtsträger hinter ihre Aufgabe zurücktreten, für Jesus Christus in Zeit und Geschichte Zeugnis abzulegen. Der Begriff »persona« meint – so zeigt es auch die Trinitätstheologie – eigentlich die »Rolle«, die ein Mensch in einem Schauspiel übernimmt. Hinter der vorgehaltenen Stabmaske soll eine authentische Persönlichkeit zu ahnen sein. Es stellt sich dann die Frage: Ist ein Mann aufgrund seiner natürlichen Ähnlichkeit mit dem Mann Jesus für die Gemeinden leichter als eine Person in der Nachfolge Jesu erkennbar? Oder ist den Gemeinden zuzutrauen, dass sie das Mann Sein als eine äußerliche Erscheinung durchschauen und auch in einer Frauengestalt ein Leben im Geist Jesu Christi repräsentiert sehen? Ist die Glaubwürdigkeit einer Person abhängig von ihrem Geschlecht? Gibt es nicht auch männliche Priester, die in ihrem Handeln Jesus Christus keineswegs ähneln und von daher nur mit Mühe – wenn überhaupt – als solche wahrzunehmen sind, die »in persona Christi« handeln?

Papst Franziskus bezieht sich in »Evangelii Gaudium«[9] auf die bereits in altkirchlicher Zeit geformte, biblische Motive aufgreifende Bildrede von der Kirche als »Braut« des »Bräutigams« Jesus Christus. Als Entstehungskontext dieser in Eph 5,32 rezipierten Metapher sind die alttestamentlichen Schriften anzunehmen (vor allem Hos 1-3; Jer 2-3; Ez 16; 23), die von Israel als der untreuen, ehebrecherischen Braut Gottes sprechen. Das Bild von der Braut als Sinnbild für das Gottesvolk Israel

[9] Vgl. Papst Franziskus, »Evangelii Gaudium«, bes. Nr.103-104.

und (später) die Kirche hat somit Bezug zu der für die Geschichte des Frauseins sehr belastenden Identifikation mit einer Sünderin. Die Geschlechtermetaphorik wird herangezogen, um die Größe und Weitherzigkeit der Liebe des Bräutigams zu seiner ihm untreuen Braut zu preisen. Ließe sich diese Erkenntnis nicht auch dadurch veranschaulichen, dass eine andere Geschichte – eine andere »story« – erzählt wird: die Geschichte nämlich von den vielen Frauen, die – nicht selten um der Kinder willen – Untreue und sogar Gewalt ihrer Männer immer wieder tolerieren, ohne die Gemeinschaft aufzugeben? Dann bleibt die Braut dem Bräutigam treu. Wenn sich grundlegend die Frage stellt, warum eine aus Frauen und Männern bestehende Kirche auf der Bildebene nur durch eine Frau repräsentiert werden kann, dann lässt sich diese Frage auch auf die Repräsentanz des Gegenübers Jesus Christus beziehen. Zumindest kennt die Traditionsgeschichte seit der frühen mittelalterlichen Zeit die Vorstellung (auch) von der »Mütterlichkeit« Jesu.[10]

III Frauen im Reformationszeitalter

Die evangelischen Traditionen haben im Hinblick auf die möglichen Wandlungen in der Sicht des Lebens von Frauen ihre eigene Geschichte geschrieben. In der Zeit vor 2017 wird der Reformation auch in dieser Hinsicht intensiv gedacht: Waren schon ursprünglich – oder wurden erst später – die reformatorischen Impulse auch wirksam im Hinblick auf die Freiheit eines weiblichen Christenmenschen? Es fällt auf, wie zahlreich

[10] Vgl. André Cabassut, Une dévotion médiévale peu connue: la dévotion à Jésus notre mère, in: Revue d'Ascétique et de Mystique 25 (1949) 234-245; Balthasar Fischer, »Jesus, unsere Mutter«. Neue englische Veröffentlichungen zu einem wiederentdeckten Motiv patristischer und mittelalterlicher Christusfrömmigkeit, in: Geist und Leben 59 (1985) 147-156. Anselm von Canterbury nahm diese metaphorische Rede in seiner vor 1085 datierten »Oratio ad sanctum Paulum« in Anspruch, um von der Leben stiftenden Sterbebereitschaft Jesu zu sprechen: »Und du, Jesus, liebster Herr, bist du nicht auch Mutter? Wahrlich du bist eine Mutter, die Mutter aller Mütter. Du hast den Tod geschmeckt, in deinem Wunsch, deinen Kindern Leben zu geben«: Anselm von Canterbury, Oratio ad Sanctum Paulum, in: Franciscus Salesius Schmitt (Hg.), S. Anselmi Cantuariensis Archiepiscopi Opera Omnia T.2, Vol.3, Oratio 10 (Stuttgart/Bad Cannstatt 1968) 33-41, hier 40. Die Erinnerung an die Erfahrung gebärender Frauen, in den Wehen des Todes zu liegen und diese Wehen zu bejahen in der liebenden Bereitschaft, sich selbst schmerzvoll den Leib zerreißen lassen zu wollen, damit das lange getragene Leben ans Licht kommen und schreiend sein Dasein zu Gehör bringen kann, illustriert die theologische Rede von der soteriologischen Relevanz des Todes Jesu und verleiht ihr Aussagekraft.

die Literatur ist, die sich mit der Frage der Rolle von Frauen im Reformationszeitalter befassen.[11] In zumeist aufwendig gestalteten Bildbänden und als Begleitwerke zu Ausstellungen werden einzelne Persönlichkeiten beschrieben, deren Leben bis dahin kaum erinnert wurde. Katharina von Bora (1499-1552) ist lange schon im Gedächtnis – doch wer kennt die Biographien von Anna Zwingli (1484-1538), Katharina Melanchthon (1497-1557), Katharina Zell (1497-1562), Idelette Calvin (1507-1549) oder gar von Wibrandis Rosenblatt (1504-1564) – der Ehefrau zunächst von Ludwig Keller (Cellarius), dann (jeweils als Witwe) von Johannes Oekolampad, Wolfgang Capito und Martin Bucer?

In den Veröffentlichungen werden nicht nur die Lebensgeschichten der Ehefrauen der Reformatoren beschrieben, auch Frauen, die sich der Reformation früh schon angeschlossen haben und angesichts ihrer Nähe zu den Fürstenhäusern Einfluss auf die politischen Entscheidungen nehmen konnten, werden erinnert; zu ihnen gehören beispielsweise Elisabeth von Brandenburg (1485-1555), Katharina von Sachsen (1487-1561), Elisabeth von Hessen (1502-1557) oder Isabella von Dänemark (1501-1526). Gedächtnis erfährt auch eine Frau wie Argula von Grumbach (um 1492-1568), die aus einem bayrischen Hochadel stammte und sich durch Briefe und andere Schriften nachhaltig und kämpferisch für das reformatorische Gedankengut einsetzte und mit ihrer Familie dadurch an gesellschaftlichem Ansehen verlor.

Vielfach habe ich in Lehrveranstaltungen oder bei Vorträgen die Erfahrung gemacht, dass Menschen durch die Erinnerung an die Lebensgeschichten all dieser Frauen des 16. Jahrhunderts Interesse an einem sozialgeschichtlichen Zugang zur Reformation gezeigt haben. Vermutlich geht es mir so wie auch anderen Menschen: Insbesondere die Erzählungen von den vielen Kindern der Frauen, die sie in Pestzeiten begraben mussten, rührt an. Die Armenfürsorge, der Zusammenhalt in der Familie auch mit behinderten und alten Menschen sowie die Krankenpflege lagen in der Verantwortung der Frauen. Gefährdungen von Leib und Leben ihrer Ehemänner haben die Frauen mitgetragen. Nicht alle Ehen waren glücklich – Gründe der Vernunft waren eher im Blick als die Wünsche der Gefühle.

[11] Vgl. Ursula Koch, Die gelebte Botschaft. Frauen der Reformation, Hamburg 2010; Lisbeth Haase, Mutig und glaubensstark, Frauen und die Reformation, Leipzig 2011; Hartmut Ellrich, Die Frauen der Reformatoren, Petersberg 2012; Simona Schellenberger/André Thieme/Dirk Welich (Hg.), Eine starke Frauengeschichte. 500 Jahre Reformation, Beucha/Markkleeberg 2014.

Nach meiner Wahrnehmung sind die Erzählungen von den Frauen der Reformationszeit nicht frei von der Gefahr, sie zu Vorbildern auch für den gegenwärtigen Lebensalltag werden zu lassen. Das Ideal, als eine evangelische Pfarrfrau an der Seite des Mannes zu stehen, den Haushalt zu führen, die Kinder zu erziehen und immer für alle da zu sein, hat auch Belastungen bewirkt. An manchen Stellen habe ich zudem Zweifel, ob die in der Regel recht unzureichende Quellenlage wirklich ausreicht, um das Bild der Persönlichkeit der jeweiligen Frau verlässlich nachzuzeichnen. Vielfach können die Biographien nur aus den spärlichen Hinweisen in den überlieferten Schriften ihrer Ehemänner rekonstruiert werden. Wer wollte wissen, wie es den Frauen selbst zumute war?
Immerhin ist die Geschichte der Reformation ein Ort der Aufmerksamkeit auf die Biographien von Frauen geworden. Gemeinsam ist den neueren christlichen Theologien – insbesondere dann, wenn sie von Frauen verantwortet werden – diese hohe Achtsamkeit auf die biographischen Aspekte im Glaubensleben. In der ökumenischen Bewegung waren und sind es oft Frauen, die selbst von ihrer Glaubensbiographie erzählen. Das lebensgeschichtliche Erzählen hat eine die Identität stärkende Kraft: Menschen vergewissern sich ihrer eigenen Person, indem sie über die Kontinuitäten sowie über die Brüche in ihrer Biographie nachdenken. Niemand kann ohne Bezüge zu Mitlebenden vom eigenen Leben erzählen. Die Sozialgestalt des Daseins kommt beim biographischen Erzählen ebenso ins Wort wie die Eigenverantwortung der handelnden Persönlichkeiten. Wie stark die konfessionelle Identität durch Entscheidungen vorbestimmt wird, die ein einzelner Mensch nicht selbst verantwortet, zeigt sich allein schon durch die Tatsache, dass Menschen in der Regel die Konfessionszugehörigkeit der Eltern übernehmen – bei konfessionsverbindenden Familien häufig die der Mutter. Auch Jugendliche in freikirchlichen Gemeinden, die ausschließlich die Glaubenstaufe feiern, kennen in der Regel diese konfessionelle Option, weil ihre Eltern ein entsprechendes Familienleben gestalteten. Religiöse Optionen stehen in biographischen Kontexten. Die konfessionellen Milieus sind – trotz der neuen Anforderungen an die Bereitschaft zu weitreichender Mobilität – noch immer gegeben.

Die bisher formulierten Gedanken zur Ämterlehre und zu den Biographien von Frauen im 16. Jahrhundert bewegen sich weithin im Raum ekklesiologischer Fragen. Es liegt mir nahe, einen weiteren Bereich der Ökumene der Frauen anzusprechen, der die (im engeren Sinn verstanden) theologische Mitte des Glaubens in den Blick nimmt: die soteriologische Metaphorik.

Metaphorische Zugänge zur Theologie liegen für Ulrike Link-Wieczorek angesichts ihrer engen Vertrautheit mit dem lange Zeit in Heidelberg tätigen Theologen Dietrich Ritschl sehr nahe: Metaphern sind demnach »die explizite Außenseite der ›impliziten Axiome‹, die nach Ritschl unsere Rede und unser Handeln schon im Vorsprachlichen steuern«[12]. In der Soteriologie, der Ulrike Link-Wieczorek in jüngerer Zeit besondere Aufmerksamkeit schenkt[13], sind metaphorische Zugänge zur Thematik von biblischer Zeit an[14] reichhaltig überliefert. Während Paradigmen aus der Finanzwelt (Tilgung von Schulden) und dem Gerichtswesen (Loskauf und Freispruch) – und damit Tätigkeitsbereiche, in denen lange Zeit nahezu ausschließlich Männer tätig waren – die Rede von Erlösung in der späteren Traditionsgeschichte prägten, kennen die biblischen Schriften beispielsweise auch Bilder vom therapeutischen und sozialkommunikativen Handeln Gottes zum Heilwerden der Schöpfung.

Die Soteriologie ist ein Bereich, in dem viele Theologinnen gearbeitet haben.[15] In unheilvollen Beziehungen zu leben, ist dem Empfinden vieler Frauen nahe. So verwundert es nicht, dass Frauen Bildwelten wählen, wenn sie von der Erlösung erzählen, in denen das personale Miteinander der Menschen im Vordergrund steht. Selbst bei Achtung vieler Eigenarten lassen sich gleichwohl vier Gedanken formulieren, die die

[12] Ulrike Link-Wieczorek/Reinhold Bernhardt, Einleitung, in: dies. (Hg.), Metapher und Wirklichkeit. Die Logik der Bildhaftigkeit im Reden von Gott, Mensch und Natur. Dietrich Ritschl zum 70. Geburtstag, Göttingen 1999, 9. Das Zitat im Zitat bezieht sich auf: Dietrich Ritschl, Zur Logik der Theologie. Kurze Darstellung der Zusammenhänge theologischer Grundgedanken, München 1984.

[13] Vgl. exemplarisch: Ulrike Link-Wieczorek, Erlösung nur für Täter/innen? Christliche Versöhnungshoffnung aus der Perspektive von Gewalt-Opfern, in: dies./ Wolfgang Weiß (Hg.), IN DUBIO PRO DEO? Anfragen an das Christentum. Eine Ringvorlesung des Instituts für Evangelische Theologie und Religionspädagogik der Universität Oldenburg, Münster 2004, 9-29; dies., Versöhnung statt Bestrafung? Ein Kommentar zur Anselm-Rezeption, in: Ökumenische Rundschau, 64. Jahrgang 2/2015, 227-231.

[14] Vgl. Hans-Josef Klauck, Heil ohne Heilung? Zur Metaphorik und Hermeneutik der Rede von Sünde und Vergebung im Neuen Testament, in: Hubert Frankemölle (Hg.), Sünde und Erlösung im Neuen Testament, Freiburg/Basel/Wien 1996, 18-52.

[15] Vgl. dazu ausführlicher mit vielen Literaturhinweisen: Dorothea Sattler, Gottes Weisheit lebt mit uns. Christologie im Kontext von Frauenerfahrungen, in: Raymund Schwager (Hg.), Relativierung der Wahrheit? Kontextuelle Christologie auf dem Prüfstand, Freiburg-Basel-Wien 1998, 215-244.

Entwürfe von Frauen aller Konfessionen zu Fragen der Christologie und Soteriologie miteinander verbinden:

(1) Gott will das Leben der gesamten Welt. Frauen verstehen die soteriologische Frage als eine nach der Möglichkeit des Heilwerdens des Kosmos. Die von Frauen favorisierte Soteriologie kann damit als eine der neueren Strömungen gelten, die an die im engeren Sinn theologische Gründung der Verheißung von Heilwerden erinnern. Gottes schöpferische Zustimmung zum Leben der Welt ist eine Verheißung von Heil – und Frauen trauen ihr. Lebensfreude soll allen Geschöpfen zuteilwerden.

(2) Jesus heilt Menschen in einem personalen Beziehungsgeschehen. Die christologische Frage darf nicht von der soteriologischen Thematik losgelöst betrachtet werden. Frauen sind auf der Suche nach der Relevanz des Christusereignisses für ihr Leben. Erfahrungsnähe soll die Bedeutung der Glaubensaussagen im Alltag erschließen. Das Leben Jesu wird betrachtet: seine verwandelnde Nähe, seine bejahende Zusage zur Würde auch der gebeugten Menschengestalten. Frauen wehren sich gegen eine isolierte Betonung von Leiden und Kreuz im Leben Jesu. Der kirchliche Ruf nach Opferbereitschaft – gerade der Frauen – wird kritisch befragt. Gott will nicht den Verzicht auf Lebensfreude; er erleidet ihn; er leidet mit.

(3) Die Menschen sind gut – zumindest auch gut. Frauen sind skeptisch gegenüber Modellen, die die menschlichen Fähigkeiten zum Guten leugnen. Gott und Mensch werden nicht als miteinander Streitende betrachtet, die voreinander fliehen, sondern als solche, die Sehnsucht nach gelingender Beziehung haben. Die Identifikation der Frau mit der sündigen Eva hat die feministische Theologie in besonderer Weise sensibilisiert, über das Wesen der Sünde nachzudenken.

(4) Es bedarf einer Neubesinnung in der soteriologischen Bildwelt. Viele Frauen erfahren es als ihre spezifische Not, sich selbst nicht annehmen zu können. Sie erfahren sich stattdessen als gemessen an Idealgestalten, bei deren Realisierung sie scheitern. Psychotherapeuten wissen von tiefen Schuldgefühlen zu berichten, die Frauen haben, weil sie dem Bild nicht entsprechen, von dem sie meinen, der mit ihnen in Beziehung lebende Mann oder die längst entfernt wohnende Mutter wünschte sie so. Erlösend ist in dieser Situation die Zusage: Es soll dich, dich Frau, geben. Du sollst so sein, wie du bist. Frauen wissen um die verwandelnde Wirkung der Bejahung durch ein menschliches Gegenüber selbst in Zeiten der Schwäche, der Schuld und der Todesnähe. Neben den Erfahrungswelten, die Männern und Frauen zugänglich sind, gibt es andere, die Frauen eigen sind: z.B. Empfangen, Gebären, Nähren. Vieles spricht dafür, dass Frauen sich – nicht immer aus freier Entscheidung, sondern

aufgrund gesellschaftlicher und familiärer Rollenerwartungen - in besonderer Weise dem werdenden und scheidenden Leben nahe wissen: den Kindern, den Alten und den Gebrechlichen. Frauen können der Ekklesia die Erfahrung der in Beziehung geschehenden »Sorge für das Leben« als Bild für Erlösung bereitstellen und auf diese Weise die Glaubensgemeinschaft durch ein erfahrungsnahes Bild für die Gewähr und die Bewahrung des Lebens durch Gott allein reicher machen.

Im Kontext der »Gemeinsamen Erklärung zur Rechtfertigungslehre«[16], die am 31. Oktober 1999 in Augsburg in Verantwortung des Lutherischen Weltbunds und der Römisch-katholischen Kirche unterzeichnet wurde, ist vielfach eine gemeinsame ökumenische Anstrengung, lebensnah und erfahrungsbezogen von dieser gemeinsamen Grundlage des christlichen Glaubens zu sprechen, als Desiderat angemahnt worden. Frauen in der Ökumene lösen diesen Auftrag auf ihre eigene Weise ein.

V Die Ökumene und die Frauen

In der modernen Ökumenischen Bewegung, deren Beginn in der Regel mit der Weltmissionskonferenz 2010 in Edinburgh angegeben wird, geschieht seit einiger Zeit eine Erinnerung an die Frauen der ersten Stunden.[17] Auch in diesem Zusammenhang ist auffällig, wie sehr biographische Bezüge zur Thematik wichtig erscheinen. Bei der Gründung etwa des Ökumenischen Rates der Kirchen 1948 in Amsterdam waren mehrere Frauen anwesend – ungewöhnlich für ein solch frühes (kirchen)politisches Ereignis. Kathleen Bliss war an den Vorbereitungen der ersten Vollversammlung des Ökumenischen Rates der Kirchen intensiv beteiligt.[18] Marga Bührig erzählt in ihrem Buch »Spät habe ich gelernt, gerne Frau zu sein« von ihrem nicht immer leichten Weg in der Genfer Ökumene.[19]

Die Ökumenische Bewegung gilt als eine der Wurzeln der theologischen Frauenforschung. Die nach dem Zweiten Weltkrieg im Raum des Öku-

[16] Vgl. Gemeinsame Erklärung zur Rechtfertigungslehre des Lutherischen Weltbunds und der Katholischen Kirche (1999), in: Harding Meyer u.a. (Hg.), Dokumente wachsender Übereinstimmung, Bd. 3, Frankfurt/Paderborn 2003, 419-430.

[17] Vgl. Werner Simpfendörfer, Frauen im ökumenischen Aufbruch. Porträts, Stuttgart 1991.

[18] Vgl. ebd. 9-52.

[19] Vgl. Marga Bührig, Spät habe ich gelernt, gerne Frau zu sein. Eine feministische Autobiographie, Stuttgart ^{3}1988.

menischen Rates der Kirchen verorteten Bemühungen hatten primär eine Veränderung der Stellung der Frauen in den Kirchen zum Ziel. Die Möglichkeit zur Mitwirkung und zur verantwortlichen Mitentscheidung in allen kirchlichen Bereichen sollte erreicht werden.

Gesellschaftskritik, Kirchenkritik, Fragen der Gerechtigkeit und der Wahrung der Schöpfung, somit vorrangig (sozial-)ethische Fragen bewegen Frauen in der Ökumene. Die Sorge um einen gerechten Umgang mit der Geschlechterdifferenz ist bis heute Anstoß vielfältiger ökumenischer Aktivitäten. 1998 endete die Dekade, die der Ökumenische Rat zur »Solidarität der Kirchen mit den Frauen« 1988 ausgerufen hatte. Wichtige Themenbereiche waren während dieser intensiven zehnjährigen Arbeit im Mittelpunkt, die in einzelnen Kirchen eher am Rand des Bewusstseins sind: die Gewalt gegen Frauen; das Leiden unter der Diskriminierung einzelner Lebensgestalten (Wiederverheiratete-Geschiedene, alleinerziehende Frauen, lesbische Frauen); die spezifische wirtschaftliche Situation von Frauen; die noch immer nicht eröffnete Teilhabe von Frauen an allen kirchlichen Diensten und Ämtern. Unbequeme Themen werden von Frauen aufgegriffen, bei denen eine Verwandlung, eine Veränderung der Kompetenzen in der Kirche erfolgen soll. Reformen sollen nicht nur im Wort versprochen, sondern auch verwirklicht werden in erkennbaren Taten.

Eine sehr lange Tradition hat der Ökumenische Weltgebetstag der Frauen. Er wurde 1999 in Deutschland bereits zum 50. Mal gefeiert; er gehört seiner Entstehung nach in die sehr frühen Zeiten der sich institutionell festigenden Ökumenischen Bewegung. Frauen zeigen weniger Berührungsängste bei Begegnungen. Es fällt ihnen leichter mit Fremden zu tanzen und zu singen. Das Gemeinschaftsempfinden interkonfessioneller christlicher Frauengruppen mag auch durch das geteilte Los bestärkt werden, gemeinsam im Kampf gegen die noch bestehenden ungerechten Verhältnisse zu stehen. Es ist auffällig, dass die organisierte theologische Frauenforschung weithin international und interkonfessionell arbeitet.

Ich ende mit Worten der österreichischen Schriftstellerin Christine Busta[20], die mich im guten Sinne zur Gelassenheit ermutigen. Die Dichterin sagt:

[20] Christine Busta, Der Atem des Wortes. Gedichte. Aus dem Nachlass herausgegeben von Anton Gruber, Salzburg/Wien 1995, 78.

»Ich bin nach dem Ratschluss Gottes
Adams fehlende Rippe,
die sich zum Ganzen des Menschen bekennt -
dass er nicht allein sei.

Frau sein ist ein untröstliches Glück.«

Viele Frauen in der römisch-katholischen Glaubensgemeinschaft empfinden es so: Trotz des augenscheinlichen, gerade bei wichtigen Versammlungen von Kardinälen und Bischöfen offenkundigen werdenden Ausschlusses jeder Frau aus dem öffentlich-amtlichen, repräsentativen Erscheinungsbild der feiernden Kirche, ist es ein Glück, eine Frau zu sein – darin anders als der Mann, doch nur mit ihm verbunden Mensch nach Gottes Bild. Evangelisch Frau zu sein – dazu ermutigen die biblischen Schriften. Paulus ermahnt uns: »Es gibt nicht mehr Juden und Griechen, nicht Sklaven und Freie, nicht Mann und Frau, denn ihr alle seid ›einer‹ in Christus Jesus« (Gal 3,28).